NUNCA PROCURE EMPREGO!

Scott Gerber

NUNCA PROCURE EMPREGO!

DISPENSE O CHEFE E CRIE O SEU NEGÓCIO SEM IR À FALÊNCIA

TRADUÇÃO:
CLENE SALLES E JULIO DE ANDRADE FILHO

Diretor presidente
Henrique José Branco Brazão Farinha

Publisher
Eduardo Viegas Meirelles Villela

Editora
Cláudia Elissa Rondelli Ramos

Projeto Gráfico e Editoração
S4 Editorial

Capa
Listo Comunicação

Tradução
Clene Salles e Julio de Andrade Filho

Preparação de texto
Heraldo Vaz

Revisão
Bel Ribeiro

Impressão
BMF Gráfica e Editora
Papel offset 75

Copyright © 2012 *by* Editora Évora Ltda.

A tradução desta publicação foi feita sob acordo com John Wiley & Sons, Inc.

Todos os direitos desta edição são reservados à Editora Évora.

Rua Sergipe, 401 – Cj. 1.310 – Consolação
São Paulo – SP – CEP 01243-906
Telefone: (11) 3562-7814/3562-7815
Site: http://www.editoraevora.com.br
E-mail: contato@editoraevora.com.br

DADOS INTERNACIONAIS DE CATALOGAÇÃO NA PUBLICAÇÃO (CIP)

G315n

Gerber, Scott, 1983–

Nunca procure emprego!: dispense o chefe e crie o seu negócio sem ir a falência/Scott Gerber; [tradução: Clene Salles e Julio de Andrade Filho]. - São Paulo: Évora,2012.
256 p.

Tradução de: *Never get a real job: how to dump your boss, build a business and not go broke.*

ISBN 978-85-63993-30-4

1. Sucesso nos negócios. 2. Pequenas empresas. 3. Empresas novas. 4. Empreendimentos. 5. Trabalhadores autônomos. I. Título.

CDD 65811

*Este livro é dedicado à morte
do emprego "de verdade".
Morra, seu miserável!*

AGRADECIMENTOS

Derramei cada gota de sangue, de suor e de lágrimas que consegui reunir em *Nunca procure emprego*. Tenho esperanças de que este livro lhe dê forças, conhecimento prático e aquele belo chute no traseiro que você precisa para evitar o desemprego ou o subemprego, ou se livrar dessa horrível vida que vem drenando a sua energia todos os dias, das 9 às 18 horas, e que, se isso acontecer, que seja de uma vez por todas. E espero também que ele lhe dê o senso de propósito e de perspectiva que você precisa para dar um chega pra lá em seu patrão e nunca mais olhar para trás.

Antes de eu jogar um pouco de luz sobre o caminho árduo, mas gratificante, que temos pela frente, gostaria de reservar um momento para agradecer às muitas pessoas que tornaram possível a existência deste livro. Minha equipe editorial foi simplesmente *top* de linha. Nunca amei e odiei tanto ao mesmo tempo um grupo de pessoas quanto esses grandes amigos que se colocaram à minha disposição durante esse processo tão cansativo.

Devo agradecer também à minha parceira no crime e no livro, a editora da revista *Entrepreneur* Kimberlee Morrison: obrigado por embarcar comigo no "expresso da morte do emprego de verdade". Sua orientação, seu apoio e sua abordagem editorial sem amarras desempenharam um papel fundamental em transformar este livro de meras palavras em algumas páginas com conselhos básicos que valem a pena ser lidos. Você é durona, e eu te amo por isso.

A parceria com John Wiley & Sons, Inc., foi, sem dúvida, o passo certo a ser dado. Meu editor Dan Ambrósio ajudou a orientar o conteúdo deste livro na direção correta desde o início. Se não fosse por ele, eu nem o teria escrito, para começo de conversa. –Dou graças a você por acreditar em mim, amigo; estou ansioso para que nossa colaboração seja longa e proveitosa.

Muito obrigado aos meus amigos, colegas e entes queridos que leram e revisaram inúmeros rascunhos e impediram que eu me perdesse em devaneios durante minha busca para chegar ao Santo Graal de 60 mil e tantas palavras: Tana Pierce (o amor da minha vida), Stephen Gnoza, Michael Volpe, Adam Steinhaus, Rachel Cohn, Geoff Glisson, Tyler Cohn, Jenny Winters, Julia

Monti, Adam Biren e Ron Adler. Esse "conselho editorial" tão heterogêneo, composto por advogados ferrenhos do "emprego de verdade", aspirantes a donos de pequenas empresas e empresários irredutíveis, gerou grandes debates e trocas intelige0ntes de opiniões que não vou esquecer tão cedo.

Agradeço a Amy Cosper e a todos os outros grandes amigos da revista *Entrepreneur*. Agradeço a vocês por me darem a oportunidade de começar a ser escritor e colunista. Tem sido um dos maiores privilégios da minha vida manter contato com centenas de milhares de empresários ao redor do mundo.

Sou um sujeito extremamente feliz por ter um grupo tão surpreendente de mentores e colegas ao meu lado, que me motivam todos os dias a lutar para conseguir um sucesso atrás do outro: Rosalind Resnick, Ed Droste, Craig Spierer, John Bellaud, Ron Mannanice, Sharon Badal, Jeff Sloan, Scott Talarico, Robert King, Michael Sinensky, Charlie Stettler, Domenic Rom, Michael Simmons e Donna Fenn. Agradeço a todos por seu contínuo apoio às minhas ambições empresariais. Também quero gritar bem alto o nome de todas as grandes organizações que promoveram *Nunca procure emprego* enquanto ainda estava sendo escrito: Entrepreneur.com, About.com, Extreme Entrepreneurship Tour, Mixergy.com, BusinessInsider.com, Young & Successful, YoungUpstarts.com, Success-Circuit.com e Under30CEO.com.

Finalmente, quero agradecer a minha mãe e a meu pai, Ellen e Kevin. Obrigado por terem me apoiado tão carinhosamente durante todo o caminho. Eu sei que não é fácil ter um filho que gosta de viver no limite, mas vocês já estiveram ao meu lado em outros momentos de dificuldades, por isso sou realmente grato. Claro, vocês sempre quiseram que eu tivesse um emprego de "verdade", e tentei fazer isso muitas vezes, pra valer, mas amo vocês mesmo assim.

SUMÁRIO

CONVITE AO LEITOR BRASILEIRO, *por Nei Grando*	xi
BOAS VINDAS À EDIÇÃO BRASILEIRA, *por João Gabriel Chebante*	xiii
APRESENTAÇÃO À EDIÇÃO BRASILEIRA, *por Bob Wollheim*	xv
PREFÁCIO À EDIÇÃO BRASILEIRA, *por Marco Gomes*	xvii
MENSAGEM AO LEITOR BRASILEIRO, *por Rodrigo Brito*	xxi
INTRODUÇÃO À EDIÇÃO BRASILEIRA, *por Profa. Esther de Almeida Pimentel Mendes Carvalho*	xxiii
PREFÁCIO, por *Michael Simmons*	xxv

INTRODUÇÃO – NUNCA PROCURE EMPREGO	1
Quem precisa de uma jornada das 9 às 18?	4
Eu conheço você	6
O que você pode esperar obter com este livro	7
Todos a bordo do expresso para a morte do "emprego de verdade"	8

PARTE 1 – A ANÁLISE		11
1	*Todo mundo faz cocô; o seu não é diferente*	13
	Faculdade: o caminho para a moleza	15
	Cara, cadê o meu emprego dos sonhos?	16
	Benvindo ao seu emprego "de verdade", sr. zelador	18
	Promessa quebrada	23
2	*Ninguém se importa com você, a menos que os faça se importar*	27
	Você não é especial	30
	Alegar ser um vencedor não faz de você um deles	31
	Você é brilhante... e daí?	32
	O estilo de vida dos pobres e presunçosos	32
	Cale a boca, Pinóquio	33
	Ponha na minha conta	34
3	*Darwin + Murphy = Realidade*	37
	Seu negócio não é a exceção à regra	40
	O pior cenário é o único cenário	45
	Ninguém vai investir na sua ideia	47

PARTE 2 – A CONSTRUÇÃO DOS ALICERCES   51

4   ***Levante o traseiro da cadeira e mãos à obra***   53
Seja realista com suas finanças   56
Aqueles que reinventaram a roda estão destinados a ser
atropelados por ela   60
O que você sabe, afinal?   63
Mantenha as coisas simples, estúpido!   66
O buraco negro de dinheiro   68
Sua equipe do SWOT sabe fazer CCR?   71

5   ***Plano de negócios é um saco***   75
Jogue fora o plano de negócios antiquado   78
O plano de um parágrafo para a nova empresa   83

6   ***Ter ou não ter parceiros***   91
Os piores parceiros para sua nova empresa   93
Como pode se ligar a empreendedores fracos que só chiam?   96
Nunca mergulhe de cabeça: a água não está boa   101

PARTE 3 – DESDE O PRINCÍPIO   105

7   ***Comporte-se como uma empresa nova, estúpido!***   107
Sobrevivendo a um dia "de verdade"   109
Preste atenção no jogo, maluco!   114
Projete sua vida empresarial   119
Cuide da sua vida   127

8   ***Apertem os cintos (porque o dinheiro sumiu)***   135
Imite até ser capaz de fazer   137
A única equipe que seu dinheiro pode comprar   144
Faça o que gera centavos   153
Fluxo de caixa ou morte!   155

9   ***Os telefones não tocam sozinhos – Os quinze princípios***
de um vendedor poderoso   161
Venha para fora! Venha para fora! Saia de onde estiver   163
Venda como se não houvesse amanhã, ou não haverá mesmo   166

10   ***O Facebook não é uma estratégia de marketing***   189
Mensagem antes da plataforma   191
Pense na guerrilha, mas não como Godzilla   204

CONCLUSÃO – TENHA MEDO. TENHA MUITO MEDO.   221

POSFÁCIO À EDIÇÃO BRASILEIRA, *por Rogério Chér*   225

CONVITE
AO LEITOR BRASILEIRO
por Nei Grando

Agradeço o convite da Editora Évora para escrever esta mensagem. Foi uma honra participar deste projeto, fazendo a revisão e adaptação técnica da edição brasileira deste livro, cuja leitura considero fundamental para todo estudante que está terminando a faculdade e buscando iniciar sua carreira profissional. O livro apresenta histórias, excelentes dicas e reflexões para aqueles que têm espírito empreendedor, com uma linguagem simples, prática, objetiva e com uma pitada de humor.

Primeiro, li a versão em inglês, e no início da leitura cheguei a questionar que tipo de informação alguém tão jovem como Scott Gerber poderia trazer para chamar minha atenção e agregar valor; afinal, o conteúdo e a linguagem são direcionados aos iniciantes e têm como objetivo passar fundamentos de negócios para esses jovens. Mesmo assim segui em frente com a leitura e logo no primeiro capítulo fui surpreendido com o que o autor apresentou sobre a visão e a cultura do emprego e do trabalho ao longo dos últimos sessenta anos. Gerber mostrou como seus avós pensavam, o que ocorria na época, e mostrou também o pensamento de seus pais. Depois, descreveu os tempos atuais, mostrando as mudanças que ocorreram com a tecnologia, a globalização, a internet, a competitividade, etc. Confesso que gostei muito, pois o livro ajuda a entender melhor o que está acontecendo nas empresas e no mundo de negócios. Os capítulos seguintes também são muito bons, merecem meus parabéns.

Assim como Scott, eu sempre considerei emprego e trabalho coisas bem diferentes, e quando vejo alguém desempregado, às vezes sem fazer nada, eu me pergunto: por que ele não está trabalhando? O que me vem como resposta é que muitas pessoas confundem emprego com trabalho, e quando perdem o emprego ficam sem trabalhar até encontrar outro. No meu ponto de vista trabalho é algo muito nobre, algo que nos fornece renda e, consequentemente, sustento pessoal e até mesmo da família, mas pode ainda ser mais do que isso, quando buscamos fazê-lo com prazer e alegria. E isso pode acontecer sem um emprego formal, de modo que podemos atuar como profissionais independentes ou com empresa própria e deixar de ter um patrão para termos muitos: os nossos clientes. Por exemplo, eu estou terminando um período sabático, pois vendi minha última empresa e tenho um contrato de não competição. No início descansei, viajei, li muitos livros, estudei, participei de eventos e cursos. Depois, investi em trabalho não remunerado, fazendo *networking*, mentorando novos empreendedores de TI, buscando oportunidades, escrevendo artigos em meu *blog*, organizando um livro colaborativo e escrevendo dois capítulos. Desejo a você uma boa leitura e sucesso em seus empreendimentos!

NEI GRANDO (@neigrando),
empreendedor e autor do Blog do Nei
http://neigrando.wordpress.com
– veículo de referência nacional em gestão, negócios
e tecnologia.

BOAS VINDAS
À EDIÇÃO BRASILEIRA
por João Gabriel Chebante

Você é empreendedor. Todos somos. Encare isso como um fato sem discussões. Mesmo não tendo uma empresa para chamar de sua, empreender é um processo inerente à existência humana. Fazer a lição de casa, viajar, conquistar a mãe dos seus filhos, criar o melhor *look* para a balada, fazer a manutenção do carro – todas as ações que fazemos envolvem gerir recursos limitados e objetivos de curto, médio e longo prazos. Logo, a atividade empreendedora está presente no homem durante toda a sua vida.

Cabe a você definir em que grau de intensidade sua vida será pautada pura e exclusivamente por decisões e destinos determinados por você.

Algumas pessoas optam pelas pequenas "pílulas" empreendedoras tomadas diariamente a cada decisão que cause impacto ao seu dia a dia – Vou para a balada ou para o cinema? Matriculo as crianças no judô ou no espanhol? –, enquanto outras optam por tornar o empreendedorismo o seu estilo de vida, a sua opção pela sobrevivência.

Cabe aqui um aviso ao leitor: empreender é acreditar e viver a meritocracia na sua mais pura excelência. Se sua idéia for consistente, seu planejamento for adequado e suas ações forem coerentes e aderentes ao mercado, pimba! Sucesso, receitas crescentes, lucro, etc. Caso contrário – e o contrário sempre ronda o empreendedor –, a estrada pode ser bem tortuosa.

Depois, não diga que eu não lhe contei: empreender é uma saga repleta de altos e baixos, que exige a ponderação sobre as suas atitudes, visão e valores fortes e, principalmente, capacidade de fazer acontecer e de acreditar em seus objetivos, mesmo quando estes parecerem distantes.

Apesar dos seus vinte e poucos anos, Scott Gerber consegue, com sucesso, apresentar estes aspectos e a maneira como você deve se preparar e entrar num negócio próprio amenizando os riscos – eles sempre existirão, e ser um empreendedor de sucesso passa pela sua capacidade de antever os riscos e de amenizá-los – e potencializando a perspectiva de sucesso. Sua narrativa, por vezes, pode ser considerada "dura", mas é focada na apresentação da realidade nua e crua dos fatos, sem um discurso poliânico que leve o leitor a pensar que empreender o levará à felicidade sem ter nenhum percalço. Sua experiência no desenvolvimento de pequenos negócios lhe confere bagagem para oferecer pensamentos e informações fundamentais (muitas vezes esquecidos por novatos de todas as idades) para quem quer começar a trajetória difícil e por vezes lenta, mas muito prazerosa, chamada empreendedorismo.

Vivemos uma sociedade diferente de vinte, trinta anos atrás, quando ter um emprego numa grande organização significava estabilidade para a vida toda. Hoje, os mercados são mais nervosos e instáveis, assim como a gestão em grandes conglomerados peca por não ser ágil o suficiente para adequar-se às novas gerações, nascidas com um *joystick* em uma mão e um *mouse* na outra, e ávidas por criar e gerar resultados não só pra si, mas para o mundo ao seu redor. Para estes, como eu, empreender é mais do que uma opção (ou a consequência da falta delas): é a escolha de viver seu próprio propósito de vida.

Um livro como este se torna ainda mais valioso publicado num país como o Brasil, onde existem muitas perspectivas positivas para os próximos anos. Acredite: nosso país é um lugar ainda a ser construído, com muitos tesouros que nem mesmo as dificuldades estruturais, que por vezes se mostram cruéis, impedirão que pessoas determinadas e bem orientadas os atinjam e os repartam com seus colegas, seus parceiros e sua comunidade. A essas pessoas, damos o nome de empreendedores. Espero que este livro tenha significativa relevância para sua jornada.

Boa leitura e não esqueçam: a vida é muito curta para ser pequena. Mãos à obra!

JOÃO GABRIEL CHEBANTE (@chebante),
28 anos, pesquisador e líder de empreendedorismo
digital no Grupo de Estudos de Mídias Sociais e
Inovação Digital da Escola Superior de Propaganda
e Marketing (Inovadores ESPM).

APRESENTAÇÃO
À EDIÇÃO BRASILEIRA
por Bob Wollheim

Se eu tivesse que escolher um único conselho para dar a um jovem da Geração Y, escolheria este: "nunca procure emprego; dispense o chefe e crie o seu negócio sem ir à falência".

Naturalmente, como empreendedor serial que sou, assim como Scott, autor do livro que você tem em mãos, meu conselho tem sido para as pessoas saírem do padrão, da caixinha, do esperado; para deixarem de ouvir os conselhos por aí (inclusive os meus), e ouvirem profundamente seus próprios corações. E muitos corações hoje em dia batem num ritmo: "nunca procure emprego".

Quando me pedem um conselho, costumo dizer: "decida-se pela emoção e faça só aquilo que te move, que mexe com você!". E digo, mesmo correndo o risco de contradizer muita gente, mas é um risco que assumo e banco.

Esse conselho que para muitos pode parecer um sugestão clara, direta e simples, muitas vezes, para os jovens multi-opção da Geração Y, pode soar com um discurso bonito mas não efetivo, desprovido de teor prático, de clareza e de voz de comando.

Os corações Y se emocionam por muitas coisas e por tudo ao mesmo tempo!

Se, por um lado, o comando "nunca procure emprego" é uma grande provocação, por outro, a opção oposta ao "emprego de verdade" é a atitude empreendedora, a qual tanto o autor quanto eu consideramos uma bela opção, mas que não deve ser escolhida com uma visão errada, distorcida e parcial.

Vivemos um momento em que é comum imaginar que empreender é fazer como Mark Zuckerberg, criador do Facebook, tão famoso e tão próximo de todos nós – o rapaz nem completou 30 anos e já é um dos homens mais ricos do mundo (iria escrever garotos mais ricos do mundo, mas essa lista não existe, acho...) e já tem um filme que conta sua história –, e ficar rico em pouquíssimo tempo, vivendo uma vida de aventuras e sonhos.

O problema é que sabemos que para cada Zuck – como ele é carinhosamente (nem sempre) chamado por aí –, ou seja, para cada empreendedor de sucesso explosivo, existem milhares, milhões, de empreendedores que fracassam e outros tantos que acabam ok, ou seja, que conseguem criar um pequeno negócio que os sustenta e cresce organicamente, mas que nunca se tornará um Facebook, uma Apple ou uma Microsoft. E tudo bem! Esse será um negócio bacana desde que a pessoa não esteja com o estigma Facebook na cabeça.

O problema é que deixar a Geração Y entre a opção de um emprego à velha moda, que certamente criará enorme frustração, e a de uma empresa *à la* Facebook – raríssimas – é colocar um dilema insolúvel na cabeça de jovens que já são idealistas, sonhadores e que querem fazer diferença: se optarem pelo emprego obterão frustração; se optarem pelo empreendedorismo, pensando em criar um Facebook, poderão frustrar-se também!

Scott, ele mesmo um jovem empreendedor que começou do nada e sem nada, percebe a enorme contradição que se apresenta para a Geração Y no universo do trabalho e transforma este livro em um guia prático, sem a tentação de um discurso fácil, no estilo autoajuda, e extremamente efetivo, com lições verdadeiras para os jovens que querem empreender de uma maneira mais simples, sem ilusões zuckerbergianas nem frustrações tão grandes quanto.

Navegar pelo *Nunca procure emprego* é uma viagem de autoconhecimento e de informações práticas, concretas e efetivas para aqueles que já perceberam que o "emprego de verdade" pode ser uma enorme roubada, mas ainda se iludem, acreditando que empreender possa ser um mar de rosas com sucesso certo. Um excelente choque de realidade que, diga-se, é bom pra todos de vez em quando.

Acompanhar Scott em suas dicas é, sem dúvida, reduzir suas doses de ansiedade e frustração, trocando-as por um bom senso de realidade e, mais importante, um enorme senso de realização.

Ótimo empreendimento!

Bob Wollheim (@BobWollheim),
empreendedor, autor, sócio da Sixpix Content
e apaixonado por empreendedorismo,
pelo mundo digital e pela Geração Y.

PREFÁCIO
À EDIÇÃO BRASILEIRA
por Marco Gomes

O livro que você está para ler é um tapa na cara, mas não um tapa na cara gratuito: é o tapa que você precisa levar para ficar esperto.

As histórias de empreendedores nos inspiram, principalmente por mostrar como tudo é lindo, como as dificuldades são fáceis de serem superadas e como as soluções surgiram em momentos de "eureka". Eu, como empreendedor no meio da jornada, posso dizer que não é assim.

Cresci no Gama, cidade na periferia de Brasília, DF, que, como toda periferia, tem regiões e épocas de maior violência. Meu pai foi viciado em drogas, nossa família quase acabou várias vezes durante minha infância, até ele se converter ao cristianismo, e traficantes mataram meu primo a pedradas por causa de uma dívida de duzentos reais. Fui assaltado algumas vezes durante a adolescência e quase morri (de susto) em outras, fugindo de inúmeras enrascadas. Acho que foi assim, na marra, no meio de muita confusão, que aprendi a lidar com o risco.

Eu mal tinha 19 anos e a vida já era outra. Tinha conseguido sair daquele ambiente, estudava em uma das melhores universidades federais, trabalhava na maior agência de publicidade digital do Brasil, era líder de uma equipe de quinze programadores (quase todos mais velhos que eu) e arrisco dizer que fazíamos parte da vanguarda da tecnologia na área. Tinha acabado de comprar um carro, morava sozinho em uma bela área de Brasília, a quinze minutos do trabalho, ganhava melhor que qualquer um dos meus amigos, tinha tempo livre, me alimentava bem e fazia exercícios físicos. Muitos me incentivavam a fazer um concurso público e ir melhorando lentamente meu padrão de vida. Até parecia um bom conselho, mas algo me dizia que dava para ir além.

Programando em casa de madrugada, com ajuda de bons amigos, criei um protótipo de propaganda para *blogs* que mudaria meu padrão de vida para pior. Pelo menos por algum tempo.

É isso que um empreendedor faz no início: ele abre mão do conforto pessoal, pois está focado no objetivo.

Para criar minha empresa no mercado com maior potencial, precisei me mudar para São Paulo, uma metrópole que me era completamente desconhecida, comer miojo na frente do computador algumas vezes por semana e morar de favor na casa de amigos. Quando a situação finalmente melhorou, consegui alugar um quarto pequeno, que tinha mofo nos cantos e ratos fazendo barulho no forro. Precisei ficar sem carro durante anos. Tive de aprender a entender pessoas muito diferentes de mim e, nos almoços com investidores, precisei aprender a usar todos os talheres à mesa.

Tem dado certo. Hoje, moro em um apartamento bem mais bacana (e sem mofo) em um bairro de classe média alta de São Paulo. Vou me casar em uma cerimônia pequena, mas muito charmosa, e quero conhecer os cinco continentes com a minha futura esposa nos próximos cinco anos (já conhecemos dois). Em conjunto com meus sócios e equipe, criei uma empresa multinacional com quase uma centena de funcionários, já recebemos milhões de dólares de investimentos e faturamos muitos milhões por ano. Ajudamos milhares de anunciantes (de indivíduos a multinacionais) a anunciar em centenas de milhares de *sites* e *blogs*. Criamos nosso modelo de negócios e somos considerados uma das empresas mais inovadoras da América Latina. Mas a jornada não acabou e não me considero um empreendedor provado. Como empresa, não chegamos nem à metade do caminho que queremos percorrer, mas a situação já é muito melhor. É uma amostra do futuro que nos espera.

Em empreendedorismo, muitas vezes, as dificuldades parecem intransponíveis, a competição é sempre desigual e, normalmente, você está do lado mais fraco. Quando encontra uma muralha, o bom empreendedor não se lamenta, mas procura uma brecha, por menor que seja, e cava, contorna, transpira, se suja de terra – e nem sempre encontra uma saída. Daí, tenta de novo.

Se posso lhe dar uma dica, é esta: tenha humildade. Você pode até ser um gênio, mas estará cercado de outros gênios ou de imbecis muito mais fortes que você.No meio deles, uma idéia só terá valor se for bem executada. E cerque-se dos melhores. Se eu não tivesse meus sócios e minha equipe, minha empresa não teria crescido e eu ainda estaria lá naquele quarto de cantos mofados, comendo miojo e ouvindo ratos.

Quando se está começando, ninguém se importa de verdade com o que você está fazendo. Portas são fechadas, reuniões são desmarcadas em cima da hora, seu nome é esquecido e confundem você com aquele outro cara daquela outra empresa: "Como é mesmo seu nome?".

Você pode aprender a fazer as pessoas se lembrarem de quem você é e do que você faz. Pode mostrar a elas o quanto seu trabalho mudará tudo na indústria e fazê-las acreditar. Mas nada disso virá facilmente. É preciso abrir mão do conforto pessoal em prol do seu objetivo, crer quando outros duvidam, enxergar potencial onde ninguém vê futuro.

Nem vou perguntar se você está preparado. Eu não estava, e acho que ninguém está pronto para fazer o que nunca fez. A pergunta é: você aguenta?

Se acha que aguenta, este livro vai ajudá-lo a se preparar. Caso contrário, fiquei sabendo que em breve vai rolar mais um concurso público. Boa sorte!

Marco Gomes (@marcogomes),
empreendedor, blogueiro, fundador e
Chief Marketing Officer da Boo-Box.
Foi considerado um visionário da
tecnologia pelo TechCrunch.

MENSAGEM
AO LEITOR BRASILEIRO
por Rodrigo Brito

"Tenha medo, muito medo!" Essa é a principal dica que Scott Gerber dá aos leitores de *Nunca procure emprego*. Tenha medo de não seguir e realizar seus sonhos. Tenha medo de não ser livre. Tenha medo de colocar todo o seu tempo e talento à disposição de chefes ou organizações medíocres, que não tenham nada a ver com o que você quer e pode realizar.

Se você é ou já foi jovem e sonhou algum dia, vai se identificar com este livro, que foi feito para pessoas que não querem viver a semana toda no trabalho esperando o final de semana chegar ou que se arrependem de viver assim..

Scott Gerber nos conta "a real" do processo e da atitude de empreender, os prós e contras, desafios e caminhos para quem vai seguir nesta jornada, dando uma série de dicas importantes a partir da experiência que só um empreendedor consegue ter.

Muito mais do que abrir uma empresa, empreendedorismo tem a ver com assumir o controle de nosso destino, construir algo significativo para o mundo e aproveitar e realizar o máximo de nosso potencial.

Mesmo sendo a sétima maior economia e um dos dez países mais empreendedores do mundo, não temos no Brasil uma cultura que incentive e favoreça o empreendedorismo de inovação e oportunidade como caminho e opção de futuro. Em vez disso, escolas e faculdades formam pessoas para trabalhar em grandes empresas (que poucas vezes entregam o que prometem em seus processos de estágio e *trainees*) ou passar em concursos públicos, mesmo sabendo que noções como "segurança no emprego" ou "carreira" já estão em extinção há um bom tempo.

Nesta fase em que o Brasil cresce como economia ao mesmo tempo que ainda enfrenta grandes desafios e contrastes como a gritante desigualdade social, não há momento melhor para quem quer empreender, inovar e deixar sua marca no mundo!

Em vez de querer encontrar a miragem do "emprego de verdade", porque não criar o seu e tantos outros empregos para quem quer embarcar no seu sonho e mudar o Brasil?

Comece agora e ganhe bastante tempo e conhecimento (além de economizar uns bons trocados) com a leitura de *Nunca procure emprego*! O Brasil agradece!

RODRIGO BRITO (@rodrigombrito),
nascido em 1982 e empreendedor desde os 18 anos de idade, é formado em administração de empresas pela Universidade Federal do Paraná e certificado pela Harvard Kennedy School em "Liderança Global e Políticas Públicas para o Século 21". É um dos fundadores e diretor-presidente da Aliança Empreendedora – organização social que presta incentivo e apoio a microempreendedores de baixa renda em todo o Brasil. Por este trabalho, foi premiado e selecionado por redes e organizações nacionais e internacionais, como a Ashoka e a Fundação AVINA, Clinton Global Initiative e Fórum Econômico Mundial, além de ter sido convidado a prestar consultoria ao quadro de empreendedorismo "Mandando Bem" do programa Caldeirão do Huck. Também é sócio-diretor da ReLab – Laboratório de Transformação, onde presta consultoria e realiza treinamentos em inovação e empreendedorismo para grandes empresas. Seu trabalho pode ser conhecido em www.aliancaempreendedora.org.br e www.relab.com.br.

INTRODUÇÃO
À EDIÇÃO BRASILEIRA
por Profa. Esther de Almeida Pimentel Mendes Carvalho

Como educadora, e diretora de escola, senti-me muito honrada ao ser convidada para prefaciar a edição brasileira de um livro sobre empreendedorismo para jovens. A justificativa para o convite que recebi foi bastante motivadora: um dos sócios da editora responsável pelo projeto é ex-aluno do nosso Colégio Rio Branco e identificou, na sua experiência escolar, fatores que lhe propiciaram ser uma pessoa empreendedora, realizada profissionalmente.

Ao tomar contato com o livro, confesso que, num primeiro momento, fiquei um pouco desconfortável com sua linguagem bastante informal. Cheguei a questionar-me se, de fato, eu seria a pessoa indicada para assumir essa responsabilidade. Entretanto, senti-me instigada a conhecer melhor o texto, pois, como gestora de equipes responsáveis pela formação de crianças e jovens, procurando novos caminhos para a educação contemporânea num país com tantas possibilidades, não poderia perder a oportunidade que se apresentava.

Deparei-me, então, com um jovem interessante, corajoso, que, na experiência de seus vinte e poucos anos, trouxe uma visão pragmática na busca de novas soluções e caminhos para se realizar, pessoal e profissionalmente, num mundo em que emprego, trabalho e empreendedorismo têm se redesenhado.

Com estilo próprio e até irreverente, Scott Gerber apresenta sua narrativa em três fases. Na primeira, desconstrói referências e crenças que podem comprometer o desafio de empreender. Essa desconstrução traz dados de realidade sobre mercado, concorrência e atitudes pessoais que devem ser evitadas e posturas necessárias para se enfrentar o desafio. Na segunda fase, traz elementos essenciais para se iniciar e manter o projeto. Questões como autossustentabilidade financeira, busca por ideias interessantes e factíveis, mais até do que originais, e objetividade, como princípio, meio e fim. Traz, também, aspectos a serem considerados sobre a necessidade e a escolha de parcerias ou sociedades. Na terceira fase, traz, então, aspectos do cotidiano de um novo negócio, suas necessidades, suas especificidades, suas armadilhas. Sugestões de como enfrentar os percalços da implantação e dos primeiros estágios do empreendimento são apresentadas. Rotina, formação de equipes, fluxo de caixa, visibilidade e atratividade, marketing e venda do novo negócio são alguns dos aspectos tratados com assertividade e pragmatismo.

Algo bastante interessante é que, em cada tema tratado, Scott Gerber traz muitas sugestões subsidiadas por vasta lista de recursos tecnológicos, soluções simples, eficientes e de baixo custo. No caso da edição brasileira, apresenta alguns recursos nacionais correspondentes aos propostos na versão americana.

Este é um livro inspirador não somente para jovens ou pessoas que queiram se lançar à perspectiva de empreender, mas também para nós, pais e educadores, pois permite que repensemos os propósitos e os caminhos da formação de nossas crianças e jovens. David Perkins, da Universidade de Harvard, fala que a escola está voltada para ensinar sobre o conhecido, mas precisa ensinar para o desconhecido. Nós, educadores, precisamos preparar as gerações para viver a complexidade do mundo contemporâneo, caracterizado por rápidas mudanças. E essa experiência tem de ser vivida de maneira ética, reflexiva, produtiva, criativa e inovadora.

Devemos criar condições para que as novas gerações descubram seus talentos e vocações, que sejam protagonistas de sua aprendizagem, que construam um projeto pessoal de autodesenvolvimento e caminhem em sua direção. Isso implica, também, uma visão mais ampla sobre formação, emprego, trabalho, sucesso, e, mais ainda, a certeza de que não existe uma única forma para obtê-los. É isso o que Scott Gerber nos traz: mais um caminho.

ESTHER DE ALMEIDA PIMENTEL MENDES CARVALHO, *diretora-geral do Colégio Rio Branco – Fundação de Rotarianos de São Paulo.*

PREFÁCIO

por Michael Simmons

Comecei a tocar meu primeiro negócio aos 16 anos de idade. Ser um empreendedor mudou completamente minha vida, e para melhor. Simplificando, foi a melhor decisão profissional que eu poderia ter tomado desde que nasci.

Durante anos de trabalho duro, escrevi um livro que vendeu muito bem, *The Student Success Manifesto,* fiz palestras para milhares de companheiros da geração Y e construí um negócio de sucesso, que promove o empreendedorismo nas universidades, chamado *The Extreme Entrepreneurship Tour,* que foi destaque na mídia de uma forma que nunca sonhei.

No entanto, o que muitas pessoas não sabem é que, no ponto mais baixo da minha carreira, eu acumulava mais de 40 mil dólares em dívidas de cartão de crédito e tinha de ouvir minha mãe constantemente me perguntando quando eu arrumaria um emprego "de verdade".

Quando comecei, nenhum dos meus amigos tinha ideia do que era empreendedorismo. Consigo me lembrar muito bem do estresse que sentia em perseguir uma visão que apenas eu, e mais ninguém, conseguia enxergar com clareza. Vivia me perguntando se estava fazendo a coisa certa, mas segui em frente. No final de tudo, valeu a pena. E não por sorte, mas porque, na verdade, aprendi a gerir uma empresa. A única coisa que lamento hoje é que *Nunca procure emprego* poderia ter sido escrito na época em que eu estava começando, assim poderia ter aprendido com os erros de Scott, em vez dos meus.

Hoje, a moçada de vinte e poucos anos enfrenta a realidade deste livro mesmo enquanto escrevo este prefácio. Depois de quase duas décadas de estudos para se preparar para viver no "mundo real" – e com um monte de dívidas para pagar esses estudos –, um enorme percentual de jovens está voltando a morar com os pais, aceitando empregos com baixos salários (o que poderia ter acontecido enquanto ainda estavam no colégio), ou ainda fazendo mais e mais cursos na esperança de que possa haver um trabalho esperando por eles depois da pós-graduação (Boa sorte!). A realidade é que estamos todos vivenciando mais um sinal dos tempos que se aproximam depois que passarmos a recessão. No mundo de amanhã, ser um empreendedor será um requisito para o sucesso. Se a geração Y adotar este pensamento, acredito que criará um patamar de prosperidade como nunca vimos antes. Mas se não fizer isto, temo que venha a ser conhecida como a "geração perdida".

Nunca procure emprego é um livro oportuno, que precisava ser escrito, e Scott Gerber é a pessoa perfeita para escrevê-lo. Scott é parte de seu público, e tem feito com sucesso aquilo que pede a seus leitores que façam. Além do mais, ele tem um estilo divertido de escrever, que faz que você tenha vontade de virar a página e ler mais.

Aquele antigo percurso de frequentar a escola "certa", tirar boas notas e ir direto para o emprego dos sonhos é ultrapassado! E é por este mesmo motivo que acho que este livro deveria ser leitura obrigatória para todos os universitários na faixa dos vinte e poucos anos, porque apresenta um novo percurso, até mais claro, e lhes mostra como sair do ponto em que estão e alcançar seus objetivos pessoais e profissionais. Scott fornece uma solução que ele próprio, recentemente, colocou em prática. Em vez da narrativa típica dos livros de administração e negócios – "Sou um sujeito superbem-sucedido e, há vinte anos, quando estava na mesma situação que você, fiz o seguinte..." –, a de Scott é mais autêntica, mais relacionável, e, portanto, mais eficaz e fácil de aplicar. Ele ainda está na casa dos vinte anos e há muito pouco tempo estava na mesma posição de seus leitores. Scott admite que ainda não conseguiu comprar sua Ferrari; no entanto, seu sucesso é extremamente impressionante e inspirador.

Nunca procure emprego também é muito realista; não faz rodeios e é perfeito para os tempos que estamos vivendo. É o tipo de livro que não pinta o mundo de cor-de-rosa – "Se você se tornar um empresário, o dinheiro vai cuidar de si mesmo sozinho e você vai viver feliz para sempre" –, mas, em vez disso, avisa sobre os equívocos do empreendedorismo e fornece uma abordagem sistemática em três fases, para que o leitor possa minimizar os riscos e colocar algum dinheiro no bolso o mais rápido possível.

No final, este livro é um grande sinal de alerta tanto para pais quanto para jovens. Scott informa aos pais que o mantra "faça uma faculdade, tenha boas notas e consiga um belo emprego" já foi deixado de lado, mas, ao mesmo tempo, não permite que os jovens se safem. Ele compartilha a informação de que ter sucesso exige muito trabalho duro durante muito tempo, requer o aprendizado de novas habilidades e o coloca constantemente fora de sua zona de conforto.

Eu garanto que, seguindo os conselhos de Scott, seu sucesso não será mais uma questão de *se*, mas de *quando*.

Este livro e as colunas de Scott, com toda sua audiência, são apenas o começo do movimento "Nunca procure emprego", e sinto-me honrado por minha organização fazer parte dele.

MICHAEL SIMMONS,
Fundador do Extreme Entrepreneurship Tour

INTRODUÇÃO

NUNCA PROCURE EMPREGO

"Scott, quando é que você vai conseguir um emprego de verdade?"

Com essas palavras, minha mãe, pela milionésima vez, fez a pergunta que se tornou o mais temido início de conversa da minha vida; aquela que, só de ouvir, sentia-me como se estivesse enfrentando uma cirurgia de canal sem anestesia. Mesmo eu tendo dado duro para vencer essa discussão inúmeras vezes antes, minha mãe simplesmente não deixava o assunto morrer.

Estar há um ano fora de uma universidade cara, sem um emprego "de verdade" para exibir, dava palpitações à minha mãe-professora, adepta do salário no fim do mês e da contribuição regular ao plano de aposentadoria. Tudo bem, admito que não estivesse ganhando muito dinheiro naquela época, mas, certamente, não estava vivendo de esmolas, nas ruas. O começo da minha empresa gerava uma renda modesta para mim, se comparado ao salário inicial de vários cargos no mercado, mas era o suficiente para eu comer, pagar o aluguel e sair de vez em quando, como qualquer cara normal de vinte e poucos anos. E embora eu estivesse ralando feito um doido, tentando marcar presença em reuniões assustadoras com empresas listadas entre as 500 maiores da *Fortune*, a cada vez que ouvia meu nome e "emprego de verdade" na mesma frase – o que, de acordo com minha mãe, significava um emprego com um título específico, no qual eu trabalharia para alguém – eu sentia como se nada daquele meu trabalho árduo tivesse alguma importância.

O medo de que eu me desviasse daquele caminho traçado em linha reta é que levava minha mãe a me fazer a tal pergunta tantas vezes. E a única maneira pela qual ela poderia acalmar seus medos era tentando me assustar e apontando os motivos pelos quais as minhas escolhas de vida eram um desastre.

Ela sempre me alertava: "Um dia você vai ter uma família... Como acha que vai sustentá-la? Você vai querer morar em uma boa casa, vai ter que pagar uma hipoteca ou um financiamento".

O tom da discussão mudava regularmente, em geral oscilando entre alto e mais alto. No entanto, os principais pontos eram sempre os mesmos das discussões anteriores:

Introdução 3

– O que você está fazendo com a sua vida?

– Por que eu te mandei para a faculdade?

– Como você planeja conseguir seu sustento?

Frustrado e fazendo pé firme em minhas convicções, a gente começava o grande debate. "Sei o que estou fazendo", eu respondia. "Só porque eu não trabalho das nove da manhã às seis da tarde como você não significa que não estou ganhando a vida."

Ela, então, respondia, comparando maçãs com laranjas: "Seus amigos estão todos progredindo na vida. Todos têm bons empregos e estão construindo suas carreiras. Não entendo por que você não pode fazer o mesmo...".

Nesse momento, eu jogava na discussão um comentário sarcástico, criticando seus valores: "Você me ensinou a ser um líder, não um seguidor, lembra? Ou isso era algo para ser levado em conta em todos os outros aspectos de minha vida, menos no trabalho?".

E minha mãe, inevitavelmente, tentava pôr fim ao debate com um provérbio existencial de sua própria autoria, destinado a colocar uma luz naquela minha linha tola de pensamento: "Você não quer acordar um dia e perceber que a vida passou por você e você nem viu, não é?".

Mas a discussão nunca terminava aí. Esses debates eram um teste de força de vontade, que poderiam durar cinco minutos ou cinco horas. Mas, depois de todas essas discussões inúteis e bate-bocas sem sentido, que levavam a pressão arterial às alturas, o resultado era sempre um empate, que iria alimentar discussões futuras.

Há uma boa razão para que se tornar um empreendedor pareça algo tão natural para muitos de nós, e o fato é que nossos pais e professores nos incentivaram a ser assim – como eu sempre apontei durante as discussões com minha mãe –, quer percebam isso ou não. Anos de tapinhas nas costas e louvações entranharam em nós a convicção de que poderíamos conquistar o mundo. Ironicamente, porém, o que nossos mentores deixaram de nos ensinar foi como realmente viver esse tipo de vida, e a simples ideia de que não conseguiremos um emprego os deixa aterrorizados. Por quê? Porque nossos pais aprenderam com nossos avós que um emprego, de preferência um que seja "seguro", com benefícios e aposentadoria, era algo necessário para a sobrevivência.

Mas, enquanto nossos pais e professores podem ter se sentido muito confortáveis por terem atingido essa segurança, raramente era isso o que de fato queriam em suas carreiras. Naturalmente, queriam que fôssemos atrás de nossos sonhos, custasse o que custasse, por vezes até arriscando cair na pobreza para bancar nossos estudos na faculdade. O problema é que eles não sabiam como nos ajudar a chegar lá; e se não sabiam como sobreviver trabalhando por conta própria, como poderiam nos ensinar a evitar um emprego "de verdade"? Eles não podiam, por isso nós não aprendemos. E o nosso sistema de ensino não preenche essa lacuna. Na verdade, ele foi projetado para nos ensinar a ser empregados. Assim, quando nos formamos na faculdade e pegamos nosso diploma, somos levados a acreditar que temos apenas duas escolhas: conseguir um emprego "de verdade" ou cair na estrada.

Então, em vez de registrar os incentivos de minha mãe como histórias para dormir, escolhi cair na estrada, buscando me preparar para aprender as habilidades práticas e os truques necessários para me tornar o que ela sempre sonhou que eu seria. E são estas as lições que vou ensinar agora.

QUEM PRECISA DE UMA JORNADA DAS 9 ÀS 18?

O mero pensamento de viver aquela vida das 9 às 18 horas, criando mais riqueza para "o cara" do que para mim mesmo, me fazia procurar um frasco de Xanax[1] e uma garrafa de vodca ao mesmo tempo... Aqueles salões enormes repletos de baias, chefes incompetentes, códigos rígidos sobre que roupas usar no trabalho e aquelas siglas corporativas ocas e acrônimos medíocres se acumulavam em potenciais 50 a 60 horas semanais de trabalho que estavam fora do meu controle, tudo em troca de um salário que mal cobria as despesas... Tudo isso soava como tortura, e não era para mim. Então, eu simplesmente me convenci de que nunca ia conseguir um emprego "de verdade". Decidi que encontraria uma maneira de fazer as coisas por conta própria e criaria um tipo de vida projetado por mim mesmo.

Só faltava um detalhe: descobrir como fazer isto...

Dei um pulo até uma livraria durante o segundo ano de faculdade para encontrar algum material escrito por sumidades do meio empresarial que pudessem me oferecer algumas sugestões práticas. Depois de horas e horas lendo orelhas, resumos e índices de livros, a quantidade absurda de publicações redundantes que abordavam planos de negócios e outras, com dicas do tipo "faça

---

1 Xanax: ansiolítico. (N. T.)

você mesmo" para abrir seu próprio negócio, foi um choque para mim. Inúmeras delas prometiam soluções rápidas e milhões instantâneos. Havia ainda densas dissertações, repletas de jargões dos cursos de MBA, e teorias pedantes de acadêmicos, além de uma bela quantidade de autobiografias de estrelas do *rock* que viraram empresários e caminhões de livros de capa flexível, repletos de *glamour*, buscando convencer os leitores de que eles seriam empreendedores de sucesso se apenas "focassem sua mente" nisso.

Não existia, porém, nenhum livro escrito de forma prática por alguém com vinte e poucos anos e com o qual eu pudesse me identificar. Nem um único livro em toda a loja cujo autor fosse um cara da geração Y, com os pés no chão, dono de seu próprio negócio e que tivesse transformado o nada por onde começou em algo que ele queria alcançar.

Eu não queria aprender a comprar uma empresa ou a escrever um plano de negócios; dificilmente isso seria uma informação privilegiada, e eu poderia encontrá-la aos montes em alguns *sites* na internet. O que eu queria mesmo era um conselho de confiança para a vida real dado por um colega que compreendesse onde eu estava e o que precisaria fazer para construir um negócio, e não um plano teórico no papel. Com a esperança de que minhas suposições estivessem erradas – e com a sensação de que tinha de comprar alguma coisa para poder entrar nos trilhos –, comprei alguns livros.

Infelizmente, eu não estava errado. E acabei ficando 75 dólares mais pobre por causa disso.

A maioria dos livros que comprei era repetitiva e totalmente fora da realidade para os aspirantes a empreendedores. Comecei a me perguntar se algum dos assim chamados especialistas em negócios e administração de empresas tinha alguma vez conhecido um estudante de faculdade, um recém-formado ou um jovem que estivesse se preparando para abrir seu próprio negócio. Você vai pedir ajuda aos familiares e amigos para completar seu capital e abrir uma empresa? O autor desses livros poderia muito bem dizer: "Boa sorte, mas, se o papai não tiver bolsos profundos, nem se dê ao trabalho; vá procurar um emprego de 'verdade', moleque". Candidatar-se a empréstimos bancários e linhas de crédito para poder ter capital de giro? Claro, moleza, ainda mais porque a maioria de nós tem um tremendo de um cheque especial e já pagou todo o empréstimo e as dívidas feitas para pagar a faculdade. Tá bom...

Tudo bem, eu podia não ter um centavo, mas, com certeza, não desistiria de tudo só porque esses autores tinham escrito um livro "tamanho único" abordando as dicas para abrir um negócio em troca de um cheque de adianta-mento de direitos autorais pela editora e de uma credencial de especialista para escancarar no título de seus *blogs*.

Não importava. Nada iria me impedir de cumprir a promessa que tinha feito para mim mesmo: conseguir ao menos uma vaga ideia sobre como iniciar um negócio.

Com apenas um dólar para chamar de meu e sem nenhum tipo de recur-so para me orientar, fiz o que achava que faria qualquer cara despreparado, apaixonado, ambicioso, impulsivo e metido a saber tudo: abri um negócio e procurei aprender as fazer as coisas no cotidiano. Maluco? Pode ser. Mas, no final das contas, minha decisão e o trabalho duro originado dela valeram todo e qualquer sacrifício. Claro, havia noites em que eu passava fome e dias em que quase morria de fome. Mas, enquanto os meses e os anos se passaram, encontrei maneiras de me alimentar muito bem – e tudo isso sem um guia adequado para me ajudar. Felizmente, você não terá de enfrentar a mesma situação, pois esse é um problema que já resolvi para você com o *Nunca procure emprego*.

EU CONHEÇO VOCÊ

Antes de mais nada, deixe-me esclarecer algumas coisas: eu não tenho mi-lhões de dólares depositados no banco nem aqueles carrões que custam um milhão cada um, e muito menos um iate com torneiras folheadas a ouro. Não sou produto de uma família abonada e muito menos herdeiro de um grande grupo fundado por meu bisavô. Tampouco me formei em uma faculdade de administração e negócios de primeiríssima linha. Na verdade, formei-me numa faculdade de cinema e nunca assisti a uma aula sequer de administração ou de matemática...

Mas, quem sou eu para lhe dizer como construir um negócio próprio de sucesso? Afinal, por que você deveria ouvir o que eu tenho a dizer?

Porque eu sei como é ter de voltar a morar com os pais e o quão deprimente é ter uma conta bancária que vive encolhendo dia após dia enquanto as dívidas se acumulam. Eu sei muito bem o que o espera. E sei o que você acha que vai acontecer *versus* aquilo que acontece de fato.

Entendo você, porque eu sou você.

Eu estive bem aí, onde você está agora, confuso, ansioso, inquieto, desapontado, amedrontado e insatisfeito, mas, ao mesmo tempo, pronto para mais; e isso não aconteceu há trinta anos. O mais importante de tudo é que a minha jornada, e seus resultados, é prova de que qualquer um tem capacidade de sobreviver, de prosperar e de tornar realidade aquilo que parecia impossível – e tudo isso sem precisar arrumar um emprego "de verdade".

Desde que me tornei um empreendedor, construí diversas empresas de sucesso, e outras que não duraram mais que três meses. Trabalhei junto de parceiros muito espertos, e de outros muito idiotas. Consegui ganhar um monte de dinheiro, mas falhei muito mais do que tive êxito. Porém, durante todo esse tempo, fui meu próprio patrão! Nunca precisei trabalhar para "o cara" nem fui à falência. Tanto os fracassos quanto os sucessos me incitaram a desenvolver novas formas de pensar e de agir em relação aos negócios. Criei planos de negócios, alternativas para me tornar autossuficiente e metodologias de marketing e de vendas que me permitiram alcançar um padrão de vida estável e sustentável, apoiado por uma renda de seis dígitos. Compartilhei essas minhas estratégias com dezenas de milhares de aspirantes a empreendedores por meio da minha coluna na *Entrepreneur*, e agora vou fazer isto com você, por meio deste livro.

O QUE VOCÊ PODE ESPERAR OBTER COM ESTE LIVRO

É melhor deixar as coisas claras desde o começo. Não tenho nenhuma fórmula mágica para levantar capital nem esquemas de "enriqueça rapidamente". Se você está procurando por algum truque desse tipo ou por exercícios para fazer como lição de casa, esqueça, pode ir procurar em outro lugar. Se estiver atrás de uma cura milagrosa ou de promessas no estilo daqueles infomerciais de televisão que vão tirar você do buraco em uma semana, peço licença para lhe dar um conselho gratuito: seus ideais são totalmente fora da realidade e, a menos que mude sua forma de pensar, você não tem jeito. Você não vai perder 25 quilos em uma semana ficando sentado numa cadeira o tempo todo com uma máquina presa à sua cintura, do mesmo modo que não conseguirá criar uma empresa lucrativa e bem-sucedida da noite para o dia.

Ao contrário de diversos outros guias destinados a empresas recém-formadas, que oferecem algumas dicas de como conseguir uns trocados rapidamente, a abordagem multifacetada do empreendedorismo que apresento aqui inclui um ataque total ao seu estilo de vida. Traz uma lógica que o desafiará mental e emocionalmente, e lhe pedirá para fazer muitas escolhas difíceis, cujos resultados afetarão todos os aspectos da sua vida. Tudo isto é feito com um único propósito: treiná-lo para obter uma geração de renda imediata para se sustentar e criar um negócio, quer tenha uma verba para isto ou não tenha nenhum centavo em seu nome.

Este livro o ajudará a se tornar alguém que não enxerga limites, que não acredita em fronteiras e que jamais aceitará um "não" como resposta. Também o ajudará a se tornar uma pessoa que hesita em participar do sistema "9 às 18" – aquele que nos condiciona a ser dependentes – e a ser alguém que se mantém no curso mesmo quando a independência é algo difícil, ou quase impossível, de manter. É um livro que o ajudará a se tornar aquele tipo de pessoa que não tem medo de falhar, mesmo quando a sabedoria convencional instiga a fazer as coisas de forma mais segura. Acima de tudo, é um livro que vai ensiná-lo que o empreendedorismo não se trata apenas daquilo que você sabe, do que faz bem ou mesmo de quem conhece, mas, sim, de conseguir executar tudo isso de forma eficaz, fazendo com que as coisas aconteçam. Algumas pessoas percebem isso, mas a maioria não. Este livro ensina como ter essa percepção.

TODOS A BORDO DO EXPRESSO PARA A MORTE DO "EMPREGO DE VERDADE"

Não importa quem você é. Pode ser alguém que esteja definhando em um daqueles cubículos corporativos, desejoso de subir aos mais altos cargos da empresa, que envia currículos febrilmente, rezando para conseguir um emprego "de verdade" que ajude a pagar os empréstimos da faculdade... Ou um estudante aterrorizado em se formar no mundo real e conseguir apenas um cargo mal pago por ser inexperiente. Seja quem for, aqui está meu desafio para você: dê a si mesmo a oportunidade de assumir o controle de seu próprio destino, de caminhar sobre seus próprios pés e de errar e ter sucesso nas condições que você mesmo determinar.

Aceita o meu desafio? Ótimo!

Benvindo a bordo do expresso da morte do emprego "de verdade" – um bilhete só de ida para o novo e autossuficiente VOCÊ. Eu serei seu maquinista.

Os mimos acabaram. Não vou lhe dar a mão usando luvas ou dourando a pílula. Se este é o tipo de educação que você está procurando, inscreva-se em um MBA. Eu não escrevi este livro para dizer como você é um cara especial, porque, para ser completamente honesto, você não é. Você não é um ser delicado ou um raio de sol. Eu não me importo se você tem grau universitário nem se tem *pedigree*, ou com a quantia que tem no banco. E, adivinhe? O resto do mundo também não se importa com isso! Estou aqui para lhe contar como as coisas são, e não como você gostaria que fossem ou que achou que seriam, e que, certamente, não são como seus pais, seus professores e a MTV lhe disseram que seriam. Eu pretendo tratá-lo e à sua empresa recém-formada da mesma forma que o mundo real trataria, isto é, de forma não favorável.

Agora, esqueça tudo o que você achava ser verdade. Deixe suas noções preconcebidas sobre o emprego "de verdade" na porta e desconecte-se de seus pais, professores e especialistas. As coisas não serão fáceis, mas, juntos, iremos desconstruir você, construir uma base sólida, e ajudá-lo a reconstruir seu *eu empreendedor* ideal, que estará preparado para evitar o tão temido estilo de vida "das 9 às 18".

Agora, venha a bordo. Próxima parada: aprendendo a se tornar o empresário independente que você nasceu para ser.

PARTE 1

A análise

1

TODO MUNDO FAZ COCÔ; O SEU NÃO É DIFERENTE

QUANDO NOSSOS PAIS CHEGARAM À IDADE DE TRABALHAR, NAS DÉCADAS DE 1950, 1960 e 1970, ser empregado do "cara" era a única opção que existia. Nossos avós – na sua maioria membros das gerações da Grande Depressão americana para quem ter um emprego era considerado um luxo – acabaram reforçando a ideia de que arrumar um emprego e trabalhar duro eram coisas essenciais para a manutenção de uma vida digna e equilibrada.

Foi assim que nasceu o mantra: trabalhe duro, tire boas notas, faça uma faculdade e arrume um emprego.

E antes mesmo de nascer, nossos pais já fantasiavam o que a gente seria quando crescesse. Sempre quiseram que as coisas saíssem melhor para nós do que foram para eles, mas de uma forma diferente de como os pais deles planejaram. Havia um fosso geracional: para nossos avós, conseguir um emprego era questão de sobrevivência. Mas nossos pais queriam mais que uma simples sobrevivência para nós – desejavam que encontrássemos o emprego dos sonhos e prosperássemos. Nunca seria pegar um emprego qualquer, pois tinham ambições muito maiores para o filho. Eles queriam que a gente encontrasse a cura para doenças, ou escrevesse o maior *best-seller* de todos os tempos, ou fosse eleito o presidente do país. As possibilidades pareciam infinitas. Suas expectativas corriam soltas, sem conhecer limites. Antes mesmo de ter o cordão umbilical cortado pelo médico, já éramos vencedores, destinados a ultrapassar os sonhos mais lindos, apesar de nossos pais não terem a mais remota ideia do que isso significava ou de que maneira a gente poderia começar a fazer desses sonhos uma realidade.

Então, o grande dia chegou. Você pode ter entrado no mundo como um bebê pesando três quilos e meio e uma cara de joelho, que assustaria o cachorrinho da família, mas isso não importa. No momento em que saiu da barriga da mamãe, já era um diamante bruto, especial e perfeito, alguém que um dia seria capaz de fazer uma cirurgia cardíaca de olhos vendados enquanto escalava o Everest, a montanha mais alta do mundo.

Daquele dia em diante, o mundo passou a girar em torno de cada um dos seus movimentos. Dava uma risadinha, e os pais o achavam brilhante, verdadeiro prodígio. Bastava rolar de lado, isso era incrível. E quando deu os primeiros passos, então? Contaram para todo mundo o quão incrível você era. No dia em que murmurou algumas repetições incompreensíveis de "mama" e "papa", que mais soavam como "mkwfz", a vida mudou! E os parentes faziam fila para limpar suas fraldas e sentir o perfume de rosas de seu majestoso cocô.

E essa adoração perdurou por toda sua infância.

Era hora de chamar a NBA quando você quase acertou aquele lance livre durante o jogo de basquete na quarta série. Sua formatura no ginásio foi quase uma cerimônia de coroação! E na estreia como cantor no coral da escola, seus pais juraram que era o primeiro passo em sua trajetória para a Broadway.

Durante anos, seus pais, professores e a MTV sopraram para longe a fumaça de qualquer ameaça de fogo que pudesse queimar seu traseiro. Você foi regado com elogios imerecidos, encorajado a aspirar metas fora da realidade e cumprimentado exageradamente por realizações modestas, além de ser vítima inconsciente de uma cultura de paparicação fadada a estragar sua percepção da realidade.

Não importa o quão patético tenha sido o prêmio, ou o quão estúpido isso possa soar, mas você caiu como um patinho. Você estava tão ocupado se achando a última bolacha do pacote, que nem percebeu que era recompensado pela mediocridade – ou, pior ainda, por piedade. Seus pais o colocaram num pedestal em vez de lhe dar um alicerce sólido e realista para o resto da vida. Incentivá-lo a ter grandes objetivos é uma coisa, mas evitar que se machuque pelas dores do erro e da falha é outra – sem dar espaço para você se defender sozinho. Seus pais, professores e treinadores acabaram por configurá-lo inconscientemente para ser uma pessoa fraca, ineficaz, despreparada para a idade adulta.

FACULDADE: O CAMINHO PARA A MOLEZA

Desde o berço até a festa de formatura no colégio, você recebeu uma alimentação forçada de tudo, desde o *Vila Sésamo* até o cursinho vestibular. Foi pressionado para ler mais rápido, ser mais inteligente e aumentar suas notas na esperança de um dia poder entrar numa faculdade de primeira linha – e que tudo isso seria o suficiente para prepará-lo para a vida.

Mas, em vez de incutir o desejo de correr atrás de um emprego "de verdade", a faculdade lhe ensinou a odiá-lo. A maioria dos professores tinha a mente aberta e encorajava e promovia discussões. Ao contrário da obrigatoriedade de usar uniforme na escola e no colégio, a faculdade promoveu um senso de individu-alidade e de expressão pessoal. Ninguém nunca lhe perguntava onde ou como você tinha feito o trabalho, desde que estivesse feito. Colar nas provas ou tirar notas tão baixas – que os professores começariam a questionar se você ainda respirava – eram duas das poucas razões pelas quais seria expulso, o que ainda assim era melhor do que tentar conseguir segurança em um emprego.

Quando finalmente conseguiu arrumar tempo para prestar atenção no professor, ou mesmo aparecer na sala de aula, provavelmente percebeu que os ensinamentos não lhe ofereciam as habilidades críticas necessárias para viver no mundo real. Os cursos da faculdade pareciam treiná-lo para o mesmo sonho mítico de arrumar um belo emprego, o mesmo sonho de seus pais. Não havia palestras sobre a hierarquia nas empresas, ou como preencher certos documentos, nem mesmo algo simples como atender a um telefonema corpo-rativo. Quando você não desperdiçava seu tempo em aulas tão úteis quanto o funcionamento de uma porta de correr em um submarino, recebia uma instrução de alto nível sobre como fazer o trabalho de seu eventual patrão, mas não como fazer as tarefas insignificantes de um cargo inicial de assistente. Resumo da ópera: você foi ensinado sobre *o que* pensar – e não *como* pensar.

Em vez de romper com o sistema e assumir o controle da própria vida, tomou o caminho mais fácil. Você decidiu permitir que sua percepção da rea-lidade permanecesse deformada, pois sabia que haveria uma recompensa à sua espera. Seu diploma era seu *ticket* de entrada para uma colocação superior na hierarquia da empresa e acesso a incontáveis riquezas.

Ou era o que você pensava.

CARA, CADÊ O MEU EMPREGO DOS SONHOS?

Os anos se passaram tão rápido que, antes de perceber, já estava terminando o último ano na faculdade. Logo, em poucos meses, estaria de barrete e toga para receber seu diploma, que custou uma fortuna, e dando um passo adiante para se aposentar aos trinta anos. Agora, todas aquelas dissertações chatas e a libertina-gem embriagada valeriam a pena. Chegou a hora de receber um salário!

Então digitou seu currículo, em Times New Roman, corpo 12, com seu nome centralizado na parte superior em letras maiúsculas e negrito. Você gros-seiramente exagerou sua experiência durante o estágio e deu a si mesmo o título de vice-presidente de operações, marketing e contabilidade. Imprimiu esse documento num papel perfumado amarelado, de 110 gramas, e, juntamente com sua carta de apresentação burocrática, orgulhosamente entregou o pacote completo à sua consultora de desenvolvimento de carreiras para receber o selo de aprovação. Tenho certeza de que havia uma lágrima nos olhos dela. Você passou a enviar currículos para todos os melhores empregadores encontrados na web. Com uma excitação palpável, era hora de aceitar seu emprego dos sonhos.

Algumas semanas se passaram sem que recebesse qualquer resposta, mas não permitiu que isso o assustasse. Tinha um diploma superior reconhecido nas mãos! E também que mal faria se bancasse novas apostas? Assim, você envia mais dez currículos.

Outras semanas se passaram, e ainda nenhuma resposta.

Não tem problema, certo? Era apenas questão de tempo até alguém entrar em contato para agendar sua entrevista. Afinal, você tinha seguido seu planejamento de vida à risca! Tinha tirado boas notas, entrado em uma boa faculdade – agora, o passo seguinte seria conseguir o emprego dos seus sonhos. Certo? Mas, só para ter certeza, enviou mais currículos. Não muitos, apenas uns 75... Você sabe, é sempre bom a gente se garantir.

Existe grande possibilidade de, formado há alguns anos, você ter se inscrito em um monte de sites corporativos sem jamais obter alguma notícia desses possíveis empregadores. Você não está sozinho. Juan Somavia, diretor-geral da Organização Internacional do Trabalho da ONU (Organização das Nações Unidas), anunciou recentemente que o desemprego global entre os jovens atingiu os níveis mais altos da história, com 81 milhões de "novatos" alijados do mercado de trabalho no mundo. De acordo com um estudo nacional de 2009 da Associação de Faculdades e Empregadores dos Estados Unidos, 80% dos graduados na faculdade à procura de emprego não conseguiam colocação. O Economic Policy Institute também noticiou que as turmas formadas em 2010 enfrentam o pior quadro de falta de empregos em uma geração; segundo dados do Bureau of Labor Statistics,[2] o desemprego nos Estados Unidos entre jovens na faixa de 19 a 24 anos de idade está acima de 15%. Ainda mais perturbador é o recente estudo do Pew Research Center, indicando que cerca

---

2 Segundo a Wikipedia, a taxa de desemprego ou de desocupação no Brasil é apurada mensalmente pela Pesquisa Mensal do Emprego, coordenada pelo Instituto Brasileiro de Geografia e Estatística (IBGE). Outros dados e estatísticas podem ser obtidos no site do Ministério do Trabalho e Emprego em: www.mte.gov.br.

de 40% de todos os jovens entre 18 e 29 anos estiveram desempregados ou subempregados em algum momento desde dezembro de 2007.

Se você obteve alguma resposta de um potencial empregador, existem boas chances de que não tenha conseguido a posição, ou por não ser suficientemente qualificado para o emprego que pretendia, ou porque era qualificado demais para o cargo ao qual se candidatou apenas "para fazer face às suas despesas". Não teria nenhuma importância se fosse formado em engenharia eletrônica – com sorte conseguiria uma função de assistente em uma empresa de eventos corporativos, caso arrumasse um emprego, é claro...

Mas há uma fresta de esperança. Agora você é um membro do famoso Clube Bumerangue, com crachá e tudo; faz parte da primeira geração na história a cursar uma faculdade só para ter de voltar a morar com a querida mamãe e o bom e velho papai, porque está falido, desempregado e endividado até a testa. Hurra, por ter vivido o sonho.

Tenho certeza de que foi exatamente isso que você imaginou para sua vida pós-faculdade.

BENVINDO AO SEU EMPREGO "DE VERDADE", SR. ZELADOR

E você, garota? Quem sabe, seja uma menina de sorte e arrumou emprego depois de sair da faculdade. No entanto, as chances são de que tudo o que você faz atualmente não tenha sido sua primeira escolha. Provavelmente, nem sua opção número 10 ou 20. Caramba, de repente nem mesmo foi sua *centésima* escolha! Em vez de ser contratada como vice-presidente de *design* na Ralph Lauren, é possível que tenha aceitado um cargo de recepcionista na funerária Fatayat, cujo *slogan* meio mórbido – "você mata e a gente enterra" – pisca em neon no alto do estacionamento. Mas tenho certeza de que eles têm um plano de saúde maravilhoso.

E se, por milagre, você teve sorte de conseguir um emprego na área que escolheu, pode estar se esfalfando como uma recepcionista-barista, especializada em cafezinhos. Subvalorizada, mal remunerada e subempregada, bem no pé da pirâmide profissional, você exerce uma função que se confunde com a da estagiária da empresa.

O que aconteceu com o emprego dos sonhos, pendurado à sua frente durante toda a vida, como cenoura amarrada na ponta de uma vara?

Saiu da faculdade com a certeza de estar pronta para tomar decisões de vida ou morte e fechar negócios de bilhões de dólares durante jantares de negócios em restaurantes sofisticados. Como, exatamente, acabou sentada em um cubículo digitando a agenda de reuniões de seu supervisor, olhando o tique-taque do relógio na parede e tentando descobrir por que tudo deu errado? Onde foram parar tantos cumprimentos calorosos por ter entregado o trabalho antes do prazo? Ou o certificado por chegar no horário todas as manhãs? Cadê a sala de canto, com vista panorâmica, ou aquelas "importantes" responsabilidades?

Onde está sua nota "A" por todo seu esforço?

Baias claustrofóbicas, café velho, códigos de vestimenta rígidos e monótonos, chefes idiotas, discussões entorpecidas, festas de aniversário no escritório que induzem enxaquecas, políticas internas de conduta infantis, relatórios inúteis, protocolos de atendimento de telefonemas repetitivos... Minha amiga, a única coisa que a impede de sair correndo pelo corredor gritando como uma louca é o temor de ser obrigada a assistir ao próximo seminário multicultural sobre "como controlar a raiva", organizado pelo departamento de Recursos Humanos da empresa.

Verdade seja dita, seja você um executivo ou operário, seu emprego "de verdade" é provavelmente tudo aquilo que você nunca quis que fosse – e não está sozinho. Cada vez mais pessoas estão insatisfeitas com sua posição atual. De fato, um estudo realizado pelo *Conference Board* confirma que 45% dos americanos detestam seus empregos e, mais chocante ainda, 73% dos jovens com menos de 25 anos de idade odeiam seus cargos. Se toda essa gente se sente infeliz fazendo aquilo diariamente... Bem, isso não lhe diz alguma coisa sobre a falência de nosso sistema? Apesar de todo o incentivo que você recebeu (e ainda recebe) para conseguir uma boa colocação, o tal "emprego de verdade" representa uma ilusão por vários motivos.

Empregos "de verdade" dão uma falsa sensação de segurança. Você foi condicionado a acreditar que o emprego "de verdade" lhe ofereceria segurança e estabilidade. No entanto, a verdade é que a segurança no emprego não existe, e já faz um longo tempo.

Considere as inúmeras empresas que faliram na década de 2000, nas quais as decisões de poucos traziam enorme impacto aos meios de subsistência de muitos: Enron, Lehman Brothers, Circuit City, Linens'n Things, General Motors, e assim por diante. A lista, de tão frustrante, parece infinita. Esqueça o relógio de ouro e os grandes abonos de aposentadoria; em muitos casos, os empregados mais leais nem chegaram a receber suas indenizações, ou viram apenas um fragmento de sua poupança para a aposentadoria. E ninguém pode se esquecer da recessão, que tem forçado as empresas a despedir milhares de empregados – quase um em cada dez, em alguns casos – apenas para manter a viabilidade econômica. Isso fez com que a taxa de desemprego tenha alcançado níveis nunca vistos desde a Grande Depressão.

Os detratores podem argumentar que os empregados se beneficiam de muito mais segurança do que os empreendedores. Bem, apesar de estes compreenderem os riscos que correm em termos de segurança financeira, ainda assim mantêm controle total sobre os caminhos que estão tomando. Já as pessoas com empregos "de verdade" têm pouquíssimo acesso – se é que têm algum – à garantia de seus salários ou sobre a eventual segurança no emprego. A lista de fatores para convencê-lo a empacotar suas coisas e ir embora só vai crescer, enquanto os patrões continuarem a aperfeiçoar a filosofia do "melhor, mais rápido e mais barato", para satisfazer aos acionistas ou aumentar as retiradas dos altos escalões da empresa. Só um resultado, sem dúvida, se torna cada vez mais comum: os avisos de demissão.

Os empregos "de verdade" tornam você insignificante. Gerentes sem noção, colegas idiotas, relatórios tediosos, prazos irrealistas. O que essas coisas têm em comum? Simples: ninguém quer nem se importa com sua opinião sobre qualquer um desses temas. Seu trabalho é manter a cabeça baixa e fazer o que necessita ser feito, sem perguntas.

Não se engane. Na maioria dos casos, você não toma decisões a menos que seja *o cara* que manda – e são boas as chance de que você esteja com medo desse cara. De acordo com uma pesquisa realizada pela especialista em ambientes de trabalho e colunista da *Business Week,* Lynn Taylor, o funcionário médio nos Estados Unidos despende mais de 19 horas a cada semana preocupando-se com o que seu chefe vai fazer ou dizer. Isso parece pouco produtivo para o faturamento corporativo.

Ao contrário dos empreendedores que tiveram êxito ou erraram com base nas próprias decisões, as pessoas com empregos "de verdade" devem ser obedientes e desempenhar o papel de engrenagens na máquina, realizando a função X na quantidade de vezes Y para obter o resultado Z, somente para o benefício da nave-mãe. Qualquer desvio daquela agenda corporativa cuidadosamente concebida de cima para baixo pode resultar em imprevistos – e, consequentemente, na rescisão do contrato de trabalho do empregado. Afinal, essas ações o proíbem de buscar a melhoria da riqueza dos outros e, por isso, tal intenção não será tolerada. E tem mais: mesmo se cumprir tudo o que está previsto e ainda assim ocorrer perdas, não há garantia de nenhum tipo de segurança para você – nem de indenização. Diga adeus à liberdade, e um "olá" para uma vida assalariada de escravo corporativo.

Empregos "de verdade" têm excesso de trabalho e pagam mal. Um estudo recente realizado pelo Instituto Nacional de Segurança e Saúde do Trabalho dos Estados Unidos constatou que o americano médio trabalha dois meses a mais do que um trabalhador em 1969, para receber praticamente o mesmo vencimento – após os ajustes da inflação.

Ou seja, além de muitas pessoas estarem com excesso de trabalho, elas também estão recebendo menos para trabalhar mais.

O que isso significa para você em dólares e centavos? Talvez 35.100 dólares por ano, o salário médio para pessoas entre 25 e 34 anos nos Estados Unidos; de acordo com um artigo da *BusinessWeek,* de julho de 2010, intitulado "Aposentadoria: a geração Y está com seus cofrinhos vazios", esse montante caiu 19% ao longo dos últimos trinta anos, depois da correção inflacionária. Para muitos daqueles que entram nos escalões mais baixos das empresas, a jornada de trabalho nunca termina às 18 horas e, frequentemente, estende-se pelos finais de semana. Se somar o tempo gasto para apagar os incêndios de seu patrão até as dez da noite das sextas-feiras e fazer os relatórios que ele pede durante o jogo de futebol aos domingos, sua jornada de trabalho, na realidade, é de cinquenta horas por semana. Ao calcular seu salário anual por dia de trabalho, teremos 13,50 dólares por hora. Agora, vamos incluir as horas extras. Ops! Eu me esqueci! De acordo com as regras do Ministério do Trabalho para horas extras,[3] você não tem direito a elas. Ah, como sou bobo, desculpe... E não podemos esquecer as deduções do seu salário para os impostos e a previdência social. Assim, o valor da sua hora de trabalho cai para perto de 10 dólares. Bem, agora precisamos deduzir os gastos com vestuário, educação e outros descontos de sua empresa, que fazem parte do pacote de benefícios, e aí você terá sorte se ainda sobrar algum para ir ao cinema.

---

3 No Brasil, a legislação trabalhista vigente estabelece que a duração normal do trabalho, salvo os casos especiais, é de oito horas diárias e 44 semanais, no máximo. Todavia, a jornada diária de trabalho dos empregados poderá ser acrescida de horas suplementares, em número não excedente a duas, no máximo, para efeito de serviço extraordinário, mediante acordo individual, acordo coletivo, convenção coletiva ou sentença normativa.

Mas veja o lado positivo, você realmente tem férias pagas. Infelizmente, o trabalhador nos Estados Unidos só consegue, em média, 13 dias de férias – bem abaixo dos seus pares na maioria das nações industrializadas (na Itália chega a 42 dias, na França, 37, e no Canadá, 26). De acordo com um artigo publicado em maio de 2009 na CNN.com, "Layoff worries keep many from taking vacations" (A preocupação em ser demitido impede que muitos saiam de férias), 34% dos norte-americanos nem sequer usam todo o período de férias por terem muito medo de perder seus empregos. Embora você possa merecer um aumento de salário no próximo um ano, isso só acontecerá se os figurões da empresa não usarem todo o lucro para comprar novas mansões na praia...

Os fiéis defensores da felicidade no emprego podem afirmar que ser um empreendedor não vai garantir que você ganhará mais dinheiro do que um assalariado – ou que trabalhará menos. E eles têm razão. Entretanto, ao contrário de quem tem um "emprego de verdade" e está preso a um nível salarial predeterminado e aos horários ditados pelo patrão, os empreendedores podem se beneficiar de cada minuto gasto para cuidar do seu negócio e ganhar tanto dinheiro quanto o esforço aplicado nesse trabalho. Como as empresas têm simplificado seus processos – e a globalização continua a enviar empregos para o exterior em busca de mão de obra barata –, os assalariados encontrarão cada vez mais dificuldades para achar uma vaga em que a exigência da carga de trabalho seja mais branda, ou pague o que eles realmente merecem por uma jornada de 40 horas semanais.

Empregos "de verdade" não recompensam sua excelência. Os salários, além de patéticos, são apenas uma minúscula fração do sobrepreço que sua empresa cobra dos clientes – que podem estar pagando até dez vezes mais do que você ganha. Mas, fora a possibilidade de receber um pequeno bônus, sabe o que mais espera por você? Coisa nenhuma. Zero. Nadica de nada. Bulhufas – exceto, talvez, um pacote de benefícios de saúde (embora, de acordo com um estudo da Pew Research, a geração Y é a menos propensa a herdar tais benefícios, pois cerca de 40% das pessoas estão sem cobertura de qualquer tipo de plano de saúde). A maioria das receitas que você gera é destinada a cobrir as despesas gerais e encher os bolsos dos figurões. Fazia ideia de que era um empregado tão generoso e preocupado com os outros?

No final das contas, sua jornada de trabalho se traduz em nada mais do que um salário e a honra de implorar ao seu chefe que reconheça seus méritos e lhe dê uma promoçãozinha, incluindo um aumento miserável no holerite.

Claro, sempre é possível receber um reajuste ou um bônus; entretanto, será mera fração daquilo que você produziu. Equidade? Posição de sócio minoritário na companhia? Ah! Na maioria das empresas isso não passa de piadas e temas hilariantes para contar aos colegas e funcionários descontentes em torno do bebedouro. Sua firma espera que você dê tudo o que tem – e mais um pouco – sem lhe oferecer incentivos reais por esse esforço adicional. Mesmo que uma corporação ofereça algum tipo de opção e permita que você compre suas ações, aceitar isso vai torná-lo ainda mais dependente da única mão que te alimenta, colocando mais um de seus ovos em uma única cesta – a qual você não está segurando nem tem direito a qualquer palavra sobre o destino da empresa. Estou feliz em saber que você confia no CEO quanto ao seu futuro financeiro. Só me pergunto se ele se sente da mesma maneira em relação a você.

Empregos "de verdade" matam lentamente sua ambição empreendedora. Têm a única missão de garantir que você continue dando lucro para os empregadores sob o pretexto da segurança e do avanço na carreira. Pouco a pouco, centímetro por centímetro, empregos "de verdade" sugam a humanidade que existe em você, forçando-o a colocar sua autossuficiência em segundo plano ao seduzi-lo com promessas de bônus, dias extras nas férias e "gracinhas" como as "sextas-feiras casuais". As obrigações e distrações extraem o que há de melhor em você, e a complacência toma conta de tudo. Antes de perceber isso, já passou a conhecer menos pessoas, a motivação dissipou-se, as ambições diminuíram e suas paixões ficaram para trás diante do motivo de "fazer as coisas e pronto". De repente, foi transformado em uma concha oca – vazia de si mesmo –, deixando seus planos em compasso de espera, mirando um futuro tão indefinido quanto infinito – só porque está disposto a lidar com sua indigência pessoal e emocional em troca do conforto de um salário. Você está realmente preso ao sentir que não pode mais perder esse emprego "de verdade", e condenado a nunca mais saber fazer as coisas por conta própria ou não ter nada em que se apoiar.

PROMESSA QUEBRADA

Encare os fatos: a filosofia do "trabalho duro, após tirar boas notas e cursar a faculdade para conseguir um bom emprego" tornou-se obsoleta e completamente irrelevante para a nossa geração. Os tempos mudaram. Nossos mentores queriam que colocássemos em prática as lições de um mundo conhecido, acreditando que tudo continuaria igual. Eles não notaram que estavam desligados, sem contato, vivendo em um novo tempo em que uma única pessoa, armada com *e-mail* e telefone celular, poderia se rivalizar com os capitães da indústria. (Na verdade, essa informação provavelmente foi enviada ao *e-mail* deles, só que se esqueceram de nos chamar para explicar como abrir o anexo.)

Hoje, o mercado de trabalho é escasso por causa do explosivo crescimento populacional, da expansão excessiva dos estabelecimento de ensino e dos efeitos da globalização. Havia poucos milhões de estudantes matriculados em instituições de educação nos Estados Unidos quando nossos pais foram à faculdade. Hoje, há mais de 19 milhões de alunos, sem mencionar outros tantos milhões que vão às aulas em meio período e aqueles que fazem cursos *on-line*. Além disso, nossos pais não disputavam empregos em um mercado global quando do se formaram. Da mesma forma que nossos avós, eles exerciam seu ofício em postos de trabalho dentro das próprias comunidades, em um tempo anterior à existência da internet, quando o consumo local era alto e o país ainda gerava seus próprios produtos. Atualmente, muitos não mais procuraram trabalho na própria comunidade depois de se formar. Ao contrário, todos competimos globalmente por empregos como assistentes dos assistentes que reciclam dados e não produzem nada de valor real ou tangível.

O ponto crucial é que nos prometeram mundos e fundos quanto mais fizéssemos. No momento em que descobrimos ser pura imaginação o tal emprego dos sonhos, já era tarde demais. Fomos forçados a tomar parte em um sistema de linha de montagem conhecido como emprego "de verdade".

Você encontrou inúmeras pessoas pelo caminho que poderiam lhe ter explicado como são as coisas no mundo real. Mas, em vez disso, todos decidiram de forma consciente que o melhor a fazer seria protegê-lo da dura realidade e encheram sua cabeça com ideias motivacionais. Sua mãe lhe ensinou que, "se trabalhar duro, irá longe". O orador da classe na formatura do colegial o inspirou a "correr atrás de seus sonhos". A MTV proclamou: "Você pode fazer tudo que projetar em sua mente".

Será que alguma dessas frases de efeito se aplica remotamente ao estilo de vida "das 9 às 18" que conhecemos e vivenciamos? Quantos recém-formados você conhece que estão empregados e "vivendo seus sonhos"? A maioria nem mesmo trabalha na área em que se formou – se é que estão empregados. Tenho certeza de que o indivíduo com um diploma de relações-públicas, que lhe custou mais de 100 mil dólares, está empolgado com sua posição como assistente em uma corretora de seguros, servindo café e tirando cópias de documentos.

Ninguém nunca lhe disse: "Trabalhe duro e assim conseguirá um melhor posicionamento no sistema". Por quê? Porque ninguém queria que você se tornasse um escravo corporativo. Realmente, gostariam de vê-lo realizar suas expectativas delirantes. Quando seu conceito de emprego dos sonhos não se materializou do nada, disseram que era preciso arrumar um trabalho "de verdade". Agora, esperam que se esqueça de tudo o que aprendeu porque você precisa pagar as contas. Se não dá para conseguir um emprego "de verdade" – nem mesmo um daqueles que a gente aceita sem sequer ser da área que conhecemos –, o que se pode dizer sobre a credibilidade do "sistema"?

Ao contrário do que lhe foi dito, evitar a escalada corporativa de cargos e salários não significa estar fadado ao fracasso na vida. Você é quem define seu sucesso neste mundo, e não seus pais, tutores ou professores. Eles podem ter permitido – ou talvez venham a permitir – que o próprio temor por sua segurança, sua subsistência e seu bem-estar ofuscasse os valores essenciais que incutiram em você. Esses valores continuam corretos, mas a forma de aplicar esses ideais está desatualizada, defeituosa e não se aplica mais à nova realidade.

Se você é um entre as dezenas de milhões de jovens que ainda não conseguiram pôr os pés na escada corporativa – e muito menos escalá-la –, já não existe mais o tempo de colocar o seu futuro nas mãos de outra pessoa, continuando a enviar seu currículo por e-mail. Tal ação equivale a enfiar moedinhas em uma máquina de refrigerante quebrada, perdê-las e, depois, colocar só mais uma esperando que haja um desfecho diferente.

O mundo atual não é mais um mercado de *empregos* – é um mercado de *oportunidades.*

Pare de tentar forçar sua entrada no sistema – e abra seu caminho em volta dele. Se estiver definhando no esquema "das 9 às 18", pare de se ferir e de machucar seu futuro. Os contracheques vêm e vão, mas o tempo perdido é para sempre. Em vez de desperdiçar dias, dinheiro e recursos enviando currículos ou trabalhando em funções "sem saída" para sobreviver, chegou a hora de reorientar sua energia para alcançar e garantir a independência financeira.

Nunca mais permita que pessoas ao seu redor avaliem que suas paixões e ambições sejam apenas sintoma de um estresse pós-traumático causado pelo fim de seu período na universidade, ou que seu desprezo pelo sistema seja somente divagações de um funcionário insatisfeito. Não é errado querer mais, contanto que mantenha os dois pés no chão e a cabeça erguida. Com treinamento adequado, atitude e dedicação, você tem o poder de construir um negócio que gere faturamento e supere o antiquado condicionamento social representado pela mentalidade de "trabalhar das 9 às 18 horas".

Porém, se você pensa ter o direito de ser um empreendedor só porque mamãe e papai ferraram você... Cara, você vai dançar outra vez.

2

Ninguém se importa com você, a menos que os faça se importar

"**O que você vai ser quando crescer?**" **Esta é uma questão profunda, mas** as pessoas esperam que a gente a responda quando ainda somos muito novos, e por todas as razões mais erradas.

Por exemplo, quando estava crescendo eu já sabia que amava as artes. No entanto, só fui descobrir meu emprego dos sonhos num fatídico dia durante uma aula de inglês no meu segundo ano do colégio. Nossa tarefa daquele semestre era fazer um trabalho sobre os anos 1960. A turma foi dividida em grupos e tivemos abertura total para mostrar nossa criatividade. Em vez de construir um diorama malfeito ou fazer uma apresentação oral aborrecida, meu grupo optou por produzir um curta-metragem para o qual fui designado diretor. Daquele momento em diante, fui fisgado. Minha vocação tornou-se evidente: *show business*!

De repente, fiquei obcecado em me tornar o próximo grande diretor autoral do cinema americano, o mais famoso de Hollywood em todos os tempos. Até me dei um apelido sonoro e com ares de importância: Spielgerber.

Claro, ainda não dirigi nada além de uma montagem teatral no colégio. Mas eu seria capaz de olhar em seus olhos e dizer com certeza absoluta o número da placa da minha futura Ferrari.

Comecei a retomar contato com antigos membros de minha classe no colégio após descobrir que estavam trabalhando "na indústria" – é assim que o pessoal interno e aqueles que pretendem entrar se referem a Hollywood. Todos afirmaram ser diretores, produtores ou roteiristas, mas na realidade eram assistentes de produção, esperando o dia de ocupar os cargos almejados.

Lembro-me de me pegar pensando com meus botões que nunca seria como aqueles pobres coitados, tentando abrir caminho até a cadeira de diretor e digladiando-se 25 horas por dia como um menino de recados que vai buscar o café. Eu era o grande Scott Gerber – futuro astro e, sem dúvida, milionário –, um sujeito destinado a dirigir uma obra-prima orwelliana de grande orçamento assim que saísse da faculdade.

Cara, eu era um idiota.

Ou, como os amigos gentilmente me definiram: um panaca arrogante e pretensioso que vivia preso no mundo da fantasia. Eles não estavam de todo errados; foi uma avaliação bem complacente.

Só anos mais tarde, acumulando algumas experiências no mundo real, percebi como estava equivocado e delirante. Após uma profunda reflexão, também decidi que a única maneira de eu ter algum sucesso seria me livrar daqueles ideais irracionais.

Gostaria de poder dizer que sou uma exceção, mas, infelizmente, esse tipo de mentalidade não é raro entre os membros da geração Y. Claro, parte da culpa cabe aos entes queridos que nos recompensaram com medalhas de plástico por termos participado dos concursos de soletração no ensino fundamental. Mas, evidentemente, a maior responsabilidade é nossa mesmo. Deixamos de ser crianças – vítimas indefesas, ensinadas durante a vida toda que éramos o máximo –, e nos tornamos adultos conscientes da própria mediocridade, dando tapinhas nas costas uns dos outros por não fazer nada.

A educação mimada e as atitudes sem medo nos deixam dispostos a assumir mais riscos do que gerações anteriores. Só que esse mesmo ponto de vista nos torna imprudentes, negligentes e, às vezes, com ar de sabe-tudo, achando que nos devem muita coisa. Embora a geração Y tenha sido classificada como a mais empreendedora da história, também já foi chamada de chorões irracionais, de bando de crianças mimadas, que só correm atrás de gratificações e salários, em busca da fama e viciados em ter a aprovação dos outros; enfim, uma geração que se acha no direito de tomar posse do mundo.

Sabe o que mais? Merecemos cada pedacinho disso tudo.

Por quê? Porque a grande maioria de nós anda por aí como se nosso brilho e entusiasmo nos autorizassem a receber toda a fama, fortuna e sucesso imediatos. Bem, não poderia haver um monte de porcaria maior...

Assim como acontece com os alcoólatras ou viciados em drogas, a primeira etapa para a recuperação é admitir que nós temos um problema. Existem conflitos psicológicos tão profundamente enraizados dos quais devemos nos livrar se quisermos aprender a assumir o controle da vida e de nossas carreiras e, eventualmente, nos tornarmos empreendedores de sucesso. Podemos até continuar a viver em um mundo de fantasia, mas essa lógica deturpada resultará em características comportamentais e emocionais que tendem a nos levar a uma via de mão única para o fracasso.

NUNCA PROCURE EMPREGO!

Agora, feche os olhos e respire fundo. Você está prestes a entrar naquele balão cheio de ar quente, também conhecido como sua mente.

VOCÊ NÃO É ESPECIAL

Sinto muito em ser obrigado a dizer isso, mas sua vida não é um *reality show* da TV. E mesmo que fosse, ninguém assistiria a esse programa. Ao contrário do que acredita, o mundo não gira ao seu redor, não sabe que você existe nem se importa com isso. Sim, você é apenas um em bilhões – e não daquela maneira egoísta que está pensando.

Simplesmente um em um bilhão. Ponto. É isso aí. Fim da história.

Não está livre de ser obrigado a dar duro simplesmente por ter uma habilidade qualquer. Não se convença de que é capaz de abrir portas com um estalar de dedos. Esse tipo de pensamento o levará a uma espiral descendente – como o falecido Chris Farley[4] disse: "Termina com você dormindo em uma van na beira do rio, curtindo uma dieta constante de queijo barato". Você não é tão importante quanto pensa ser. É apenas o Zé Ruela, criador da próxima tranqueira e o único que acredita que vai mudar a vida das pessoas.

Com a possível exceção de sua família e seus amigos, ninguém vai dar bola para seu produto ou sua empresa nascente. A menos que sejam consumidores pagantes de verdade, a opinião deles não tem a menor valia. Existem outras milhões de pessoas – muitas das quais são maiores, mais fortes, mais ágeis e mais inteligentes que você – competindo pela mesma atenção e disputando o mesmo público. Cada uma dessas pessoas está tentando abrir as mesmas portas e expondo suas vantagens de venda apoiadas pelo mesmo título pomposo de executivo.

Caso pretenda ser um líder eficaz e respeitado, deve parar de andar por aí como alguém que se acha superior a todo mundo. Você não é melhor. Se acredita que tudo a fazer é apenas explicar às pessoas como você é especial para poder ganhar simpatia e seu dinheiro, já começa com uma mentalidade completamente deturpada.

---

4 Ator e comediante americano que morreu de *overdose* em 1997.

Sua McVida[5] – aquela que o transformou num panaca preguiçoso, viciado em Xbox e incapaz de sobreviver sem batatas fritas – o tem enganado, fazendo-o acreditar que tudo aquilo que deseja será atingido com facilidade e rapidamente. Você recebeu uma lavagem cerebral para acreditar que isso acontecerá em trinta segundos – ou menos – e terá grandes recompensas com o mínimo esforço.

Caia na real, mané! Nem tudo pode ir ao micro-ondas. Roma não foi construída em um dia, e se você acha que sua empresa ficará pronta depois de uma noite, está no caminho certo para levar um grande choque de realidade – seguido por constantes viagens para tomar a sopinha em abrigos de indigentes. Livre-se dessa mentalidade absurda de querer recompensas instantâneas ou vai sair do jogo muito antes que sua empresa recém-criada tenha a chance de dar errado.

ALEGAR SER UM VENCEDOR NÃO FAZ DE VOCÊ UM DELES

Muita gente se acha um vencedor nos dias de hoje. Mesmo o pior dos piores candidatos rejeitados do programa *American Idol* – aqueles que não conseguem cantar no tom nem se um maluco pressionar um trabuco em suas cabeças de melão – se convenceu de que é um grande artista e extremamente talentoso.

Mas, se todo mundo é vencedor, pergunto-lhe: o que foi feito de todos os perdedores?

Enfrente a verdade: nem todos são recompensados com um troféu ou um tapinha nas costas. A vida é uma competição real com os vencedores e perdedores. O segundo lugar é simplesmente um passo mais perto da falência.

Há razões concretas pelas quais algumas pessoas afundam e outras simplesmente nadam até a praia. Quando são derrubados, os perdedores ficam lá deitados – mas continuam falando. Mas, se os vencedores são nocauteados, eles aprendem com os erros e se levantam ainda mais fortes. Os perdedores ficam falando do que gostariam de fazer; os vencedores fazem. Uns desistem porque a corrida é dura demais; outros se esfalfam para cruzar a linha de chegada, custe o que custar.

---

5 Gíria que pode significar uma situação pior do que a morte, comparável ao lanche do McDonald's.

VOCÊ É BRILHANTE ... E DAÍ?

Aqui vai uma piadinha: qual é a diferença entre ter papel higiênico e um MBA numa empresa recém-formada?

Desiste?

É que um deles é realmente útil.

Parabéns por suas notas altas na faculdade e por ter se diplomado com *Magna Cum Laude*. Lamento ser o portador de más notícias, mas ninguém se importa com isso. Não me interprete mal; não estou dizendo que o conhecimento adquirido nos livros acadêmicos não seja importante. Quem não gosta de participar daqueles jogos empolgantes de perguntas e respostas de vez em quando? Mas ficar se vangloriando de só ter tirado notas "A+" em seu trabalho de conclusão de curso sobre as tendências de consumo nos países emergentes do terceiro mundo não se traduzirá em maior faturamento para seu negócio.

Sim, claro, você terá de ser capaz de articular adequadamente sua proposta e comunicá-la de forma inteligente para futuros clientes e parceiros. No entanto, para sobreviver no mundo real, há um paiol de armas secretas que você precisará aprender a usar: um instinto incansável, a intuição para resolver problemas e a boa e velha perseverança. Estas características lhe permitirão abrir as portas, superar concorrentes e fazer as coisas acontecerem.

O ESTILO DE VIDA DOS POBRES E PRESUNÇOSOS

Seja honesto. Sem dúvida nenhuma, você sonhava possuir iates, Rolex, mansões, e um Rolls-Royce. Não há absolutamente nada de errado com esse sonho. Ainda tenho a esperança de um dia dirigir a minha Ferrari, saindo da garagem do meu resort de 4 mil acres, nas ilhas Fiji. No entanto, se sua melhor razão para querer ser seu próprio patrão é poder viver numa ilha da fantasia, o único Rolls-Royce que você conseguirá dirigir será como motorista de alguém, que ainda queira contratá-lo para essa função.

Tire da cabeça as histórias que vê no *TV Fama!*

O objetivo de se tornar rico e famoso leva ao desenvolvimento de um estado de espírito fora da realidade, que se revelará prejudicial à sua capacidade de tomada de decisão. Entregar-se a essa mentalidade, motivado pelo ego temerário de "sair atrás dos milhões", se tornará rapidamente um jogo de "vou quebrar" e irá levá-lo a um passo de perguntar aos clientes: "Quer o número 1 com batatas fritas?".

A maioria dos pequenos empresários não ganha milhões nem aparece toda hora sob os holofotes. Mas, por acaso, isso quer dizer que eles são uns fracassados? Absolutamente não. Para cada nova empresa da moda que você soube que o Google comprou por vários milhões de dólares, existem centenas de milhares de pequenos negócios de sucesso dos quais nunca se ouviu falar, mas geram um faturamento saudável para bancar o estilo de vida de alguns empreendedores inteligentes e de suas famílias.

Não fique impressionado com tanta falação. Esses empresários do tipo estrelas do *rock*, dos quais você toda hora ouve falar e lê nas revistas, trabalharam muito para fazer suas empresas crescerem, e tiveram um bocado de sorte. Estavam no lugar certo na hora certa, com a história certa, o produto ou serviço certo. Não digo que você nunca conseguirá este nível de sucesso, mas será melhor reorganizar suas prioridades, redefinir suas expectativas e projetar metas realistas.

CALE A BOCA, PINÓQUIO

Você tem um vírus dormente e, se não conseguir o antídoto rapidamente, é só questão de tempo antes que ele contamine seu negócio.

De início, esse vírus parece inofensivo. De repente, você começa a promover de maneira entusiasmada sua ideia de negócio como sendo uma "coisa certa" para qualquer estranho. Lenta, mas seguramente, os sintomas da "fase dois" vão nublar sua capacidade de julgamento e você começará a se apresentar aos potenciais clientes, ou parceiros, entregando-lhes um cartão de visita que diz: "Oi, eu sou um CEO". E antes de conseguir anotar a placa do caminhão que o atropelou, o "bichinho" se alastrará, fazendo você expelir uma absurda e irracional diarreia verbal – até enjoar. Sem receitas e nenhum cliente, se convencerá de que a aquisição de sua obra-prima por parte da Apple é inevitável – e é só questão de tempo para você se aposentar em uma ilha particular, fumando charutos feitos com notas de cem...

Refiro-me à salmonela ou à doença da vaca louca? Não. Estou falando sobre o "mal do mentiroso".

Pretende ter certeza de que ninguém confiará em sua capacidade ou em sua empresa? Continue falando baboseiras. Existe uma linha tênue separando o entusiasmo do exagero. Não tente atravessá-la. Esse palavreado macio, patológico, e as mentiras exageradas farão com que as outras pessoas o vejam como um vendedor de carros usados arrogante e pouco confiável.

Ao contrário, deixe de fazer isso, e seja *autêntico*. Desde as roupas que usa até sua ética no trabalho, você sempre envia uma mensagem para os outros com todas as decisões que toma. Com uma camiseta de *nerd*, ou vestindo um terno cortado pelo melhor alfaiate, seja você mesmo, seja *real*. Aceite e aproprie-se de quem você é e daquilo que faz. Prometa menos e entregue mais – e não o contrário. Certifique-se de que tudo aquilo que diz é apoiado por resultados palpáveis e mensuráveis. Assim, um histórico de trabalhos de alta qualidade testemunhará seu valor perante os outros – e isso será muito melhor do que qualquer retórica barata.

Abra seu caminho, fazendo as coisas. Ficar falando por falar não sai barato e, às vezes, pode matar seu negócio.

PONHA NA MINHA CONTA

Lembra-se dos bons e velhos tempos quando você recebia mesada de seus pais? "Recolha seus brinquedos, e eu lhe dou um dólar"; "faça sua lição de casa, e ganha mais um dólar"; "diga 'oi' para seus avós, vai ganhar outro dólar e mais juros da vovó". Pois é, era o tempo em que o dinheiro crescia em árvores.

Durante todos esses anos você recebeu presentes, e o dinheiro fácil lhe deu um gostinho das coisas boas da vida. Começou a desfrutar das noitadas caras, comprando tranqueiras dispendiosas e tomando aqueles *cafè lattes* superfaturados. A conta? Ah, fica pra depois. Afinal, você não está gastando dinheiro de verdade, só pagando com um dinheiro imaginário, de plástico, não é mesmo?

Só há um pequeno problema: você gasta o que ainda não ganhou!

De acordo com um artigo publicado em abril de 2010 no *USA Today*, "Generation Y's steep financial hurdles: Huge debt, no savings" (Os obstáculos financeiros da geração Y: dívida enorme, sem poupança), o jovem médio dessa geração tem mais de três cartões de crédito e 20% deles têm um saldo superior a 10 mil dólares. Mas por que diabos alguém precisa ter três cartões de créditos com juros altíssimos e cumulativos?

Essa mentalidade do "compre agora e pague depois" precisa parar já! A vida não lhe dá mesadas – por isso, pare de desperdiçar dinheiro como se tivesse um caixa ilimitado. Os cartões de crédito e as máquinas automáticas dos bancos não estão cuspindo dinheiro porque você é um "grande negócio". Isso pode rapidamente se tornar uma enorme dívida, aproveitando-se de sua ignorância e imaturidade, e sangrá-lo até que seque – se você permitir.

Cinco leituras obrigatórias que o ajudarão a deixar suas finanças em ordem

Só porque sua conta bancária se assemelha a um QI baixo não quer dizer que não possa começar um negócio. A primeira coisa que você deve fazer é assumir o controle total sobre sua vida financeira e livrar-se de maus hábitos, criando sistemas para poupar dinheiro e aumentar sua renda. Os cinco livros a seguir, escritos por alguns dos mais renomados peritos em finanças pessoais, podem ajudá-lo a fazer as coisas entrarem nos eixos.

1. *Pai Rico Pai Pobre*, de Robert T. Kiyosaki (RichDad.com), ensina os fundamentos da alfabetização financeira, incluindo a diferença entre ativos e passivos, e como fazer seu dinheiro trabalhar para você.

2. *I Will Teach You to Be Rich*, de Ramit Sethi (IWillTeachYou-ToBeRich.com), oferece um curso pessoal e bem prático de um mês e meio sobre finanças pessoais, destinado a pessoas entre os vinte e trinta e poucos anos.

3. *The Money Book for the Young, Fabulous & Broke*, de Suze Orman, fornece dicas de investimento e de gestão do dinheiro para ajudá-lo a resolver seus problemas financeiros.

4. *Your Money: The Missing Manual*, de J. D. Roth (GetRich Slowly.com), mostra como eliminar as dívidas, usar seus créditos adequadamente e gerir despesas.

5. *10,001 Ways to Live Large on a Small Budget*, escrito pelos redatores do site WiseBread.com, ensina a viver como um rei e a gastar como um camponês.

Os empreendedores mais espertos usam a lógica e a estratégia para tomar decisões de compra; eles não dependem do ego nem da vaidade. Para ter sucesso, fazem o que têm de ser feito e sustentam seu estilo de vida (mais informações no Capítulo 4). Se isso significar comer miojo em vez de filé-mignon, ou dividir o apartamento com outras pessoas, que assim seja. A chave é adaptar seu estilo de vida para atender às suas necessidades de negócios e priorizar objetivos a longo prazo em detrimento de alguns luxos imediatos.

Seja mais esperto com suas finanças. Deflacione seu ego antes que ele esvazie sua carteira. Pare de gastar dinheiro em futilidades, pensando que precisa demonstrar algum estilo. Queime essa árvore de dinheiro imaginária, que você plantou e deixou crescer em sua mente, porque nela não brota nada de bom.

3

DARWIN + MURPHY = REALIDADE

A PRIMEIRA EMPRESA QUE ABRI FOI NADA MENOS QUE UM DESASTRE.
De fato, ela agora é conhecida entre amigos e colegas como a *empresa que não deveria ter nome*. A pequena prestadora de serviços, que poderia crescer lentamente, logo se tornou uma enorme e complexa bagunça. Entre erros de estreante e obstáculos imprevistos, a primeira empresa mudou para sempre minha perspectiva sobre a vida empresarial e me colocou no caminho certo para ser um empreendedor mais inteligente, completo e equilibrado.

Estávamos em 2005. Formado pela Universidade de Nova York, montei uma pequena produtora ligada a entretenimentos. Conforme criava mais e mais projetos, notei uma tendência: as grandes marcas não apenas produziam comerciais de trinta segundos para TV como também faziam campanhas integradas de multimídia, usando sites, *spots* de rádios, anúncios na internet e vídeos virais.

Lembro-me de ter pensado que seria ótima ideia participar dessa tendência e acrescentar serviços multimídia à minha empresa. Na época, eu indicava outros fornecedores aos clientes e, se minha ideia desse certo, poderia fazer tudo sozinho sem repassar serviço para terceiros.

Por esse motivo, associei-me com amigos, que trabalhavam na área, e lançamos uma agência multimídia, onde o cliente poderia comprar tudo no mesmo lugar. Parecia uma progressão lógica para minha empresa de entretenimento: dar um grande passo e se transformar em um negócio de produção de mídia completo. Eu faria os projetos de vídeo, enquanto meus sócios cuidariam da mídia *on-line* e dos produtos de áudio. A partir disso, nossa empresa seria capaz de vender as novas oportunidades de mídia, que estavam explodindo no mercado, para uma carteira maior, somando meus clientes com os de meus sócios.

Parecia tudo óbvio para mim.

Se soubesse o que só aprendi depois, teria parado imediatamente com essa ideia de transformar minha simples e rentável empresa em um complicado poço sem fundo de dinheiro. Mas a atração e o charme de possuir uma cintilante empresa de multimídia jogaram poeira em meus olhos e não me deixou enxergar os problemas reais que levariam a empresa ao seu final inglório.

Um dia antes do lançamento, os sócios brindaram ao golaço de placa que seria nossa empresa. Afinal de contas, *quem* não gostaria de comprar serviços de comunicação a baixo custo, completos, e com as mais modernas e atualizadas tendências de mídia?

Bem, como se viu mais tarde, *quase ninguém*.

Para dizer o mínimo, a *empresa que não deveria ter nome* passou longe de ser um sonho realizado. Em um dia bom, ela me fazia acordar dos pesadelos noturnos suando frio e com vontade de encontrar um precipício para me jogar. Nos dias ruins, sentia-me amarrado na cabine de um avião em chamas, despencando na direção de uma montanha. A empresa fechou as portas um ano após sua abertura, e é inacreditável como tantas coisas deram errado em tão curto espaço de tempo:

- Ninguém conseguia pronunciar o nome da empresa corretamente.

- Ninguém conseguia ler as informações de contato em nossos malfeitos e caros cartões de visitas – e não tínhamos dinheiro para providenciar outros.

- Nossa incapacidade de captar novos clientes levou a ciclos de vendas terríveis.

- Perdi os clientes existentes, porque eles achavam que a nova empresa não tinha foco nem competência no negócio principal.

- Contratamos e, duas semanas depois, mandamos embora uma equipe de quatro pessoas porque não conseguíamos pagar os salários.

- Nosso primeiro grande cliente nunca nos pagou tudo que foi contratado e, realmente, a dívida abriu um rombo no orçamento.

- Fomos ameaçados por ações judiciais, que nos forçaram a incorrer em despesas legais, maiores do que o faturamento de todos os sócios juntos.

- Investimos um valor equivalente a uma cifra de seis dígitos em serviços gratuitos para uma empresa recém-criada, em troca de participação nas receitas dela – coisa que nunca ocorreu.

- Perdemos o projeto de um cliente para um rival de maior porte que, depois, nos subcontratou para fazer o mesmo trabalho, por um valor menor do que nossa proposta original.

- Negociamos durante meses com um quarto sócio em potencial, que fez grandes promessas, nunca concretizadas.

- Praticamente quebramos captando dinheiro que não precisávamos para aplicar em investimentos.

- Aceitamos conselhos que quase anteciparam a quebra da empresa em diversas ocasiões.

- Nosso melhor conselheiro morreu de ataque cardíaco na véspera da data em que começaria a nos apresentar a todos os seus clientes e contatos com investidores.

Embora meus sócios e eu tivéssemos a melhor das intenções, estávamos muito longe da comparação com inocentes ovelhas quando decidimos tocar adiante *a empresa que não deveria ter nome*. O motivo principal da queda e de termos nos arrebentado daquele jeito foi o fato de sermos vítimas de nossas crenças em mitos relacionados a empresas recém-criadas, equívocos empresariais e imposturas no mundo dos negócios.

Espero que você seja afortunado para não ter de passar pelo fracasso que experimentei com minha primeira empresa. No entanto, tem a chance de se beneficiar da minha experiência e evitar certas armadilhas em sua jornada empreendedora.

SEU NEGÓCIO NÃO É A EXCEÇÃO À REGRA

Sei como você está animado com sua ideia de negócio. Não consegue ver a hora de mover montanhas e se tornar um capitão de indústria. Não tenho dúvidas de que acredita em seu conceito como verdadeira garantia de que será um vencedor. Entretanto, na realidade, sua ideia é apenas uma pequena parte da equação do sucesso. A maioria das pessoas também pensa ter uma ideia supervencedora, mas a chance de que isso seja verdade é tão grande para você quanto para o cara ao seu lado. De acordo com a *Small Business Association* dos Estados Unidos, um terço das pequenas empresas fecha em seu segundo ano, e menos da metade sobrevive a um quadriênio.

Com base nessa estatística, saiba que se lançar em um novo negócio não é moleza. É ótimo estar apaixonado por uma ideia, mas tire da cabeça que seu negócio é exceção a qualquer regra.

Não vai ser fácil. Lide com este fato. É melhor não querer se tornar um empreendedor se você procura uma maneira fácil de ganhar a vida. Dar início a uma empresa exigirá que avance até seus limites, não é nada charmoso e pode estressar o mais tranquilo dos indivíduos. Você pode até mesmo chegar ao ponto de querer desistir de tudo três ou quatro vezes no prazo de dois meses e em centenas de ocasiões ao longo do primeiro semestre – se conseguir chegar até lá...

É muito mais difícil ser seu próprio patrão do que ter um dando-lhe ordens. Você não pode esperar que um cheque polpudo apareça como mágica em sua caixa de correio apenas porque colou um número em seu painel de visualizações, como proposto no filme e no livro *O segredo*. Claro, se estiver empregado, ou algum dia foi assalariado, sabe que seu patrão talvez nunca perceba que lhe paga dez horas toda semana para que você fique assistindo a vídeos engraçados no YouTube ou atualizando sua página no Facebook, mas numa empresa recém-criada, qualquer tempo desperdiçado é um instante que o deixa mais perto da falência.

Você vai errar muitas vezes. Aceite isto. Pela primeira vez em sua vida, terá de trabalhar *muito* para ganhar cada dólar que puser em seu bolso, e mais do que jamais se esforçou antes. Nas primeiras fases do seu negócio, será obrigado a rebaixar seu estilo de vida, até o ponto em que só restem as absolutas necessidades de sobrevivência, e a encarar sua empresa como principal prioridade de vida – explorando todas as possibilidades para conseguir qualquer receita.

Ao contrário da crença popular, o fracasso não é uma coisa tão ruim. As lições duramente aprendidas com cada projeto malogrado irão guiá-lo para o sucesso, onde você colherá os frutos financeiros de seu próprio trabalho. Sua vida pode se tornar bem difícil antes de ficar mais fácil, mas, se quiser ganhar muito com esse jogo, chegou a hora de encarar essa missão – enquanto você ainda é jovem, ávido e possui uma insuperável reserva de energia.

Pegue seu plano perfeito e enfie naquele lugar. Aquele time hipotético de excelentes profissionais, mais um monte de Google AdWorks e uma apresentação cheia de efeitos especiais, feita no PowerPoint, pode parecer uma combinação vencedora no papel, mas você sabe o quanto isso lhe trará de resultados? Nada.

Não há fórmula mágica, pronta para você usar, nesses DVDs do tipo "abra sua empresa em seis minutos". E a estrada menos percorrida é a mais provável de conduzi-lo diretamente a um penhasco.

NUNCA PROCURE EMPREGO!

Qualquer empresário bem-sucedido lhe dirá que não dá para prever as vendas futuras, nem a receita ou a aceitação do consumidor em relação ao produto ou serviço que sua empresa oferecer. Qualquer um que disser o contrário não sabe distinguir uma bunda de um cotovelo. Além daquilo que faz e de *como* faz, você precisará aprender na prática como tocar seu negócio e saber como funciona o setor em que atua. Qualquer idiota pode bolar um projeto que prevê o máximo de sucesso para uma empresa hipotética. Verdade seja dita, não existe o tal plano de negócios perfeito.

Seu produto ou serviço não ganhará a atenção de um mercado tão desordenado e competitivo como o nosso apenas porque você planejou tudo ao pé da letra. Não se permita afogar por números fictícios e, portanto, não crie um plano de negócios mais comprido que um parágrafo (veja o Capítulo 5). Os melhores planos são fluidos, e não gravados em pedra.

Seu produto não vai se vender por si só. Lembra-se daquele velho enigma sobre a árvore que cai numa floresta quando ninguém está lá para ouvir? A árvore faz barulho? O equivalente desta tese no mundo dos negócios é lançar um site e ninguém saber seu URL. Será que o site realmente existe? A resposta é não. A propaganda boca a boca e os clientes não se materializarão do nada. Se começar sua empresa achando que será fácil, a única moleza que terá pela frente é a casa dos seus pais para morar.

As novas e grandes ideias não são vendidas instantaneamente após o lançamento. Há milhões de estímulos disputando a atenção de um consumidor a cada instante todo dia, e muitos fatores contribuem para o sucesso de um produto, ou serviço, para que se mostre imprescindível, do tipo que todo mundo "precisa" comprar. Você terá de acompanhar as tendências imprevisíveis, lidar com a flutuação de renda do consumidor em uma economia instável, responder com eficiência à demanda do mercado que sobe e desce sem aviso, além de outros desafios, que sempre aparecem na hora mais inoportuna. Portanto, o planejamento para o seu momento no fundo do poço – para o pior cenário possível – é absolutamente essencial, e vai ajudá-lo a entender o que pode mudar em relação ao plano inicial (mais informações sobre o planejamento para o "fundo do poço" logo adiante neste capítulo).

Ser o primeiro nem sempre significa ser o número um. Às vezes não é uma grande vantagem você ser o primeiro a lançar um determinado produto ou serviço. Isso pode até colocá-lo em último lugar. A forma como executar suas ideias será a chave para o sucesso de sua empresa, e não se lançar arbitrariamente em uma luta obstinada para ser o primeiro no mercado.

A competição é dura. Caso acredite que sua ideia não tem concorrentes, você está avaliando o mercado com uma visão estreita demais.

Toda empresa viável tem concorrência. É ilusão pensar que não existem competidores no seu mercado alvo; você deve economizar o dinheiro separado para investir na empresa, porque depois de declarar falência, gastará um dinheirão com as custas legais. Não é porque sua empresa criou um *mix* de serviços, oferecendo passeios recreativos de cães de estimação e pronta-entrega de *lingerie*, que você não terá concorrência de *pet-shops* e outras lojas de *lingerie*. Um pequeno bar de esquina disputa freguesia com restaurantes, clubes e locais de atividades noturnas. Um site de loja virtual que vende arranjos de flores é concorrente da loja de flores da vida real.

A realidade é esta: você não está sozinho, e os competidores apontarão qualquer erro que cometer em seu caminho, fazendo o maior barulho possível para que todo potencial consumidor possa ouvir.

Seus concorrentes vão atacá-lo de todas as direções e em qualquer oportunidade. Eles encontrarão maneiras de se adaptar às mudanças no mercado e usarão as próprias táticas contra você. Grandes empresas tentarão engoli-lo, enquanto as menores mordiscarão seu pequeno lucro, forçando-o a reduzir seus preços já baixos... Se você lançar um produto com ótima relação custo-benefício, um concorrente tentará nocauteá-lo baixando os próprios preços.

No mundo dos negócios, só os mais aptos sobrevivem, e, se você pretende se manter no jogo, terá de ficar de pé, firme no lugar.

Os empreendedores não são apostadores de alto risco atrás de dinheiro rápido. A TV construiu uma percepção distorcida dos grandes empresários, como caçadores de emoção, com uma mentalidade do tipo "ou crescemos rápido ou é melhor voltar para casa". Eles assumem riscos calculados, enquanto trabalham para conseguir um crescimento constante e eficaz. Os mais inteligentes pesam os prós e contras em cada tomada de decisão, gastam dinheiro com cautela, gerenciam metodicamente o crescimento de sua empresa e participam do jogo da forma mais segura possível.

Os verdadeiros empreendedores veem o ato de apostar sua fazenda como uma missão suicida, e não como um jogo, conforme a imagem repetida nos filmes.

Pressionar sua empresa para uma superexpansão, oferecendo múltiplos serviços ou diversas linhas de produto, ou mesmo para obter um crescimento excessivo, será prejudicial se você não tiver infraestrutura para atender à demanda, ou se isso significar queda na qualidade de seu produto ou serviço.

Seja cauteloso e defina um limite razoável de risco. Leve em consideração muitas opções, possíveis soluções e oportunidades antes de chegar à decisão final sobre qualquer assunto. No entanto, certifique-se de executar esses exercícios em tempo hábil, de modo a não dificultar uma dinâmica que gere receitas. Crie um plano de escalabilidade para crescimento de seu negócio em relação à demanda e aos investimentos necessários para apoiar essa expansão, mas nunca apenas em nome do risco.

Verifique suas noções preconcebidas desde o começo. A teoria e a prática de construir um negócio são duas coisas completamente diferentes. O bom-senso e o juízo desempenharão um papel muito importante nessa jornada inicial de sua nova empresa. Por exemplo, em teoria você poderia entregar seu cartão de visitas a uma cliente em potencial, que o colocaria no porta-cartões e, quando precisasse de seus serviços, ela iria lhe telefonar. Certo?

Puxa, se as coisas fossem assim tão fáceis...

A realidade pode ser mais parecidas com isto: essa cliente em potencial, que você conheceu em um *happy hour*, provavelmente se esqueceu do seu nome alguns instantes após lhe ser apresentada. Ela pegou seu cartão e nem deu uma segunda olhada nele, ou o perdeu dentro da bolsa. Para construir um negócio bem-sucedido, você precisa entender a diferença entre teoria e prática, a fim de se planejar para a realidade. Não é porque o Facebook tem centenas de milhões de usuários que você conseguirá atrair uma mísera fração de 1% deles para sua página. Portanto, mesmo se seu nicho de mercado tiver milhares de clientes em potencial, não existe a garantia de que você venda algo para um deles sequer.

A única suposição segura é a seguinte: a intenção de desenvolver um negócio baseado em sonhos e esperanças vai deixá-lo vulnerável a ponto de ver seu teto desabar logo na primeira tempestade.

Uma atitude arriscada sem conexão com o bom-senso inibirá sua percepção da realidade. Evite ser um eterno otimista. Seja cauteloso e pessimista, e seu negócio terá melhor resultado.

Não seja o general Custer.[6] Ao contrário do que contam nossos livros de história, o general Custer não era um grande líder – senão, não teria levado cegamente o Sétimo Regimento de Cavalaria à morte certa.

Há uma enorme diferença entre algo quebrado e o que é *irreparável*.

Se o mercado desapareceu, seu fluxo de caixa é inexistente, ou você corre um risco pessoal e financeiro substancial sem ter a perspectiva de uma luz no fim do túnel. Portanto, você provavelmente assumiu uma missão tola por causa do seu ego.

Decida seu ponto de escape *antes* de começar a investir na abertura de sua empresa, e não quando estiver encarando a falência de frente. Conhecer de antemão seu limite evitará que, no final, você pule no abismo. Se a sua ideia não rendeu o esperado, procure refletir sobre o que deu errado, o que foi certo e quais os equívocos cometidos. Avalie o que poderia ter sido feito de maneira diferente. Determine como você utilizará essas lições aprendidas da forma mais difícil para que ajudem a melhorar a si mesmo e a seus futuros projetos empresariais. Vá por mim: um verdadeiro empreendedor sempre descobre maneiras de prevalecer sobre a adversidade e transforma fracassos em lições de vida – e as lições de vida em receitas.

O PIOR CENÁRIO É O ÚNICO CENÁRIO

Nada será como o previsto. Nunca.

Planos mudam, assim como as empresas e os mercados. Seu mundo será virado de cabeça para baixo todos os dias. Até o melhor dos planos, aquele que foi mais bem elaborado, e com as melhores das intenções, ficará de barriga para cima. Falhas e fracassos são inevitáveis.

Seu telefone não vai tocar. Você receberá cobranças de dívidas com muito mais frequência dos que avisos de créditos em conta. Os objetivos de vendas não atenderão às expectativas. Você gastará uma fortuna em algo ineficaz. Com a previsão de faturar 10 mil dólares para o trimestre, terá sorte se ganhar 250

---

6 George Armstrong Custer, conhecido como general Custer (1839-1876), foi um oficial da cavalaria estadunidense que morreu em combate contra os índios (http://pt.wikipedia.org/wiki/George_Armstrong_Custer). (N. T.)

dólares. Esqueça a ideia de que milhares de pessoas serão atraídas ao seu site, e se dê por satisfeito caso tenha dez visitas por dia.

Acho que agora começou a ter ideia do que estou dizendo.

Você não apenas fará as coisas erradas, como os equívocos serão repetidos muitas vezes. E tudo bem. É preciso aprender a falhar como um profissional, adaptar-se e prestar atenção aos detalhes para tomar decisões, mantendo uma boa base para tocar seu negócio em frente. A chave do sucesso, ao se tornar seu próprio patrão, é a forma como você se planeja previamente para encarar seus fracassos e como manobra para contornar os imprevistos.

A melhor maneira de evitar o fracasso é dissecar todas as variáveis, determinando o pior resultado possível e o pior cenário previsto, que resultarão de suas decisões. Chamo isto de "planejamento para o fundo do poço". Quanto mais você pensar sobre qual será a melhor maneira de evitar o fundo do poço, mais poderá se ver no alto dele. Alguns desses planos para o fundo do poço podem ser feitos antes do lançamento de sua empresa, mas – a menos que você tenha percepção extrassensorial – um planejamento desse tipo deve ser refeito a cada decisão tomada.

Se aprender a planejar para o fundo do poço em cada situação, vai se tornar um empresário mais resistente. Suas habilidades melhorarão conforme você analisar o sucesso e o fracasso regularmente. Mas lembre-se de ser honesto consigo mesmo. Dourar esse processo, ou não aprender com seus erros, tornará seu planejamento para o fundo do poço um exercício inútil e, sem dúvida, o colocará em apuros. Você deve levar em conta quatro etapas antes de tomar cada decisão em seu negócio.

1. **Pese os prós e os contras.** Será que os prós do melhor cenário superam completamente os contras de um potencial fundo do poço, de forma que a decisão pareça fácil de ser tomada? Ou talvez os prós e contras sejam tão equilibrados que, após cuidadosa consideração, os riscos são altos demais. No caso do conselheiro que mencionei anteriormente, você poderia dizer: "Como poderia ter previsto isso, se nem em um milhão de anos eu teria ideia de que algo assim aconteceria". E eu responderia: "Poderia ter calculado quanto de investimento estava colocando em uma única pessoa e evitado depositar todos os seus ovos em uma mesma cesta".

Darwin + murphy = realidade 47

2. **Determine o tamanho do tombo se o resultado de sua decisão significar um prejuízo.** Será que bater no fundo do poço vai chacoalhar demais as finanças da empresa? Quão difícil será para se recuperar depois de um tombo dessa magnitude? Será que essa sua decisão afeta outros projetos e atividades da empresa?

3. **Determine se essa decisão é "de momento" ou de "qualquer momento".** Não há nenhuma dúvida de que você já ouviu alguém dizer que aquela coisa parecia uma boa ideia "no momento". Evite os arrependimentos "do momento" por meio de uma reflexão sobre os impactos de sua decisão a curto, médio e longo prazos. Se for capaz de se imaginar dizendo essa frase do início do parágrafo, pense bem, isso pode ser um alerta vermelho.

4. **Considere as alternativas para garantir que seu curso de ação seja o melhor.** Se não conseguiu executar o plano A, como são as opções B, C e D? Por acaso os planos B, C e D são uma alternativa melhor do que o A, baseado em seu planejamento para o fundo do poço? Ou as opções B, C e D são reservas técnicas no caso de o plano A levar sua empresa a bater no fundo do poço? Outro exemplo: será que terceirizar a tarefa, ou pagar um fixo mensal de taxa de serviço, pode ser melhor do que contratar um desenvolvedor de web para criar o site da nova empresa? Esta análise vai ajudá-lo a determinar se seu plano original está fazendo água ou se existe justificativa para uma mudança de rota.

NINGUÉM VAI INVESTIR NA SUA IDEIA

Adivinhe? Ninguém vai investir na sua ideia. Pronto, falei. Na verdade, acho que vou dizer isto novamente, porque vale a pena repetir: *Ninguém vai investir na sua ideia!* Pensei em colocar a frase em negrito e sublinhado, mas suponho que você já entendeu.

Nenhum investidor vai querer que você perca o dinheiro dele. Quando você diz assiduamente às pessoas que precisa de dinheiro para "fazer um negócio andar", a tradução real de suas palavras indica que você não tem um negócio, é um sujeito sem noção e preguiçoso e sua empresa é um tiro no escuro. Portanto, você fará apostas com o dinheiro delas. Boa sorte com isso.

Aos olhos dos investidores, você está longe de ser alguém confiável e viável economicamente. Os bancos não lhe farão nenhum empréstimo sem a comprovação de uma conduta financeira impecável durante anos, sem um histórico de lucros e sem garantias de porte. Os investidores-anjo avaliam centenas de milhares de empresas a cada ano, e a maioria delas fica sem investimento nenhum. Os capitalistas de risco nem sabem da sua existência – nem deveriam saber. Se você ainda não criou nem produziu nada e já sai por aí pedindo dinheiro, acreditando que precisa de milhões para lançar sua nova empresa, você não lhes oferece absolutamente nada de valor e, portanto, não merece nenhuma atenção.

Esqueça essa história de levantar capital para investir. Nesse ponto do jogo, nem deveria ser uma opção. Tire isso da cabeça!

O empreendedorismo é um esporte para os iniciantes, mas não para os banqueiros. Construir um negócio tem mais relação com a ingenuidade e a ambição do que com a aquisição de um pacote de dinheiro novinho em folha – motivo pelo qual os mais jovens são os candidatos ideais para lançar novas empresas. Comparado às gerações anteriores, o jovem de hoje tem despesas menores de subsistência e maior capacidade de reduzir seu padrão de vida sem grandes consequências. Também tem a habilidade de bater no fundo e subir de volta mais rapidamente do que seus ascendentes. Além de tudo, a crença de que pode fazer de tudo o motiva a resolver os problemas.

As melhores empresas são construídas com sangue, suor e lágrimas, e não com financiamento. Suas energias pessoais são muito mais importantes e valiosas do que qualquer investimento em dinheiro. Por isso, é muito importante não negligenciar seu ativo mais valioso: o tempo.

Use seu tempo com sabedoria e eficiência. Nunca há tempo suficiente, e nunca haverá tempo bastante. O dinheiro vem e vai, mas o tempo, quando passa, foi para sempre. A beleza do empreendedorismo está em você ser capaz de aplicar todas as suas horas em algo que o beneficie diretamente. Você investe em seu futuro em quaisquer decisões que toma e em cada venda concretizada.

Agora é hora de ensiná-lo a fazer exatamente isto – investir em si mesmo e gerar renda como resultado deste investimento.

Seis pilares importantes para atrair investidores

Sem ter um negócio bem-sucedido para mostrar ao mundo, o dinheiro para o investimento que você deseja não aparecerá tão cedo. Nem mesmo tente levantar capital até que seu negócio tenha um pé em cada um destes seis pilares para angariar fundos. Caso contrário, os investidores nem lhe concederão um minuto de sua agenda. ▸

1. **Histórico.** Inspire confiança com fatos, sem ficção. Empresas construídas de baixo para cima – há tempos – têm enorme vantagem sobre aquelas que buscam capital para começar, porque já provaram que existem, com faturamento e clientes reais. Sua empresa deve ter fluxo de caixa, um registro de atividades e a experiência de atuar no mundo real antes de qualquer investidor de credibilidade começar a ouvir o que você tem a dizer.

2. **Retorno de capital.** A única coisa com a qual os investidores e credores se preocupam mais do que ter lucro é *reaver* o próprio dinheiro. E a única maneira de fazer isto é basear os investimentos em algo de valor real que eles possam vender caso as coisas fiquem difíceis. Os bancos podem pedir garantias pessoais, como um imóvel, ou amarrar o empréstimo a uma patente da sua empresa. Seja como for, é importante que você saiba que se preocupam, em primeiríssimo lugar, com o dinheiro deles antes de seus bens.

3. **Liderança.** Os donos do dinheiro investem em pessoas, não em operações ou empresas. Sua capacidade de liderança deve inspirar os investidores, que precisam acreditar que o capital aplicado está em mãos capazes e que você efetivamente executará uma estratégia determinada.

4. **Administração.** Sua empresa não pode ter dívidas, ou quase isso. Os balanços em vermelho são um inibidor para a maioria dos investidores, pois ninguém quer ser responsável por pagar as dívidas ou pelos erros de outra pessoa.

5. **Ausência de passivos.** Seu negócio deve estar livre de qualquer pendência ou de ações judiciais, sem dívidas comerciais e pessoais que possam comprometer a empresa ou – ainda mais importante – o dinheiro do investidor. Se você não pode oferecer um antecedente de créditos e bom histórico, não receberá nada. Ponto. E não minta. Mentiras e verdades parciais acabarão atingindo sua empresa e seu relacionamento com investidores no futuro.

6. **Objetivos e rumo.** Faça com que os investidores se animem com o quadro geral, mas seja razoável e responsável, evitando projeções absurdamente otimistas. Aqueles investidores respeitáveis não levarão você a sério se presenteá-los com gráficos financeiros furados, alegando que as receitas de sua empresa vão crescer de 100 mil para 50 milhões em três anos – mas *apenas* se eles financiarem. Demonstre-lhes que você tem um plano real, expondo claramente como pretende usar os fundos aplicados.

Lembre-se: obter financiamento externo ainda não lhe dá qualquer garantia de sucesso – só ganhará mais bocas para alimentar antes que possa se nutrir primeiro, além de mais cozinheiros em sua cozinha. Significa, também, abrir mão de liberdades que você batalhou duro para alcançar – e até pode forçá-lo a abandonar o controle acionário da sua empresa.

Se você se apoiar em qualquer investidor – e este é um grande *se* –, não se esqueça de fazer sua auditoria pessoal. Não pegue empréstimo apenas para ter dinheiro. Estude o investidor, descubra onde mais ele aplica capital, como controla as operações e o que exige de garantias, qual é o tamanho do bolso dele e o que traz para a mesa de negociações (além do dinheiro, claro). Tome decisões com base no que é bom para o seu negócio, e não naquilo que seja melhor para o investidor.

PARTE 2

A CONSTRUÇÃO DOS ALICERCES

4

Levante o traseiro da cadeira e mãos à obra

A COISA MAIS PRÓXIMA QUE JÁ TIVE DE UM EMPREGO "DE VERDADE" FOI O ESTÁGIO EM uma produtora de cinema independente durante a faculdade.

Fui demitido em pouco mais de um mês.

Estava no segundo semestre do segundo ano na Universidade de Nova York. Passei muitas noites de sexta e sábado em casa, tentando me concentrar em dar conteúdo a um conceito de empresa de pequeno porte que planejava lançar no *campus* para ganhar algum dinheiro extra. Uma semana antes da data em que começaria meu empreendimento, recebi um *e-mail* do meu consultor de carreiras, lembrando-me de ir à entrevista previamente agendada para o dia seguinte. Havia me esquecido completamente dessa reunião e, quando olho para trás, percebo que preferia não ter sido lembrado.

Durante nosso encontro, meu conselheiro de carreiras falou monotonamente sobre como são importantes os estágios e me incentivou a conseguir um. Argumento básico: apesar de não ser obrigatório, o estágio seria uma grande oportunidade para ganhar "experiência" em meu setor e um conhecimento "inestimável" para minha carreira.

Assim, meu próprio negócio de risco foi deixado para trás, enquanto vasculhava o banco de dados do centro de carreiras da universidade e confirmava minha entrevista com o que parecia ser uma empresa respeitável. Fui contratado no ato, recebi parabéns do meu futuro patrão, que me pediu para começar imediatamente. Descobri mais tarde que esses parabéns eram mera norma. Todos candidatos foram aceitos, independente das qualificações.

A carga de trabalho na faculdade, os compromissos sociais e o estágio de três dias na semana tornaram-se quase incontroláveis. Percebi que minhas ambições empreendedoras seriam postas em compasso de espera indefinidamente. O que fiz foi engavetar minha futura empresa, dizendo a mim mesmo que era só até conseguir arranjar mais tempo livre.

Duas semanas se passaram – e o estágio piorava a cada dia. Valiosa experiência, pois sim... Não aprendia nada sobre o negócio do entretenimento. A cada dia, eu e meus colegas "escraviários" éramos reduzidos a meros arquivistas e contínuos do escritório, que levavam café e almoço aos superiores. Só se tivéssemos sorte recebíamos a oportunidade ocasional de ler roteiros e fazer alguma crítica ao conteúdo, como a descrição do programa de estágio havia prometido.

A pior parte do *show*, de longe, era o gerente meio bêbado, cujos sérios problemas para controlar a raiva lhe fizeram ganhar o apelido de "diretor imbecil".

Após quase um mês no estágio, fui convidado para almoçar com alguns executivos do alto escalão da empresa. Perguntado sobre minha experiência de trabalho, sorri como idiota e menti "pra caramba". E quando me pediram a opinião sobre o processo de avaliação dos roteiros na empresa, respondi com – o que acreditava ser – as mais inocentes sugestões para ajudar a empresa a organizar, classificar e avaliar os *scripts* de forma mais cuidadosa e minuciosa.

Pensei que a coisa terminaria ali. Mas, como percebi depois, estava muito errado.

Comentários sobre a minha breve conversa chegaram aos ouvidos do diretor imbecil, que – como não poderia deixar de ser – era o criador do sistema arcaico sobre o qual pediram minha avaliação. Do nada, ele me lembrou de que eu era apenas um estagiário e que deveria ficar de bico fechado. Basta dizer que, pouco depois disso, fui desligado sem a menor cerimônia.

Desanimado e amargo, ainda descobri que outro aluno havia recém--lançado uma microempresa com um conceito quase idêntico ao que eu havia deixado na gaveta. Em resumo, não apenas fiquei sem estágio, mas minha ideia de empreendimento se tornou uma canoa furada. Sentia-me perdido por ter feito o que esperavam de mim, em vez de seguir meu instinto e explorar meus próprios interesses.

Foi quando decidi nunca mais cair na armadilha de negar minhas ambições empreendedoras.

Chegou a hora de você fazer o mesmo e se livrar desse miserável e cretino emprego "de verdade". Não dá mais para ser golpeado pelo benefício dos outros, ou permitir que acionistas, chefes idiotas e um mercado de trabalho desanimador decidam por você como ganhar a vida. Pode apagar ou tocar fogo em seus currículos, ou dizer ao seu empregador onde enfiar aquele relógio de ouro imaginário e onde espetar aquele inútil certificado de "funcionário do mês".

No entanto, antes de abrir as portas para seu novo sonho e superar a síndrome de dependência de salário, sua ideia de negócio deve primeiro sobreviver a uma série de ensaios para se dar bem no mundo real.

SEJA REALISTA COM SUAS FINANÇAS

Fato: sem você, não existe uma empresa. Você e sua empresa recém-criada são uma só entidade. Compartilham a mesma carteira, respiram o mesmo ar e prosperam (ou afundam) com base nas mesmas experiências, mas ainda falta sincronia, ou mesmo uma conexão total. Antes de colocar a caneta no papel para aperfeiçoar sua grande ideia, você deve compreender, desconstruir e alterar seu modo de vida financeiro – de forma que esteja preparado para tomar decisões inteligentes baseadas em fatos.

Quanto vale sua vida? Veja bem, não peço que crie um valor hipotético tirado do nada, mas uma tentativa para se sentir melhor sobre si mesmo. É preciso calcular um número real que corresponda ao capital líquido – ou bens que possam ser transformados em dinheiro – que você atualmente possua.

A menos que, de repente, receba de herança alguma propriedade ou tenha se esquecido de sua florescente carteira de ações, a quantia depositada em sua conta-corrente e na poupança – e, quem sabe, algum dinheiro doado pela boa e velha vovó – será a maior parte dos seus ativos. Somar tudo o que possui no banco o ajudará a determinar o montante disponível de fundos para dar início à sua empresa – e saber quanto tempo conseguirá se sustentar sem ganhar qualquer centavo. Obviamente, se você não tem um níquel em seu nome, este exercício é bem simples.

Príncipe ou mendigo? Muitos consultores e os autoproclamados especialistas repetem platitudes sobre o corte de todos os seus gastos pela metade. Este é um conselho inútil. Só uma parte da equação significa reduzir as despesas. Você precisa fazer algo muito mais dramático: reprogramar sua maneira de pensar sobre o dinheiro.

Um sinal de alerta surge quando tiver uma visão real de sua situação financeira. Cada centavo conta, e aquelas pequenas despesas que a gente se esquece somam totais de cair o queixo. Na primeira vez em que me sentei para analisar as contas anuais, descobri que gastara quase 500 dólares em taxas do caixa automático e 1.500 dólares em táxis – irreal! Fazer uma revisão periódica de suas finanças pode localizar algum dinheiro, que você nem sabia que tinha, e ajudar a decidir de forma criteriosa qual despesa manter, o que reduzir e o que eliminar completamente.

Qual é seu índice de queima de dinheiro? Não há como negar: você precisa de uma certa quantidade de renda mensal para sobreviver e se sustentar. Chamo isso de índice de queima de dinheiro. Conhecer profundamente –

e depois revisar – esse índice é essencial para determinar o tipo de empresa à qual você será capaz de dar o pontapé inicial.

Examine suas despesas do ano anterior. Quanto dinheiro você gasta por mês e no quê? Desdobre e reorganize suas despesas em três categorias distintas:

1. **Essenciais:** coisas que você precisa para sobreviver, como casa, alimentação e vestuário.

2. **Obrigações:** despesas recorrentes que você não tem escolha a não ser pagar, tais como empréstimo estudantil ou financiamento da casa própria.

3. **Descartáveis:** despesas que dá para abolir e pequenos luxos, como lazer ou pegar táxi.

Encontre uma maneira de fazer cortes em cada uma dessas categorias.

Essenciais. Onde poderia ter usado seu dinheiro de forma mais eficiente? Que tipo de substituições faria, sem maiores consequências, tirando um pouco daqui e um pouco dali? Que tipo de compra poderia ter evitado? A cada substituição de item que anotar, aumente a severidade do corte de despesas para ter ampla gama de opções de economia. Por exemplo, se está pensando em economizar no aluguel, uma opção pode ser dividir a moradia com alguém – considerando-se que a opção com maior poupança e de maior impacto no seu estilo de vida é voltar a morar com seus pais. Afinal, você é quem precisa pesar a análise custo-benefício para cada categoria que melhor se adequar a você.

Obrigações. Quanto dinheiro foi gasto com dívidas e obrigações? Você pode repetir a abordagem usada na categoria anterior, determinando, por exemplo, três alternativas para cada uma de suas obrigações. Pagou um monte de dinheiro em impostos? Talvez, você e seu contador possam encontrar formas de amortizar ou diminuir isso que não foram avaliadas anteriormente. Juros altos demais no cartão de crédito? Tente consolidar todas as dívidas em um único cartão com taxas de juros perto do zero, ou pelo menos mais baixas. Os empréstimos para pagar o curso na faculdade o estão matando? Talvez possa renegociar as mensalidades refinanciando o valor com um banco diferente.

Descartáveis. Em geral, este item nos faz abrir o olho porque, não importa qual seja o valor, sempre parece absurdamente alto. Que luxos você pode limitar ou reduzir? E quais eliminar totalmente? Para algumas pessoas, será algo tão simples como comer fora menos vezes por mês. Para outros, exigirá uma grande reformulação no estilo de vida, como se livrar de um carro para usar o transporte público, reduzir as viagens e impor rigoroso limite para atividades de lazer. Não defendo que você viva como um monge franciscano, morando em uma caverna – mas não poderá ter tudo. Se planeja manter qualquer um dos seus "luxos", será preciso escolher sabiamente. Aprenda a ver esses itens mais extravagantes como meta, em vez de compras por impulso. Faça com que sejam recompensas, o que o motivará a trabalhar mais e, ao mesmo tempo, lhe poupar uma batelada de dinheiro nesse ínterim.

Use a seguinte fórmula para calcular o índice de queima de dinheiro de sua vida:

$$\left.\begin{array}{l}\text{Essenciais mensais revisado} + \\ \text{Obrigações mensais revisadas} + \\ \text{Descartáveis mensais revisados}\end{array}\right\} = \text{seu índice mensal de queima de dinheiro}$$

Depois de calcular seu índice mensal de queima de dinheiro, determine quanto tempo consegue sobreviver sem ganhar um centavo, usando a fórmula a seguir.

$$\frac{\text{Capital líquido}}{\text{Índice mensal de queima de dinheiro}} = \begin{array}{l}\text{total de meses que consegue se manter} \\ \text{sem renda}\end{array}$$

Não interessa se o total de meses for igual a zero ou a quinze anos, use esta informação quando estiver rachando a cabeça para gerar sua ideia de empreendimento. Tudo o que você tem para abrir a empresa e começar seu negócio é o total de recursos que possui atualmente; não pode contar com financiamento externo. Mais importante, sua nova empresa terá de – no mínimo – lhe permitir empatar as contas com base no seu índice de queima de dinheiro.

O teste da sua nova responsabilidade com o dinheiro virá somente com a prática no dia a dia. Você consegue sobreviver um dia sem se afastar do seu novo índice de queima de dinheiro? Uma semana? Um mês? Sem dúvida, descobrirá que certos cortes deram certo, e outros não. As experiências podem trazer novas

Levante o traseiro da cadeira e mãos à obra 59

ideias, alternativas e técnicas para reduzir despesas. O importante é avaliar a eficácia de seu método diariamente e adaptá-lo conforme for necessário. Não trate este compromisso como aquelas dietas de curto prazo em que entramos de vez em quando. Este é o plano para uma mudança de vida, e o primeiro grande passo em direção à sua transformação para ser seu próprio patrão.

Oito ferramentas para reduzir as despesas, poupar dinheiro e manter suas finanças nos eixos

Cortar custos, encontrar pechinchas e reduzir seu índice de consumo terão uma grande ajuda com estas oito ferramentas financeiras pessoais:[7]

1. *Mint.com* é uma ferramenta gratuita de gerenciamento de finanças pessoais que mantém o controle de suas contas bancárias, contas de cartão de crédito, orçamentos e diversas transações financeiras. Mint também compara e recomenda produtos financeiros, tais como cartões de crédito e bancos, para garantir que você obtenha os melhores preços. Custo: gratuito.

2. *BillShrink.com* permite cortar despesas, ajudando a encontrar o menor custo em despesas essenciais, como fornecedores de gás e operadoras de telefonia celular. Custo: gratuito.

3. *Wesabe.com* é como uma equipe de consultores financeiros *on-line*. Este serviço combina ferramentas práticas para controlar o orçamento, agregando sua vida financeira em um único lugar, com uma comunidade *on-line* que oferece consultoria gratuita para ajudar você a alcançar melhores resultados em suas metas de poupança e orçamento. Custo: gratuito.

4. *NerdWallet.com* compara as taxas dos cartões de crédito e suas recompensas (pontos, milhagens, descontos) a fim de encontrar o cartão perfeito para combinar com suas necessidades pessoais ou empresariais. Custo: gratuito.

5. *Coupons.com* é, exatamente como diz o URL, um repositório para centenas de milhares de ofertas com novos cupons adicionados a cada dia. Custo: gratuito. ▶

---

7 Sites em inglês.

> 6. ***PriceGrabber.com*** permite comparar preços em milhões de produtos para garantir que, se você comprar alguma coisa, seja pelo menor preço possível. Custo: gratuito.
>
> 7. ***Experian.com*** oferece uma pontuação de crédito anual de graça. Certifique-se de obter esse relatório todos os anos para saber exatamente como está sua situação financeira. Custo: gratuito uma vez por ano.
>
> 8. ***WiseBread.com*** é um *blog* diário dedicado a ajudar os leitores a tomar decisões financeiras mais inteligentes e tirar o máximo proveito de sua vida pessoal e de suas empresas com orçamentos pequenos. Custo: gratuito.

AQUELES QUE REINVENTARAM A RODA ESTÃO DESTINADOS A SER ATROPELADOS POR ELA

Sua ideia não é original – nem de longe. Há grande chance de que alguém com mais recursos, experiência e melhores contatos esteja fazendo agora mesmo exatamente a mesma coisa que você. Há também forte probabilidade de que ideias de negócio semelhantes tenham ido para o ralo antes.

Não tente ser original. Você não é tão genial assim – e nem precisa ser.

Originalidade não vai elevar aos céus sua conta bancária, saindo do negativo, nem ajudá-lo a fazer uma venda mais rápida. Muito pelo contrário – empurrar ao cliente produtos ou serviços "incrivelmente originais" ou "completamente inéditos" será uma batalha contínua para escalar a montanha, dificilmente vencida. Aqueles produtos "100% criativos" complicam desnecessariamente uma empresa simples, que tenta fazê-los parecer mais originais ou sedutores. Isso pode representar um passo exagerado para sua pequena empresa e levar o consumidor – por falta de compreensão – a não adotar seu produto. Só porque você acha que sua ideia é um lampejo de genialidade, não significa que nada parecido tenha sido feito antes. Asseguro-lhe que o mundo ficará bem sem sua lanterna de energia solar, seu martelo de vidro ou sua toalha impermeável.

As coisas *sem* originalidade, por outro lado, funcionam. O banal é rentável.

Você não precisa revolucionar a indústria para ser bem-sucedido. A maioria das empresas de sucesso oferece produtos e serviços que são mais baratos, mais rápidos ou melhores do que aqueles feitos por outras. Há uma boa razão para Hollywood continuar a produzir esses romancezinhos baratos, adolescentes e de baixa qualidade, que parecem sair de uma linha de montagem sem originalidade.

As fórmulas comprovadas sempre funcionam (pegue um modelo masculino que aparece toda hora sem camisa + uma atriz-modelo que seja sósia de Hillary Duff + vampiros + adolescentes de 12 anos = caixa registradora tilintando!).

Começar um negócio novo "sedutor" com um molde de receita "original" é tolo e improdutivo. Em vez disso, use sua marca e estratégias de marketing para diferenciar sua empresa da concorrência. Por exemplo, uma empresa chamada College Hunks Hauling Junks transformou os serviços de remoção de lixo em uma experiência única e divertida por ter atletas universitários limpando as casas das pessoas. A Starbucks transformou os cafés em uma linha de montagem com sua própria linguagem.

O êxito da maioria das empresas está baseado em ideias que foram executadas antes ou projetos derivados de modelos previamente testados e bem-sucedidos. Aprenda com outros negócios e adapte parte deles, adotando modelos já testados para ajudá-lo a alcançar o sucesso sustentável.

Sete passos para funcionar a todo vapor

Aqui estão sete passos para transformar sua ideia em um negócio legal e pronto para operar.

1. ***Reúna uma equipe de assessores.*** A assessoria mais importante provavelmente inclui o seu advogado e um contador. Encontre alguém em sua rede de conhecimentos, composta por familiares ou amigos, disposto a aceitar um almoço de graça em troca de deixá-lo usar seus conhecimentos sobre como iniciar um negócio e gerenciar suas finanças. Você deve fazer a lição de casa para verificar as qualificações dessa pessoa. Conforme o crescimento dos negócios, os conselheiros serão sua primeira linha de defesa e membros indispensáveis de seu círculo íntimo. Seja cuidadoso para não abusar do tempo deles, mas faça as perguntas para as quais você precisa de resposta. Deixe claro que eles estão investindo no seu crescimento, e será uma honra contratá-los quando a nova empresa gerar receita.

2. **Defina o melhor arranjo legal.** Consulte seu advogado e o contador sobre a forma mais vantajosa de estruturar seu negócio para protegê-lo de problemas legais, bem como qual seria a melhor abordagem para efeitos fiscais. Peça-lhes para explicar os prós e contras de cada opção com base no tipo de negócio que você planeja começar, como movimentar receitas, cidade e estado onde se estabelecer.

3. **Pesquise as autorizações ou licenças.** Pesquise nos sites da prefeitura, do estado e do governo federal para ver se precisará tirar licenças especiais para operar seu negócio. Algumas delas não têm custo ou são baratas, mas outras podem custar uma fortuna. Saiba bem onde você está se metendo antes de jogar fora o dinheiro...

4. **Dê um nome para sua empresa.** O nome da empresa exercerá um papel vital em suas vendas e nos esforços de marketing. Mais à frente, neste livro, apresento estratégias sobre como dar um nome para seu empreendimento.

5. **Abra sua empresa com LegalZoom.com.**[8] Este serviço é de longe o mais barato e o mais fácil para montar seu negócio. Mas saiba que não precisa abrir a empresa de imediato. Se não tiver os recursos, teste sua ideia como *free-lance* e peça que os clientes lhe paguem diretamente até ter os fundos necessários para formalizar uma entidade jurídica. Convém lembrar que você não poderá abrir uma conta bancária em nome da empresa ou receber os pagamentos feitos a ela até obter o número de cadastro emitido pelo governo.[9]

6. **Abra uma conta bancária em um banco local.** Sempre sugiro que é melhor trabalhar com bancos locais[10] do que com bancos regionais ou grandes conglomerados. Os bancos locais estão muito mais dispostos a investir tempo na construção de relacionamentos pessoais de longo prazo com empreendedores da comunidade. E assim que você demonstrar sua capacidade de gerar receitas, o fato de já ser alguém com uma relação amistosa e familiar com ▶

---

8 No Brasil, é possível encontrar informações muito úteis sobre abertura de empresa no Sebrae, associações comerciais e de classe. Vide também: www.queroabrirempresa.com.br.

9 No Brasil, esse número corresponde ao CNPJ e é emitido pela Receita Federal.

10 Peculiaridade do mercado norte-americano; no Brasil, a rede bancária é praticamente toda composta por grandes grupos financeiros.

> os representantes do banco pode ajudar a lhe garantir linhas de crédito e empréstimos com mais facilidade.
>
> 7. **Use DocStoc.com para modelos e contratos.**[11] Antes de avaliar a possibilidade de contratar um advogado para elaborar um contrato do zero, visite este serviço *on-line* de compartilhamento de documentos para verificar se existem modelos baratos ou gratuitos. Isso pode permitir que você economize uma fortuna, eliminando os custos de elaboração de contratos e falando com os advogados apenas para apreciação dos documentos finais.

O QUE VOCÊ SABE, AFINAL?

Há muitos fatores sobre os quais você não tem conhecimento ao iniciar um negócio, mas também há muitas coisas a respeito das quais você tem absoluta certeza, e que o ajudarão a montar um plano para ter uma base sólida para o seu negócio.

Saiba quem você é. O que as empresas com linhas de "produtos verdes", lanchonetes *fast-food* que promovem exercícios saudáveis e os políticos que beijam bebês têm em comum?

Todos são péssimos mentirosos que insultam sua inteligência ao se disfarçarem de algo que não são.

Esses discursos enganosos sobre os negócios e os gestos falsos de políticos não enganam mais ninguém. A autenticidade é vital para o seu sucesso. O único resultado que pode conseguir tentando ser algo que não é, será grudar em você a reputação de vendedor mentiroso ou vigarista. E isto causará estragos em sua recém-criada empresa, fazendo com que perca a confiança dos clientes mais rápido que um piscar os olhos, ou antes de levantar sua mão e dizer fracamente "confie em mim".

Não tente ser tudo para todos, ou acabará sendo nada para ninguém. Se você é um *nerd* em informática obcecado por *Jornada nas Estrelas*, use as orelhas do Spock para cumprir seus compromissos de conserto de computadores. Se for um contador rato de praia, use havaianas e óculos escuros quando fizer seus trabalhos de contabilidade.

---

11 No Brasil, modelos de documentos podem ser encontrados no seguinte endereço: http://www.sitecontabil.com.br/modelos_contrato.htm, no site Universo Jurídico - http://www.uj.com.br/publicacoes/contratos/.

Seja fiel a si mesmo e assuma quem você é. Os clientes precisam confiar, respeitar e gostar de se relacionar com você. Ao lançar uma empresa com pouca ou nenhuma credibilidade, é melhor não atiçar o fogo, dando assim uma razão para questionar sua integridade.

Saiba o que você tem. Fábricas, caminhões de entrega ou hectares de terra disponíveis? Você não tem nada disso. Embora possa ter um monte de *nada*, ao mesmo tempo você possui um pouco de *alguma coisa*.

Então, o que você tem?

Quando pensar em qual será o ponto de partida do seu negócio, é melhor levar em conta somente o que você possui, ou tem acesso através de sua rede de conhecimentos, antes de fazer qualquer aquisição. Que recursos, ferramentas e serviços você e seus amigos mais próximos, familiares e contatos têm nas mãos? Será que poderá usar o carro de sua mãe para fazer entregas? Uma de suas amigas tem uma panela de pressão especial e um ótimo jogo de facas para emprestar, de forma que você possa cozinhar sua especialidade?

Você ficará surpreso ao descobrir que tem acesso a uma boa quantidade de recursos, mas é preciso fazer um pouco de trabalho braçal. Fique longe de ideias de negócio que requerem recursos que não estão à mão ou no bolso de trás da calça, senão prejudicará sua capacidade de fazer a empresa sair do chão. Seja exaustivo na sua análise e procure não se esquecer de nada. Você nunca sabe o quanto alguma coisa é importante até que, de repente, percebe que não a tem.

Saiba o que você faz e faça o que sabe. Saiba que pode fazê-lo. Sempre gosto de ler ficção – ou seja, as teses de 90% de todos os livros e artigos do tipo "como lançar sua primeira empresa". O panorama que eles pintam parece ter um talento especial para incluir finais felizes e técnicas glamorosas de *brainstorming*.

> *Deixe seu talento ser seu guia.*
> *Transforme suas paixões em lucros.*
> *Transforme seu* hobby *em um negócio.*
> *Faça o que te faz feliz.*

São devaneios sentimentais e utópicos. É claro que você nunca deveria fazer nada de que não goste. Dáááá... Valeu, Sherlock. Não concordar com essa declaração é o equivalente a dizer que o céu é vermelho e faz calor de 40 graus na Antártida.

As paixões são de vital importância, mas não vão pagar suas contas no final do mês nem lhe permitir ganhar a vida. Embora seja importante amar o que faz – porque você pode fazer isso para o resto da sua vida –, ainda precisa transformar essas paixões em empresas capazes de gerar receita imediata. Os belos tratados acadêmicos muitas vezes deixam de mencionar um dos quatro pontos-chave que precisam ser considerados para desenvolver seu conceito de negócio.

1. **Nem todo passatempo está destinado a se tornar a espinha dorsal de seus esforços empresariais.** Alguns *hobbies* são apenas isto – *hobbies*. Saber fazer tricô não significa que é uma ótima ideia você abrir uma loja de fios e linhas. *Hobbies* não podem se transformar em empresas só porque são divertidos ou colocam um sorriso em seu rosto; eles devem ser facilmente convertidos em um serviço ou produto valioso e rentável. Não fabrique um mundo de fantasia em torno da ideia de se tornar um construtor profissional de Lego.

2. **Mesmo que ame algo, você realmente precisa ser capaz de *fazer* o que ama.** E não apenas fazer isto bem ou de forma decente. Precisa ter total conhecimento e ser capaz de executar isto com absoluta precisão. É ótimo você gostar de esquiar. Mas, se é um fiasco, abrir uma escola de esqui para treinar atletas aspirantes a campeão mundial não será a melhor ideia do mundo. Antes de tentar transformar um *hobby* em negócio lucrativo, é melhor ser honesto consigo mesmo sobre seus verdadeiros talentos – e não sobre o que você acha que eles são ou o que gostaria que fossem.

3. **Só porque *você* tem paixão por seus *hobbies*, não quer dizer que os outros vão gostar também.** Você precisa ter certeza de que sua paixão que virou negócio proporcionará algo de valor para os outros. Só porque quer vender seu *hobby*, não significa que alguém vá comprá-lo. Será que seu produto pode ajudar a resolver um problema? Seu serviço pode melhorar algo já existente? Pode ajudar alguém a fazer alguma coisa? Seja realista e mantenha os pés no chão ao fazer sua avaliação. Se ninguém gosta daquilo que você ama, está na hora de encontrar alguma coisa com a qual as pessoas se importem.

4. **Se você ama o que faz e pode fazer o que ama, ainda precisa se certificar de que conseguirá realizar isso sozinho – pelo menos no início.** Como você não será capaz de contratar uma equipe, terá de se transformar no time de um homem só, batendo escanteio e correndo para cabecear no gol. Se não consegue produzir o produto ou fornecer o serviço com suas próprias mãos, de que forma planeja começar sua nova empresa? Mesmo que ame consertar carros ou fazer móveis sob medida, se o novo negócio não consegue sair da planta sem você – e somente com você – não descarte arrumar um emprego "de verdade" em breve.

Saiba o que quer. Não, você não é um vidente. Não consegue prever o que acontecerá no próximo mês, muito menos daqui a dez anos – nem deve tentar. Mas é importante – ao criar qualquer tipo de empresa – levar em conta, desde o início, alguns objetivos de longo prazo e desenvolver um plano estratégico com essas metas. Você está construindo uma empresa para passar aos seus filhos, ou um negócio que pretende vender pelo maior lance o mais rápido possível? Quer tocar o empreendimento com recursos próprios ou almeja atrair capital de investidores? Embora os objetivos mudem com o passar do tempo, é sempre uma boa ideia definir metas, que servirão para mantê-lo nos trilhos e, além de base importante na sua tomada de decisões, motivá-lo a atingir novos mercados.

Qualquer que seja seu alvo, não se esqueça de manter os pés no chão. Lembre-se, metas irracionais levarão a decisões irracionais. Nunca diga algo tão idiota quanto: "Estou começando um negócio para ficar milionário".

MANTENHA AS COISAS SIMPLES, ESTÚPIDO!

Se você estivesse aprendendo a fazer malabarismos, teria começado com duas bolinhas em uma só mão até dominar a técnica e treinar sua coordenação. Depois de alguma prática, os fundamentos ficariam mais fáceis. E você estaria pronto para incluir a outra mão e mais uma bolinha no jogo. Com mais tempo e dedicação, daria para fazer seu número com até quatro bolas ao mesmo tempo. Quem sabe um dia você venha a incluir pinos de boliche e até tochas flamejantes.

Tudo isso para dizer que é necessário construir seu empreendimento da mesma maneira. Mas se você for como a maioria dos empreendedores da geração Y, acredita ser capaz de fazer malabarismos com duas tochas flamejantes, três pinos de boliche e dez bolas sem nenhuma lição. Pode até dizer que começar com uma bola apenas é muito fácil, simples demais, ou que é pensar pequeno. Bem, adivinhe? Esta lógica irracional será a razão determinante para você fracassar, sair do jogo ou ir à falência cedo demais.

Para construir um negócio do zero, você deve desmembrar seu conceito de produto ou serviço em sua forma mais simples para que possa gerenciar os processos por si mesmo nos estágios iniciais. Apesar de este exercício parecer extremamente fácil, não deve ser levado adiante de forma inconsequente. Você pode acreditar que sua ideia é tão simples que dispensa ser desmembrada – mas asseguro-lhe que está totalmente errado.

Digamos que você deseje abrir um restaurante especializado em hambúrguer *gourmet*, usando uma marca legal como Burger Boogie e um saboroso molho secreto, os dois pilares que imaginou para alcançar o sucesso. Mas, infelizmente, não tem dinheiro suficiente para bancar o lançamento. Você insiste que nenhuma despesa deve ser poupada. Exige que o cardápio seja impresso em papel cartonado brilhante e uma cozinha industrial completa. E a excelente localização da loja é absolutamente essencial para o conceito do projeto.

Você está certo. Mas não pode pagar para abrir um restaurante. Isto não significa que não dê para produzir o melhor hambúrguer de todos os tempos. Tudo o que tem a fazer é eliminar o restaurante, e pronto!

Parece-me que você não simplificou o conceito do seu projeto. Na verdade, nem mesmo avaliou o tamanho de sua complexidade. Porque, se tivesse feito isto, estaria neste momento pensando mais em como vender seus hambúrgueres Burger Boogie, apresentando o molho com sua receita original.

Por acaso sua ideia incluía a palavra "restaurante"? Não, e ela nem deveria estar lá, para início de conversa.

O aluguel de um ponto excelente é proibitivo, a adaptação de um espaço físico custa uma fortuna, e os equipamentos completos de uma cozinha profissional beiram os limites da fantasia. Isto significa o fim do seu sonho? Absolutamente não. Tudo o que precisa fazer é descobrir o que você tem para trabalhar e começar a trabalhar com o que tem.

Talvez seus pais tenham um porão que possa ser usado como uma base para sua operação. Um caminho pode ser começar com um serviço de entrega para os finais de noite, destinado aos alunos de universidade que estudam até tarde. Em vez de despejar milhares de dólares em locação e equipamentos de cozinha, você poderia trabalhar com churrasqueiras portáteis, perseguindo grandes eventos, ou participar da organização de um deles quando ocorrer na sua cidade. Em vez de propiciar a seus clientes que experimentem sua criação em uma loja real, de cimento e tijolo, você pode levar-lhes sua marca vestindo uma fantasia extravagante do Burger Boogie. O ponto principal é que essas sugestões poderiam ajudá-lo a testar seu produto e sua ideia, com um orçamento apertado e sem enormes gastos de infraestrutura, oferecendo-lhe a oportunidade de ganhar a vida construindo uma marca popular.

Seu sonho de ter um restaurante não precisa ser morto e enterrado. Mas certamente não é o primeiro passo do projeto. Seu ego pode dizer algo bem diferente, mas a menos que seu ego esteja escondendo alguns cem mil dólares, seria melhor dizer a ele para calar a boca.

O resumo da ópera é: você precisa iniciar por algum lugar, ou nunca irá começar.

Mesmo uma potência como o Google começou como um simples programa de busca. Se tivesse tentado ser um fornecedor de programas de busca com serviços de telefonia celular, navegadores da web e aplicativos *on-line* desde o primeiro dia, hoje provavelmente faríamos as buscas em algo chamado Jeeves... Simplifique sua ideia até o ponto principal para remover a maior quantidade de obstáculos do caminho. Concentre-se em criar um serviço simples e singular, que atinja as necessidades de uma base bem definida de clientes. Depois, mergulhe em *brainstorming* para criar as formas mais plausíveis para vender X produtos, ou serviços, para Y consumidores, com Z de lucro, antes de decidir qual direção tomar. Jogue formas consagradas pela janela para abrir um novo mundo de opções.

Não se prenda ao mercado global, mas dê atenção ao local onde sua ideia pode realmente começar a brotar. Afinal, se você começar com as tochas flamejantes e bolas de boliche, pode ir parar no pronto-socorro com um pé quebrado e o couro cabeludo queimado – além de uma conta de despesas médicas para pagar.

O BURACO NEGRO DE DINHEIRO

Uma mina de dinheiro ou um buraco negro de dinheiro? Esta é a *única* questão.

Antes de planejar sua aposentadoria, você primeiro precisa determinar se a sua ideia é baseada em paixões, em lucros, ou em ambos. Apenas ter uma "grande ideia" não significa que isto se traduzirá em um negócio viável.

Sei que você está convencido de que as pessoas vão ficar louquinhas quando ouvirem falar de seu novo site – MeuSiteCaríssimoVaiMeLevaràFalência.com. Você pode até enganar a si mesmo ao acreditar que seu projeto é tão brilhante que essa questão do dinheiro, mais tarde, acabará por se resolver sozinha.

Vamos esclarecer uma coisa: a resposta correta para saber como sua empresa terá sucesso não é "vamos descobrir mais tarde como ganhar dinheiro". Sem um modelo de geração de receitas *você não tem um negócio*. Mais importante: sem um modelo de receita nem você nem sua empresa podem sobreviver. Portanto, se o sucesso financeiro é baseado na ideia de que seu primeiro empreendimento será comprado por bilhões, ou que licenciará propriedade intelectual para empresas de cereais, os únicos cheques que você depositará em sua conta serão aqueles que voam em sua fantasia.

Empreendedores bem-sucedidos trabalham para gerar dinheiro hoje, não amanhã. Acorde e caia na real. Se jamais ganhou um centavo sequer com essa ideia, não há nenhuma possibilidade de você prever, avaliar ou defender um modelo de negócios baseado em adivinhações, suposições ou potencial de sucesso futuro. Se quer mesmo se livrar de seu emprego "de verdade", ou evitar cair em um deles, sua empresa precisa ser capaz de gerar dinheiro desde o primeiro dia – e não, quem sabe, daqui a dez anos. É vital que você saiba determinar como, quando e se a sua ideia pode colocar dinheiro no seu bolso, seja amanhã, no próximo mês, ou nunca.

Sete razões para repensar sua ideia de negócio

Nem todas as ideias de negócios são criativas – ou lucrativas. Para sair do esquema das "9 às 18 horas", você deve criar uma empresa que seja capaz de ter arrecadação imediata para suportar seu "índice de queima de dinheiro". Existem certos perfis de negócios que não produzirão receita suficiente para permitir que você se livre de seu emprego "de verdade" e, por isso, devem ser descartados. Isto não significa que no futuro você não possa, eventualmente, ir atrás de um desses tipos de empresas – mas volte à prancheta se qualquer uma das sete características a seguir for uma base de apoio da sua ideia.

1. ***Estratégia de saída hipotética.*** Seu negócio nunca terá a chance de ser comprado ou de ir a público se você falir antes de tirá-lo ▶

do papel. A fase final do jogo não é possível sem antes passar por uma etapa mais curta e sólida, e este ponto inicial requer que você se sustente para avançar no jogo. Nunca é demais repetir: sua empresa recém-criada deve gerar receitas imediatamente, e não em dias de pagamento hipotéticos, que provavelmente nunca acontecerão. Entre em um negócio que possa dar dinheiro, e não porque uma empresa semelhante da qual você ouviu falar foi adquirida por uma cifra de centenas de milhões de dólares.

2. ***Exigência de alta visitação.*** Os negócios baseados em alta visitação são tipicamente os sites que dependem de assinaturas, ou aqueles apoiados por publicidade, que hoje ainda levam muito tempo para se estabelecer e despendem enorme energia para pouco retorno financeiro. Essa alta visitação não ocorre porque você criou um URL genial e com bom conteúdo. Na verdade, isso quase nunca acontece. Atualmente, a maioria dos sites precisa atrair dezenas de milhares de visitantes e "cliques por página" para arrecadar alguns dólares. Você não tem tempo para esperar e ver se sua empresa consegue atrair seguidores. Precisa vender algo a alguém e, como resultado, gerar renda imediata.

3. ***Margens pequenas.*** Empresas de baixa margem de lucro, nas quais você ganha centavos por item ou serviço vendido, não conseguem apoiar seu estilo de vida. Você precisa concentrar seus esforços na construção de um negócio com margem de lucro inicial entre 30% e 80% das receitas brutas auferidas – que poderá diminuir conforme o negócio crescer. O fato de ser capaz de fazer a maior parte do trabalho sozinho no começo e um resultado de sucesso também possibilitarão que você ganhe dinheiro com margens menores.

4. ***Licenciamento de propriedade intelectual ainda não comprovada.*** É melhor cair na real: a Disney não vai colocar sua porta abaixo, querendo licenciar um personagem ainda não testado, para fazer programas de TV, camisetas e lancheiras. A indústria do licenciamento não é para iniciantes, é um jogo complexo, de gente grande arriscando milhões e, raramente, favorece empreendedores que acabaram de entrar na brincadeira. Não atrele seu fluxo de receita primária a um tiro no escuro, que tem só uma chance em um milhão de acertar o alvo. Trabalhe duro para construir uma marca com modelo de negócio bem-sucedido e replicável – e talvez um dia seja capaz de negociar o licenciamento ou a franquia desse conceito, então comprovadamente de sucesso.

5. **Mercado alvo limitado demais.** Se sua empresa tem um produto ou serviço direcionado a corporações gigantescas ou aos super--ricos – ou se existem apenas cinco clientes potenciais no mundo inteiro –, é melhor parar agora. Você não pode esperar que sua empresa só faça gols de placa, porque isto não acontecerá. Também não deve começar com um alvo muito restrito de clientes em potencial. Em vez disso, precisa desenvolver um produto ou serviço bem equilibrado, capaz de gerar fluxo de caixa em um mercado amplo, com clientes grandes e pequenos.

6. **Custo inicial proibitivo.** Se precisar de muito dinheiro para entrar no jogo, ou de um grande inventário de produtos para abrir uma loja, reduza alguns níveis para baixo, ou simplifique o conceito – ou apenas esqueça tudo, e siga em frente. Se você não tem agora, não conseguirá depois – e como já disse várias vezes, vai falir tentando.

7. **Um negócio sobre o qual você não entende nada.** Será um negócio recém-inaugurado que vai concorrer com empresas estabelecidas em seu mercado e já sai em desvantagem. O que faz você pensar que pode começar uma empresa sem entender bulhufas do negócio e estourar a boca do balão em vendas? Você já enfrenta uma dura curva de aprendizado quando se trata da abertura e do funcionamento de uma empresa; portanto, não complique as coisas ainda mais por não ter a menor ideia sobre o produto ou serviço que pretende oferecer.

Melhor adiar modelos de negócio que dependam de vendas a empresas, de taxas de serviço, ou baseados em circunstâncias totalmente fora do seu controle. No longo prazo, você poderá experimentar ou expandir seu negócio para incluir receitas acessórias, secundárias, fontes de receita a longo prazo – mas sem faturamento imediato, vai falir antes de ter a chance de obter alguma classificação em um programa de buscas.

SUA EQUIPE DO SWOT SABE FAZER CCR?

"Sua equipe do SWOT sabe fazer CCR" é um dispositivo mnemônico que ligo sempre que preciso avaliar o mérito, a viabilidade e o potencial de crescimento de um conceito para um novo empreendimento. Esta potente memória cibernética irá ajudá-lo a fiscalizar cada aspecto do seu serviço ou produto – desde o conceito até a execução e distribuição – e determinar se sua ideia é furada ou não. Ambos os exercícios vão ajudá-lo a avaliar plenamente uma ideia antes que você decida abrir o negócio.

O primeiro componente do dispositivo mnemônico é a sigla em inglês SWOT, um acrônimo da junção de forças (*Strengths*), fraquezas (*Weaknesses*), oportunidades (*Opportunities*) e ameaças (*Threats*). Forças, fraquezas, oportunidades e ameaças? Não, isto aqui não vai virar um MBA para você, mas realizar uma análise SWOT o ajudará a analisar fatores internos e externos que, positiva ou negativamente, podem afetar seu empreendimento.

Forças. Identificar os pontos fortes ajudará a validar sua ideia e suas vantagens competitivas intrínsecas, além de prever como enfrentará a concorrência. Será que a sua oferta de produtos ou serviços lhe permitirá ser um peixe grande em uma lagoa pequena? Seu nome de família tem peso significativo na sua comunidade? Será que seu pequeno porte poderá ajudá-lo a entregar o serviço de forma mais rápida e eficiente do que os concorrentes de maior estrutura? Sua empresa é dona de alguma patente ou exclusividade que os concorrentes não podem oferecer? Você será capaz de defender seu território com acordos de exclusividade com os principais distribuidores?

Fraquezas. Descobrir pontos fracos ajudará a expor os problemas inerentes ao seu conceito, facilitando decidir se a ideia pode ser alterada ou é uma causa perdida. Avalie as seguintes questões: falta à sua ideia uma diferenciação competitiva? Será que o tempo de vida útil de seu produto se esgotou? Precisa de muita gente trabalhando ou de um grande estoque? Não ter uma marca conhecida pode prejudicá-lo? Há inúmeras barreiras, licenças, autorizações ou normas que se colocam em seu caminho? É possível que os grandes concorrentes sejam capazes de esmagá-lo como um inseto se gastarem mais em promoção e marketing? Concorrentes poderão baixar seu preço sem uma gota de suor? Você sofre com a falta de acesso aos distribuidores-chave ou aos recursos necessários?

Oportunidades. Determine as oportunidades para ajudá-lo a avaliar fatores externos que beneficiarão a margem de lucro de seu negócio. Existe alguma quota de mercado a ser conquistada dentro de sua localidade ou região? Seu empreendimento faz parte de algum segmento de mercado em constante crescimento? Há demanda de consumidores, ainda não atendidos, para seu produto ou serviço? São poucos os fornecedores, ou inadequados? Seu produto ou serviço pode ser distribuído por novos canais nacionais e internacionais?

Ameaças. Tente prever as ameaças e – sempre alerta – evitar circunstâncias externas que possam prejudicar a empresa e deixá-lo sem vento para tocar o barco. O mercado está lotado de concorrentes bem entrincheirados e com muito dinheiro em caixa? Existe alguma chance de que a demanda do consumidor se transforme em indiferença, ignorando seu produto ou serviço? Há possibilidade de intervenção do governo ou de aumento de impostos no setor? Seu mercado é suscetível à megainvasão de novos concorrentes?

Analise bem cada elemento da sua ideia, de forma honesta. Será que os pontos fortes e oportunidades compensam seus pontos fracos e ameaças? Alguns inconvenientes do projeto podem ser convertidos em vantagens competitivas? Mas, cuidado para não colocar um ponto positivo em tudo o que mostrar um sinal vermelho. Deixar as coisas mais agradáveis só para satisfazer seu ego, ou fechar os olhos para fraquezas e ameaças, fará com que elas voltem para morder seu traseiro inúmeras vezes.

Agora é hora de determinar se sua ideia pode fazer um CCR satisfatório: se é factível de copiar, colar e repetir. Realizar uma análise CCR de sua ideia vai ajudá-lo a descobrir se ela é escalável, expansível e replicável.

Copiar. Escalabilidade e facilidade de escalabilidade são componentes vitais para a rentabilidade de seu negócio no longo prazo, e também para seu crescimento. As empresas que podem ser estabilizadas e simplificadas têm melhor chance de manter operações em pleno funcionamento e estar totalmente preparadas para um crescimento exponencial. Será que seus custos totais vão cair quando a produção e a automação se tornarem mais eficientes? Seu negócio será facilmente adaptável para cima e para baixo, com base na oferta e na demanda? É possível prever que a evolução do seu negócio criará uma fórmula de sucesso inquestionável, do tipo "custos totais X + marketing Y = Z de lucros"? E você será capaz de replicar esses resultados testados e comprovados?

Colar. As empresas com forte capacidade de expansão podem capturar maior participação de mercado e entrar em novos segmentos sem alterar o modelo existente. Seu modelo de negócios pode ser aplicado para dezenas de novos mercados? É um modelo capaz de aproveitar as novas tendências sem alterações significativas? Em suma, você pode *colar* seu modelo em qualquer mercado, ou situação, e torná-lo rentável?

Repetir. As empresas que conseguem recriar as condições ideais e repetir os sucessos anteriores são as principais candidatas a um crescimento exponencial e em larga escala. As filiais e subsidiárias de sua empresa serão do tipo *plug* *and play?* Será que uma nova unidade de negócios teria a oportunidade de reconstruir o sucesso obtido pela original? E as novas unidades serão capazes de prosperar caso você se retire do comando? Será que a localização de sua empresa é importante para conseguir atrair consumidores e ganhar participação de mercado?

Se sua ideia permanecer viva depois de ser bombardeada por sua equipe de análise SWOT e sobreviver à cirurgia da análise CCR, é bastante provável que você tenha um negócio real e com verdadeiro potencial.

5

PLANO DE NEGÓCIOS É UM SACO

QUAL SERIA A ÚNICA COISA PIOR DO QUE A *EMPRESA QUE NÃO DEVERIA TER NOME?* O processo de escrever seu plano de negócios.

Como um empreendedor novato e faminto, que não conhecia nada, estava preocupado que meu plano de negócios fosse feito "de forma perfeita" e que seguisse exatamente "as regras". Hoje desprezo essas frases e as considero como "muletas" de empresários ingênuos e inexperientes.

Além das mães, muitas pessoas me disseram, e a meus companheiros, que precisávamos de um "plano de negócios tradicional" para ter sucesso. Assim, nos propusemos a fazer o dever de casa, lendo livros volumosos, estudando modelos de planos, preenchendo tediosas planilhas e modelos de formulários... Completamos o primeiro esboço do nosso plano várias semanas depois de iniciar o trabalho: um documento de dez páginas que apresentava os serviços de mídia e nossa declaração de missão, resumindo como a gente planejava "vender X serviços aos clientes Y e ter Z de lucro hipotético".

Teria sido bom se terminasse ali. Infelizmente, a concisão do primeiro plano de negócios não durou muito tempo. Lenta, mas seguramente, permitimos que o plano se tornasse um negócio cada vez mais completo.

As previsões financeiras absurdas, a estatística complicada e os intrincados detalhes sobre as táticas de marketing só foram a ponta do *iceberg*. Reuniões improvisadas de *brainstorming* de alguma forma se metamorfosearam em aditamentos de cinco páginas. Horas e horas foram desperdiçadas reescrevendo o texto para tudo "soar" melhor. Nossas seções deixaram de ser curtas e simples para se tornar peças exaustivas e complexas. Por recomendação dos "especialistas em planos de negócios", mudamos toda a formatação e estrutura do nosso próprio plano.

Continuamos a escrever direto, acreditando tolamente que um documento mais detalhado acrescentaria substância ao nosso modelo de negócio e nos forçaria a conceber melhores estratégias de vendas e de marketing – e, como consequência, nos traria maior garantia de sucesso. Também achávamos que, apresentando um plano de negócios feito nos moldes tradicionais, seria mais fácil captar financiamentos.

Plano de negócios é um saco 77

Infelizmente, não foi o que aconteceu.

Depois de 19 semanas, com 94 páginas e 23 seções, nosso plano de negócios tradicional se tornou uma confusão generalizada, criando complicações para nossa pequena e simples empresa recém-criada. A espessura do documento parecia a de uma lista telefônica. Mas o desperdício de tempo e o excesso de papel não foram as únicas coisas erradas.

- Nosso plano estava desequilibrado, focando 70% no que *poderíamos* vir a fazer, 20% em nosso setor da indústria e na biografia dos sócios, e apenas 10% no que dava para fazer *imediatamente*.

- Caprichamos na linguagem e na apresentação, mas não demos ênfase suficiente aos reais esforços de produção e vendas do negócio recém--lançado.

- Por levar em conta os pais e outros conselheiros, revisamos o plano com base em cada um dos comentários das pessoas que leram o documento, sem verificar se eram qualificadas para oferecer esses serviços de consultoria.

- Passamos semanas na elaboração do plano para torná-lo "bonito" – o que resultou em gastos de 50 a 65 dólares com tinta de impressão, capa e demais insumos sempre que era necessário fazer uma cópia.

- Não fizemos um teste no mundo real ao tentar uma nova tática de marketing antes de revisar o "plano-todo-poderoso".

- Os dados financeiros foram ridiculamente inflacionados, com previsão de receitas irrealizáveis de 200 milhões de dólares em três anos.

Basta dizer que esse processo vazio e arcaico, que consumiu muito tempo, nada mais fez do que prejudicar nossa produtividade e desviar nossa atenção da empresa recém-nascida para um monte de minúcias – em suma, um trabalhão inútil. Além dos sócios, familiares e os consultores externos que foram pagos, apenas outras cinco pessoas leram o documento final – e nenhuma delas se tornou cliente ou investidor.

Por isso, nada faz meu sangue ferver mais do que ouvir discursos de dinossauros, que são cinquenta anos mais velhos que eu, defendendo a importância de um plano de negócios tradicionalmente estruturado. Em uma época na qual os bancos se recusam a emprestar dinheiro para novas pequenas empresas e a internet pode tornar a palavra impressa obsoleta antes mesmo de ela atingir a impressora, minha mente até se confunde ao pensar por que indivíduos aparentemente sãos ainda cantam loas para esse processo rígido e antiquado, repetindo que ainda tem relevância ou utilidade. Esses documentos tradicionais, que chamamos hoje de "planos de linha de montagem" – por serem todos tão homogêneos –, não são exercícios práticos para empresas recém-estabelecidas. Não fazem nada além de adiar as iniciativas e assustar os aspirantes a empreendedores com a obrigatoriedade da compra de livros e *softwares* caríssimos. Claro, é uma verdade indiscutível que o planejamento é essencial para qualquer empresa, especialmente uma nova, mas ferramentas e materiais que você necessita não podem ser resquício do mundo dos negócios de 1985.

É hora de acender um fósforo e promover a festa da queima dos planos de negócios antiquados!

Fazer o planejamento do negócio não é uma atividade geradora de receitas. Pelo contrário, o que dá dinheiro está na execução deste plano. Portanto, é imperativo que o documento gere um plano de ação para você começar suas vendas imediatamente. Em vez de criar um plano de negócios passivo, estático e tradicional, que poderia muito bem ser enfiado em uma gaveta da cômoda, use seu conhecimento para produzir planos de ação vivos e fluidos, que pulsam e que você poderá pôr em prática diariamente. Esta metodologia fará com que você possa agir rapidamente e o ajudará a planejar uma estratégia de negócios para levar sua empresa à frente.

JOGUE FORA O PLANO DE NEGÓCIOS ANTIQUADO

O primeiro passo para superar sua dependência de planos de negócios tradicionais é perceber que eles não são sinônimos de sucesso. Da mesma forma que seus mentores o enganaram ao vender aquele sonho de "trabalhe duro, faça uma faculdade, consiga um bom emprego e terá boa vida", um grupo de especialistas ainda tenta convencê-lo de que escrever sua ideia não testada e pouco substancial, de acordo com um formato específico, tornará sua empresa um negócio viável e elegível para receber dinheiro dos investidores.

Você precisa se livrar dos disparates que o alimentaram e foram fornecidos por especialistas, professores e "autoridades" em elaborar planos de negócios. Concentre seus esforços em construir um negócio sólido, em vez de tentar escrever o plano perfeito.

Evite livros e softwares sobre planos de negócios como se fossem a peste negra. Os editores, desenvolvedores de *softwares* e as corporações geram milhões de dólares vendendo livros, produtos e programas relacionados ao planejamento de negócios para aspirantes a empreendedores e empresários amadores. Eles também reforçam o manifesto em defesa do plano de negócios em todas as oportunidades, porque precisam fazer isto para nos sugar e nos manter viciados.

Deixe-me poupá-lo de uma viagem até a lata de lixo: não queira ler nem usar esses itens que desperdiçam seu tempo e dinheiro. O que vou lhe dizer será mais prático – para sua estreia como empreendedor – do que qualquer um desses livros de 250 páginas: você só precisa de três coisas para desenvolver estratégias eficazes, que são: o seu cérebro, a sua intuição e o senso comum. Outros materiais, supostamente auxiliares, não apenas abrirão um buraco em suas parcas finanças, mas também lhe pressionarão com a elaboração de uma papelada desnecessária. Se você tem vontade de preencher alguns espaços em branco, vá comprar uma revista de sudoku.

Nunca use planos de negócios tradicionais como amostragem. A única coisa mais inútil que um livro sobre como fazer um plano de negócios é ler o plano de negócios de outra pessoa. O que você espera aprender lendo o plano de alguém? Dicas de formatação? A maneira correta de estruturar um índice? O que as outras pessoas escreveram sobre os negócios *delas*? Garanto-lhe que a sua empresa de passeios recreativos de cães não ganhará nada estudando os planos da empresa de limpeza da Mary Jo ou do lava-rápido do Sam. Muitas vezes, os planos ofertados de graça nada mais são que ferramentas de venda dessas empresas que produzem livros e *softwares*, disfarçados como opções *on-line* para você. E quase sempre o objetivo é atraí-lo para fazer uma compra.

A única ocasião em que você deveria ler um plano de negócios tradicional feito por outra pessoa é se for de um modelo de empreendimento semelhante ao seu, e, mesmo assim, só se puder se beneficiar do conteúdo. Caso contrário, não dê bola para a forma como as outras pessoas escreveram seus planos. Esse tipo de leitura vai apenas induzi-lo ao plágio – e tapeá-lo para que escreva um documento inútil.

Somente as pessoas *certas* devem ler o seu trabalho. Salvo no caso de seus pais, amigos, professores ou colegas serem sócios de sua empresa, ou ainda se eles tiverem capacidade e conhecimento para oferecer dicas valiosas ou relevantes – e baseadas em experiências reais de vida –, nem se incomode em lhes pedir alguma opinião sobre seus esforços em produzir um plano de negócios. Afinal, não é um empreendimento deles, é *seu*!

A validação de suas ideias, a correção gramatical ou comentários genéricos não são razões suficientes para alguém entrar no seu círculo íntimo na hora de planejar seu negócio. Só aceite as pessoas que realmente podem agregar valor e auxiliá-lo durante esse processo. Mantenha sua capacidade de julgamento clara e não permita que qualquer um se torne cozinheiro em sua cozinha. Certifique--se de que seus orientadores de planejamento são qualificados antes de convidá--los a dar palpites. Se não conseguir fazer uma pergunta direta a alguém, nem se dê ao trabalho de valorizar ou refletir sobre as opiniões dele.

Não tente causar boa impressão a banqueiros imaginários, ou em investidores do tipo anjo e capitalistas de risco. Acorde: quem você acha que lerá seu plano de negócios? Os bancos? Não. Nem os investidores. Ninguém acreditará que seu negócio é algo mais do que meras palavras impressas em uma página até o momento em que você comprovar sua viabilidade com faturamento e lucros reais. Para eles, não se trata de avaliar o que você diz que vai fazer, mas o que já fez e quais os resultados lucrativos registrados.

O maior erro que você pode cometer é planejar uma estratégia com as necessidades do alvo errado em mente. Não inclua em seu planejamento alguma coisa que simplesmente pareça informação de boa qualidade, ou porque você acha que as outras pessoas precisam saber. Garanto-lhe que elas não estarão ouvindo nem se importando com você. Pare de se inquietar com os outros e preocupe-se com você, com seu produto, ou serviço, e seu mercado alvo. Seu plano deve ser para você, e *só* para você. Basta produzir uma estratégia baseada no que é viável e prático e que faça sentido para sua empresa – isto o ajudará a transformar suas palavras em realidades rentáveis.

Nada é irrevogável. O mundo real não é simples, estático ou estagnado. Isto é verdadeiro se sua empresa for à falência ou se der tudo certo. Tanto ela quanto o meio onde atua podem se transformar num piscar de olhos. Não tenha medo de seguir seus instintos. Os empreendedores mais atentos se adaptam às alterações do mercado. Não confiam em informações antigas – e "antiga" significa qualquer coisa anterior ao presente absoluto. Modificar seu curso nem sempre é má ideia, porque isso geralmente é necessário. Nunca deixe que um plano de negócios amarre suas ações, ou seja a "palavra final" para direcionar seu empreendimento. Você dita o negócio e os ditames do planejamento – e não o contrário.

Plano de negócios é um saco 81

Não é hora de ser um professor de gramática. Não fique emaranhado em correções da ortografia ou da gramática. Caso sua empresa passe a gerar milhões de dólares, os investidores não deixarão você na mão porque seu plano de negócios parece uma redação da quinta série, com erros de acentuação e frases sem pontuação. Além disso, você poderá pagar alguém para escrever seu plano nessa altura do campeonato, porque estará ocupado cuidando do crescimento de seus negócios.

Use a linguagem real das pessoas. Todas as ferramentas que produzir precisam ser de fácil leitura e ter referências claras. Escreva com clareza e naturalidade. Evite termos de tecnologia, jargão de negócios, chavões, papo de vendedor ou verborragia, daquele tipo que é preciso ter um dicionário ao lado para compreender. A única coisa inteligente sobre esse papo de "discussão inteligente" é evitá-lo completamente.

Salve uma árvore, pule a conversa mole. O plano de negócios não é feito para ser criativo nem para servir como exercício de escrita. Se algo não é importante, descarte. Vá direto ao assunto, trate dos fundamentos da proposta. Cada palavra precisa ser útil, focada e com um propósito definido. Mantenha-se no ponto – será melhor para você.

Evite as tranqueiras decorativas. Você sente necessidade de ficar cercado por gráficos coloridos e quadros bonitos? Então, roube um trabalho de pintura das crianças da creche e cole na porta da geladeira. Ninguém lhe dará uma medalha de ouro ou uma nota mais alta no boletim por sua criatividade. Não desperdice seu tempo criando um *design* para seu plano de negócios, pois ele é feito para ajudá-lo a ganhar dinheiro, e não um concurso...

Evite factoides e enxurrada de dados. Ser um empreendedor de sucesso é bem diferente de criar diagramas, mostrar estatísticas e um monte de gráficos. Trata-se de sair da cadeira, conseguir marcar uma reunião e vender algo a alguém para gerar receita. Não temos tempo para ficar escrevendo coisas no papel – por isso, não se preocupe com estatísticas que apontam seu negócio como parte de uma indústria de 10 bilhões de dólares. Ninguém se importa com isso – e você também não deveria. Afinal, qual porcentagem desse valor está depositado em sua conta bancária? Não muito, aposto. Deixe seus concorrentes amadores perderem tempo escrevendo dissertações, apoiados em montes de fatos e dados. Enquanto isso, você vai atrás de sua quota do tal mercado.

Não brinque com o dinheiro do jogo Monopólio. Estou feliz por saber que você pretende reinvestir 30% dos seus lucros em marketing assim que gerar 10 mil dólares em receitas líquidas. Mas, antes de qualquer coisa, como pretende atingir esse montante de lucro no começo? Seu plano de negócios não pode passar cheques, e você está sem nenhum dólar – bem, então precisa planejar com esse zero. Só faça um plano de negócios com o dinheiro e os recursos que tiver em mãos. A cada passo do caminho, lembre-se de quanto você gasta mensalmente para sobreviver.

Se você não faria isso, eles muito menos. Não importa quão maravilhosa seja aquela estratégia de marketing, ou como é perfeita aquela oferta de serviços; se você não for convincente e assimilar sua ideia, eles também não vão comprá-la. Pressupostos errados provocam péssimas decisões empresariais; conceitos grandiosos e ideias complexas levam ao fracasso. Lembre-se, está pedindo a clientes – que não se importam com você nem sabem nada sobre sua empresa – que lhe deem atenção e se interessem por seu negócio. Deixe seus pressupostos fundamentados na realidade e mantenha todas as suas etapas de ação no modo simples e prático.

Pare de escrever sobre vendas e vá vender alguma coisa. Não há nenhuma maneira de prever ou se preparar para cada ocorrência possível. Tentar fazer isso é insensatez. Quanto mais tempo você gastar teorizando e imaginando, menos tempo terá para realizar e fazer testes. E, sim, esses minutos perdidos aumentarão com rapidez. Então, chega! Não fique só fazendo planos. Cada dia sem ganhar algum dinheiro é mais um dia que você não consegue bancar suas despesas. Não se prepare para o fracasso com datas de corte inatingíveis, e não tenha medo de sair da sua zona de conforto. Defina prazos realistas, cumpra as datas previstas de lançamento e faça sua empresa ir para a frente.

Você não é cartomante. Se você ainda não sabe ao certo o que é o seu negócio, como poderá prever como ele será amanhã? Fazer planos para o futuro, esquecendo-se do presente, será apenas uma garantia de que não existe o amanhã. Portanto, adie os planos de negócio para daqui a dez anos e concentre-se nas ações para os próximos dez dias.

Empreendedores de sucesso fazem todos os esforços para eliminar a necessidade de suposições infundadas ao definir objetivos de crescimento a longo prazo. Por isso, reviva alguns "dias de ontem", aproveitando experiências bem e malsucedidas, antes de começar a planejar um "distante amanhã".

As projeções financeiras são um absurdo total. Antes de bradar por aí que sua recém-criada empresa irá faturar 200 milhões de dólares em cinco anos, melhor tentar ganhar um dólar neste mês. A única coisa 100% verdadeira, válida e comprovada sobre suas receitas e lucros previstos é que essas projeções estão inegavelmente erradas.

Deixe o excesso de otimismo de lado. A menos que você pretenda encarar o fracasso e sofrer com pressão arterial superelevada, não se engane acreditando que pode criar uma base realista para sua empresa sem batalhar muito e passar dias na trincheira. Portanto, concentre-se em reduzir despesas, aperfeiçoar e dominar suas técnicas de venda. Descubra como gerar um faturamento diário para bancar despesas pessoais, e não perca tempo em determinar uma arrecadação anual aleatória. Na medida em que sua empresa crescer e se desenvolver, você poderá ter a necessidade – e coloque necessidade nisso – de ter previsões financeiras para seus possíveis investidores e bancos. Caso seja sortudo o suficiente para cortejar a possibilidade de obter dinheiro de fundos de investimento ou um empréstimo, pelo menos você terá dados reais sobre os quais basear suas projeções absurdas.

O PLANO DE UM PARÁGRAFO PARA A NOVA EMPRESA

Você provavelmente acha que sou um charlatão. Não há absolutamente nenhuma maneira de descrever tudo o que os clientes precisam saber sobre sua brilhante empresa em um parágrafo apenas, certo? Pois você está errado. E não tem muito a dizer agora, porque ainda não provou nada.

A última coisa com a qual deve se preocupar – durante as primeiras etapas do seu negócio – é ficar escrevendo planos de longo prazo ou extensos sumários executivos. Talvez algum dia surja a ocasião em que esses materiais espessos como listas telefônicas sejam necessários; tenho certeza de que há centenas de desempregados recém-saídos de um MBA que se matariam pela chance de escrever um plano desses para validar seus anos de estudo. Mas este não é o momento.

Agora é a hora de eliminar o plano de negócios tradicional em favor de um instrumento mais real e prático.

Plano de um parágrafo para sua nova empresa. Sim, é exatamente o que diz a frase: todo o conceito de sua empresa resumido em um formato facilmente digerível, curto e direto ao ponto. Nas metodologias tradicionais que ensinam como preparar um plano de negócios é assim: fazer um *brainstorm* e escrever, fazer outro *brainstorm* e escrever, para depois revisar, revisar, e executar. Já a meta do plano de negócios de um parágrafo é fazer um *brainstorm* para escrever, executar, revisar e executar. Existem diferenças fundamentais entre as duas abordagens. A metodologia tradicional teria feito você finalizar sua estratégia inteira com base em uma hipótese, sem se preocupar em testar ou validá-la. O plano de um parágrafo foi concebido para testar sua hipótese através da experimentação diária. Serve também como estratégia de ação fluida que cresce juntamente com sua empresa.

Levei três dias para discutir, pesquisar e escrever o meu primeiro plano de um parágrafo. No quarto dia, estava de pé e agindo. Era o plano perfeito? Nem perto disso, mas possibilitou-me começar a agir em curto espaço de tempo e me colocou no caminho para gerar receitas imediatamente.

Oito perguntas para responder ao elaborar seu primeiro projeto. Sem quebrar as regras descritas anteriormente, responda às oito perguntas seguintes de forma honesta – com uma ou no máximo duas frases. Pense com profundidade em suas respostas e, depois, sinta-se confiante para apoiar e fundamentar suas crenças mais verdadeiras com argumentos pertinentes:

1. Qual é o serviço que sua empresa executa ou o produto que ela oferece hoje?
2. Como sua empresa produz ou fornece o produto ou serviço hoje?
3. Como os clientes poderão usar seu produto ou serviço, tal como existe agora?
4. Como sua empresa vai gerar receitas imediatas?
5. Quem são os clientes primários que sua empresa terá como alvo imediatamente?
6. Como você vai divulgar sua empresa aos potenciais clientes com os recursos que tem à sua disposição atualmente?
7. De que forma você se diferencia de seus concorrentes neste momento?
8. Quais são as bases de clientes secundários e terciários que você terá como alvo uma vez que atingir com sucesso seus clientes primários?

Plano de negócios é um saco 85

Obviamente, seu primeiro projeto não é o plano final. Pense nisto como um esboço para o início de sua jornada. Como exemplo, confira meu primeiro plano de um parágrafo para o meu negócio, *Sizzle It!*, uma empresa especializada na produção de vídeos institucionais.

Execução de pré-plano de um parágrafo: *Sizzle It!*

Sizzle It! produz e edita filmes promocionais e institucionais de três a cinco minutos, que combinam vídeo, gráficos, fotos, áudio e mensagens para oferecer aos espectadores uma rápida e estilizada descrição de um produto, serviço ou marca. A equipe da empresa, com editores *free-lance*, edita os materiais de mídia enviados pelos clientes. Os principais são agências de relações-públicas. *Sizzle It!* consegue seu faturamento através da cobrança de taxas fixas desses clientes pelos serviços editoriais. A empresa vai concentrar seus esforços de marketing em telemarketing, na otimização dos programas de busca e fazendo *networking* em eventos das empresas de relações-públicas. Ao contrário de seus concorrentes, que possuem uma lista diversificada de prestação de serviços, a *Sizzle It!* concentra-se apenas na produção de vídeos. A empresa vai ampliar sua carteira de clientes para incluir as agências de publicidade e pequenas empresas.

Desmembre seu plano de negócios em apostas e testes. Agora é hora de transformar seu parágrafo em uma ação funcional, um plano de ação que você pode revisar regularmente. A tarefa, que chamei de apostas e testes, compõe-se de uma série de ações destinadas a fazer sua empresa ficar pronta para operar e atuar no mercado de imediato. O objetivo do exercício é testar em campo cada um dos seus pressupostos e determinar se eles são verdadeiros, falsos ou inviáveis. Conforme você aprende lições a partir de sucessos, fracassos e inviabilidades ao longo de sua jornada, poderá modificar seu plano para torná-lo uma fórmula de sucesso.

Comece por desmembrar cada frase de seu plano em cinco passos que podem ser executados imediatamente – em outras palavras, declarações executáveis que possam ser transformadas em realidade. Coloque cada ação no formato de um registro cronológico, que não é nada diferente de sua lista de compras no supermercado ou das tarefas que você registra no computador. Inclua ainda prazos factíveis de realização e uma previsão de despesas relacionadas a cada tarefa. No Capítulo 8 ensinarei como minimizar os gastos com as empresas recém-criadas e trabalhar com um orçamento apertado. Mas, agora, apenas determine o que você acha que terá de despesas e anote. Dê uma olhada em como desmembrei uma das frases do meu plano em cinco etapas (incluindo os prazos que defini para completar cada fase):

Frase: *os principais clientes da* Sizzle It! *são agências de relações-públicas.*

1. Criar uma lista de todas as empresas de relações-públicas em Nova York (25/1/2008).
2. Pesquisar informações de contato de cada empresa (28/1/2008).
3. Contatar cada potencial cliente para marcar reuniões de apresentação (15/2/2008).
4. Produzir um vídeo da empresa para as apresentações (15/2/2008 – 200 dólares).
5. Durante as reuniões com potenciais clientes, oferecer um desconto inicial de 50% em sua primeira encomenda.

Certifique-se de que todas as suas etapas farão seu negócio ir para a frente de alguma forma. Mesmo assim, prometo a você que haverá ainda muitas melhorias pelo caminho.

Seus passos iniciais deram frutos? Depois de compor os primeiros esboços de sua lista de verificação para cada uma das frases do seu plano de um parágrafo, é hora de começar a trabalhar para valer.

Execute cada etapa do plano de ação da forma mais completa possível. Mantenha sua lista de verificação por perto em todos os momentos – em um celular ou uma cópia impressa – e anote recados e lembretes sempre que aprender algo de novo.

Assim que cada tarefa for concluída, avalie os resultados com estas seis perguntas:

1. O que funcionou e o que não deu certo?
2. Qual foi o resultado de cada etapa da ação?
3. No geral, a experiência foi positiva ou negativa? Por quê?
4. O que você aprendeu durante o processo?

5. Quais são os passos que podem ser modificados ou melhorados para você conseguir melhores resultados? Como?

6. Quais os passos que precisam ser excluídos de uma vez?

No caso da minha empresa *Sizzle It!*, a execução de várias ações a cada passo rapidamente ajudou a abrir meus olhos para muitas coisas, que não teria como saber se assim não tivesse agido. Por exemplo, as ações de telemarketing para os profissionais de RP não serviram para nada, mas minha tática de otimização nos programas de busca ajudou a fazer dinheiro. Embora tivesse conseguido encontrar um boa quantidade de nomes ao fazer contato com empresas de RP, logo percebi que os únicos realmente úteis eram os de quem gerenciava as marcas e dos executivos de conta. Nosso desconto de 50% para os clientes iniciais foi um fracasso total. Uma pesquisa me levou a descobrir centenas de especialistas independentes em RP – um grupo totalmente novo de clientes em potencial do qual eu não estava ciente antes. Tais descobertas – assim como várias outras – permitiram-me fazer um ajuste fino e fortalecer todos os aspectos da minha nova empresa. Com isso, os resultados melhoraram semana após semana.

Verdadeiro, falso ou incompleto? Com base nas informações recolhidas durante a execução dos seus passos, com base na lista de verificação, determine se a hipótese original era verdadeira, falsa ou incompleta. Ainda usando a *Sizzle It!* como exemplo, minha tese original era falsa e incompleta. Além de não ter levado em conta uma categoria inteira de possíveis clientes, também deixei de pesquisar aqueles que eram os verdadeiros tomadores de decisão. Às vezes, você validará sua hipótese, em outros casos, verá que estava totalmente enganado. Independente do resultado, identifique e tape os buracos nas suas afirmações falsas ou incompletas.

Crie suas fórmulas de sucesso. Descarte tudo aquilo que falhou e aperfeiçoe os menores sucessos para sustentar os grandes gols de placa. Ajuste seu plano de maneira que comece a transformar cada uma de suas afirmações falhas em declarações verdadeiras e completas. Use suas descobertas para criar novas ideias, com mais conhecimento das coisas, e faça listas de controle mais específicas e aprofundadas. Repita esse processo regularmente até que todas as suas hipóteses se convertam em fatos.

Dois meses depois de ficar conferindo e checando ativamente as hipóteses do meu projeto *Sizzle It!*, consegui produzir uma fórmula testada de marketing e vendas que nossa equipe de vendas ainda usa hoje. Aqui está meu plano de um parágrafo revisado e sua lista de verificação correspondente, com as cinco etapas alteradas e corrigidas.

Frase: *os principais clientes da* Sizzle It! *são especialistas independentes em RP, gerentes de marcas e executivos de contas sêniores em pequenas e médias empresas de relações-públicas.*

1. Pesquisar os nomes e informações de contato dos gerentes de marca e executivos de contas sêniores em empresas de relações-públicas, bem como especialistas independentes em RP (segunda-feira).

2. Enviar e-mail a cada um desses indivíduos, convidando-os para um café da manhã ou almoço em um local de sua escolha em troca de uma reunião introdutória de nossa empresa (segunda até quarta-feira – 50 dólares).

3. Usar os encontros como oportunidade para mostrar o vídeo de três minutos da empresa e demonstrar as ferramentas para o cliente no site SizzleIt.com.

4. No final de reuniões com potenciais clientes, oferecer um ano de café de graça, como brinde por sua primeira compra (200 dólares).

5. Dois dias após cada reunião, enviar um e-mail ao cliente em perspectiva oferecendo um café da manhã gratuito para todos os funcionários do escritório em troca de referências de clientes bem-sucedidos (150 dólares).

Procure novas maneiras de aperfeiçoar sua lista de verificações. Ao fazer isso, se manterá sempre atento, tornando-se capaz de criar uma planta clara e definida de cada pequena parte do seu negócio.

Formule e comprove novas hipóteses regularmente. Só porque você conseguiu comprovar que suas premissas iniciais estavam corretas não quer dizer que já fez tudo e agora pode ficar na moleza.

Na verdade, este é apenas o começo.

Ao longo dos anos, em função de ficar constantemente questionando e aprimorando meu plano de um parágrafo, esta atitude transformou minha empresa em uma companhia rentável, que pode ser replicada em filiais e está preparada para um forte crescimento em novos mercados.

Pós-plano de um parágrafo *Sizzle It!*

A *Sizzle It!* produz e edita vídeos promocionais e de demonstração de três a cinco minutos, que combinam vídeos, gráficos, fotos, áudio e mensagens para oferecer aos espectadores um rápido e estilizado sumário de um produto, serviço ou marca. Tais vídeos são produzidos para – ou incorporados em – apresentações de vendas, demonstrações de produtos, vídeos de treinamento, campanhas de mídia *on-line* e *kits* de imprensa eletrônicos. Os principais clientes da *Sizzle It!* são os especialistas independentes de relações-públicas, os gerentes de marca e executivos de contas sêniores de agências de relações-públicas e agências de marketing, organizadores de eventos e congressos. A empresa gera receitas cobrando taxas fixas e por hora para os serviços de produção e criação editorial. A empresa faz sua divulgação aos clientes por meio de *e-mail* marketing, da otimização dos serviços de busca *on-line* e da criação de *network* em eventos do setor. A *Sizzle It!* dá um ano de fornecimento gratuito de café como um presente para cada um dos seus novos clientes. Ao contrário dos concorrentes, somos a única empresa do setor que se concentra apenas na produção de vídeos. Além disso, a empresa oferece aos clientes acesso a um portal *on-line* que reforça suas capacidades para gerir seus projetos e confere transparência ao processo de produção. A *Sizzle It!* vai ampliar sua carteira de clientes para incluir os diretores criativos das agências de publicidade, empresários de pequenas empresas, gerentes de marca em empresas de produtos de consumo, atores e porta-vozes por trás de marcas ligadas a celebridades.

Não estava brincando quando disse que este plano de um parágrafo era uma coisa viva, pulsando, e que mantinha uma relação simbiótica com seu negócio. E se ele morrer, seu negócio não vai demorar a segui-lo.

Nunca, mas nunca mesmo, se sinta confortável na situação em que estiver. Faça sempre todos os esforços para melhorar suas afirmações vigentes, acrescente novas bases de clientes, teste novas hipóteses. Continue a aperfeiçoar suas habilidades empreendedoras. Com o tempo, você será capaz de formular melhores hipóteses desde o começo, encurtando o tempo que demora para concluir e comprovar suas fórmulas de sucesso.

6

TER OU NÃO TER PARCEIROS

Se você procura um parceiro de negócios, um mentor, um advogado ou um contador, é vital que separe os leões dos abutres. Nada me demonstrou este ponto com mais precisão do que trabalhar com outra produtora multimídia recém-nascida (isso foi antes da *empresa que não deveria ter nome)*. O final dessa empresa em particular foi causado por um gerente, que também era um dos seus acionistas majoritários – ou, como me refiro a ele, o sr. CEO.

Sr. CEO foi uma perfeita tempestade de incompetência, egoísmo e baixa capacidade de tomada de decisões. Em resumo, amava dar ordens a todo mundo, guiava um caro carro esportivo e dizia a qualquer um com quem conversasse por mais de trinta segundos que, na verdade, ele era o CEO. Não importava que a empresa que ele fingia dirigir valesse menos do que o papel em que seus belos cartões de visita tinham sido impressos. De fato, a única coisa de que parecia não gostar era trabalhar para valer.

Durante seus dois anos inglórios de gestão, o sr. CEO:

- Gastou descuidadamente mais de 400 mil dólares, sem ganhar um centavo de receita.

- Cobrava regularmente no cartão de crédito da empresa os dispendiosos "jantares com clientes".

- "Trabalhava em casa" três ou mais dias por semana, checava seu *e-mail* apenas uma vez por dia e se referia às sextas-feiras como o "dia da jacuzzi".

- Deturpava e exagerava as capacidades dos nossos produtos praticamente todo o tempo, forçando a equipe a se esfalfar para dar apoio a suas promessas mentirosas.

- Contratou uma empresa de tecnologia especializada em produtos militares para construir nosso site focado em adolescentes. O fornecedor queimou 40 mil dólares, perdeu todos os prazos e nunca entregou o produto final.

No fim, o sr. CEO atribuiu o fracasso da empresa a todo mundo, menos a si mesmo. Reclamou que seu sócio não fez o suficiente, que seus funcionários não eram capazes, e jurou que a empresa recém-constituída teria dado certo se não estivesse tão severamente descapitalizada. Embora houvesse algumas coisas a culpar no geral, nossa equipe só poderia ser tão eficaz como sua liderança – e a nossa liderança tinha falhado.

Você não deve tomar levianamente a decisão de fazer parceria com outro indivíduo ou outra empresa. Nem essa parceria deve ser resultado do entusiasmo, da espontaneidade ou de um "pressentimento". As parcerias, todas elas, poderão ser uma bênção ou uma maldição. Para cada relação próspera que existe, há milhares de outras que acabam estagnadas, em dissolução, disfuncionais – ou, pior, no tribunal. Trabalhei ao lado de muita gente que é pau pra toda obra, mas também fui vítima de carrapatos e sanguessugas. Para cada conselheiro brilhante, de quem recebi muitos e muitos benefícios, fui retalhado por um tubarão ganancioso. Em quase todas as circunstâncias, teria sido capaz de separar os vencedores dos perdedores desde o início, e chutar o lixo para a calçada antes de ficar pendurado para sangrar – se tivesse feito minha pequena auditoria no princípio.

Muito parecido com o casamento – para melhor ou para o pior, na riqueza e na pobreza, pelos bons e maus momentos, enquanto seu negócio sobreviver –, você estará preso ao seu sócio pela cintura, durante 24 horas por todos os dias da semana. Portanto, antes de amarrar o nó-cego em uma união empresarial, você terá de ranquear os pretendentes a parceiro como se fossem patinadores olímpicos. A maioria não fará nem os pontos de qualificação, mas alguns conseguirão. E os poucos selecionados, se houver, nunca ganharão a medalha de ouro. Mas quem sobreviver ao seu escrutínio e à sua severa auditoria será merecedor quando você finalmente proclamar: "Aceito".

OS PIORES PARCEIROS PARA SUA NOVA EMPRESA

Errar é humano. Mas abrir sociedade com aquelas pessoas que fazem mal às outras, ou são inúteis, é simplesmente estúpido. Caso esteja cercado de idiotas e não perceba isso, adivinhe? O idiota, na verdade, é você. Antes de entregar suas economias e o número de seu cartão do INSS para um sócio, você deve ter certeza de que não dará autoridade e igual posição a um palhaço imbecil, destinado a fazê-lo passar pelo moedor de carne.

A seguir descrevo alguns arquétipos e personalidades que farão com que as parcerias sejam absolutamente desastrosas. Evite esses canalhas como se fugisse de uma praga. E caso alguns desses idiotas sejam parecidos com você, modifique--se, ou caia fora daqui.

Sr. procrastinator. Ele precisa checar todos os pingos nos "is" antes de marcar a data de lançamento oficial do produto. Adora pesquisar os concorrentes, a construção de estudos de caso da indústria e de melhorar seu plano de negócios de 150 páginas. O sr. procrastinator realmente gostaria que o novo negócio já estivesse instalado e funcionando, mas ainda sente que algo não está certo. Ele planeja organizar outra pesquisa abrangente para enviar a todos os colegas, amigos e membros da família nas próximas semanas para ajudar a melhorar o conceito ainda mais.

Desculpas não devem ser toleradas. Um bom plano hoje é sempre melhor do que um plano perfeito amanhã. Fique longe dos procastinadores que vivem arrumando desculpas; em vez disso, procure gente com iniciativa que corre com a bola e faz as coisas acontecerem.

Sra. funcionária. Ela é uma empreendedora de primeira viagem, com um currículo imaculado e abundância de referências. Gosta de receber um salário mensal, com plano de saúde, e nunca deixa de jantar com a família, pontualmente às sete da noite. Infelizmente, a sra. funcionária não é autossuficiente e não sabe como tocar o negócio adiante sem você instruí-la a cada passo. Além disso, se o seu negócio não der frutos em breve, ela precisará encontrar um emprego "de verdade" para pagar as mensalidades da faculdade das crianças.

Esses indivíduos avessos aos riscos, que não se interessam por suas prioridades, serão parceiros improdutivos. Evite trabalhar com pessoas que não se comprometam com a mesma quantidade de tempo, energia e recursos financeiros que você.

Sr. colega da faculdade. Ele teve um golpe de gênio naquela noite em que vocês estavam no bar, descreveu sua ideia num guardanapo e lhe pediu para ajudar a "fazer acontecer". Gosta de se vangloriar da sua grande ideia e passa o tempo todo dando-lhe instruções sobre como fazer as coisas (pois ele não é chegado ao "trabalho pesado" do projeto). O problema é que ele está de mudança para o outro lado do país, para começar a faculdade de medicina. Mas não se preocupe, o sr. colega da faculdade estará sempre disponível por telefone, a não ser quando estiver estudando ou namorando, no trabalho e na sala de aula. E não deixará de lhe passar seu novo endereço para onde você pode enviar seus 50% dos lucros.

Nunca assuma todos os riscos em troca de metade da recompensa. Ideias são inúteis sem a execução para virar realidade. Antes de trazer uma ideia concebida a dois para sua empresa, melhor ter certeza de que seu parceiro pretende estar ao seu lado a longo prazo.

Sra. inventora. Ela acha que criou a próxima "coisinha indispensável" que vai valer bilhões de dólares. Adora ficar dando palestras de duas horas para investidores sobre os padrões chineses de engenharia eletrônica e tomando decisões nos negócios com base em "boas pessoas" e "intuição". A sra. inventora não consegue entender a expressão "estar no azul", mas considera imperativo gastar todos os rendimentos da empresa em pesquisa e desenvolvimento.

Acadêmicos brilhantes não são necessariamente homens de negócio eficientes. Certifique-se de que seu possível sócio entenda a diferença entre teoria e realidade, esteja com os pés no chão e não seja um robô disfarçado de ser humano.

Sr. sempre certo. Ele será a primeira pessoa a lhe dizer que nunca está errado. Sua frase preferida é "faça do meu jeito, ou rua". Raramente discutirá seu processo de tomada de decisões porque enxerga isso como demonstração de fraqueza. Gosta de humilhar todos os sócios que discordam dele e toma decisões vitais sem contar nada para ninguém. Uma peculiariedade deste senhor: ele sempre parece culpar os outros quando seus planos dão errado – mas, em geral, é ele quem está equivocado.

A comunicação é a chave para uma parceria de sucesso. Encontre um colaborador, não um ditador. Ninguém está *sempre* certo.

Srta. sonhadora. Essa moça repete a mesma frase a toda hora – "um dia, quando formos milionários..." –, adora falar em se aposentar aos 29 anos e ficar imaginando como ela gastará seus hipotéticos milhões em seu iate com banheiros revestidos de ouro ancorado em sua ilha particular. Só há um pequeno problema com a sra. sonhadora: ela não parece saber como manter o negócio acima da água mês a mês.

A riqueza vem depois de anos de trabalho árduo e de persistência, e não de devaneios ou vagabundagem. É importante que seu parceiro na empresa seja alguém positivo e otimista, mas também é fundamental que esteja focado no trabalho e com os pés no chão.

Sr. gastador. O coitado não consegue sobreviver sem um salário de seis dígitos, um escritório luxuoso e um umidificador de charutos ao lado da mesa. Preço não é uma objeção quando se trata de entreter um cliente ou voar de primeira classe. Se você tiver sorte, o sr. gastador poderá até convidá-lo para um dos jantares extravagantes que ele põe na conta do cartão corporativo de sua empresa.

É preciso sempre enfatizar: não existe essa coisa de talão de cheques ilimitado. Escolha parceiros que sejam responsáveis com o dinheiro da empresa e se esforcem para que cada centavo ganho beneficie o crescimento e o desenvolvimento da empresa, e não seu estilo pessoal de vida.

Sra. férias. Ela parece ser uma pessoa legal. Até lhe diria mais sobre a sra. férias, mas não sei muito sobre ela, porque nunca está por aqui.

Essa gente que nunca aparece é apenas um peso morto, que come todo o seu lucro. Só trabalhe com pessoas que mereçam conseguir alguns dias de folga – e não com quem que se sinta no direito e abuse disso.

Sr. questões pessoais. Esse um é velho conhecido, que tem muitos nomes, incluindo sr. quebrado e sr. pobre de mim. Sempre tem uma história triste para contar. No mesmo dia de sua grande apresentação para várias empresas num congresso, o dente do siso do filho precisa ser extraído e o cachorrinho da família morreu de pneumonia. Ele adoraria participar da reunião com os investidores na próxima semana, mas é provável que fique preso o dia todo no tribunal tratando do divórcio. Infelizmente, como o sr. questões pessoais não tem como pagar essas despesas legais, terá de fazer uma retirada maior na empresa neste mês para evitar que sua ex-esposa fique com mais de 50% no acordo. Mas ele promete que será a última vez que vai precisar de dinheiro... – de verdade.

Você não está no negócio para ser uma babá ou um psiquiatra. Se um parceiro em potencial parece ter parafusos soltos, corra o mais rápido que puder na direção contrária.

COMO PODE SE LIGAR A EMPREENDEDORES FRACOS QUE SÓ CHIAM?

Criei mais um dispositivo mnemônico que se tornou um dos meus favoritos e uso para qualificar possíveis sócios, conselheiros ou parceiros. Minha frase "como pode se ligar a empreendedores fracos que só chiam" representa a seguinte lista:

1. Credibilidade.
2. Personalidade.
3. Lealdade.
4. Ética profissional.
5. Finanças.
6. Questões pessoais.
7. Confiança.

Esses testes de qualidade avaliarão a personalidade e os traços de caráter de seus futuros parceiros, ajudando a determinar se podem ser a escolha correta para seus empreendimentos.

Credibilidade. Alguém que não é confiável será um desabono tanto para você quanto para a reputação de sua empresa. Quando estiver avaliando se alguém tem credibilidade, faça a si mesmo algumas perguntas que irão determinar o nível de compromisso dessa pessoa. Será que ele ou ela colocaria a empresa em primeiro lugar, antes dos interesses pessoais? Será que fará o trabalho de uma forma similar e cumprirá o mesmo cronograma se você se ausentar? Essa pessoa estará por aí hoje, amanhã e daqui a dez anos? Se algo lhe acontecer, o negócio vai florescer e prosperar, ou se desintegrar sob a liderança desse sócio?

Nunca se ligue a alguém que seja inconsistente, imprevisível ou errático. Caso contrário, ninguém estará por perto para ajudar a pendurar a placa "vende-se o ponto" na porta.

Personalidade. Encontrar um sócio inteligente, confiável e fidedigno é apenas metade da batalha. Se o confronto de personalidades ocorre a cada passo, será possível cronometrar o divórcio com o *timer* do micro-ondas. Estude cada um dos traços de caráter da pessoa e seus hábitos. Vocês seriam irmãos separados no nascimento ou opostos totais? Quais das qualidades dele ou dela são complementares às suas ou existe alguma? O que você não suporta nele ou nela? Será que alguma coisa que ele ou ela costuma aprontar faz seu sangue ferver? Consegue se imaginar sentado na mesma sala com essa pessoa por 24 horas seguidas? Será que você ainda gostaria de experimentar?

Antes de assinar naquela linha pontilhada, tenha certeza de que pode visualizar com alegria vocês dois trabalhando lado a lado todos os dias durante os próximos anos. Nem pense em se associar a alguém que o faz ter vontade de vê-lo balançar entre as vigas do teto, pendurado no laço de uma corda. (Afinal de contas, é muito difícil para um empreendedor, ocupado em tomar decisões e gerir a empresa, encontrar tempo para bolar um jeito de fazer um assassinato parecer acidente.)

Lealdade. Curto e grosso: você não consegue comprar lealdade. E se a honra de alguém está à venda, ele é tão leal quanto cães famintos atrás de uma refeição. Descubra se o parceiro em potencial tem mais tendência a tomar conta dos interesses da empresa, combinando compromissos, ou simplesmente cuidar de vantagens pessoais. Quando as coisas ficarem difíceis, essa pessoa estará ombro a ombro com você ou vai dar meia-volta e correr em busca de proteção? Será que ele ou ela estará ao seu lado até o fim ou lhe dará uma facada pelas costas?

A última coisa que você deve esperar é cair em uma parceria incompleta, sem lealdade recíproca. Isso pode levar seu – assim chamado – "sócio" a querer tirar vantagem de suas bondades. Caso tenha a menor hesitação sobre a existência de lealdade em seu possível parceiro, chute-o para longe antes que ele tenha uma chance de prejudicá-lo.

Ética profissional. Seu candidato dará duro ou mal trabalhará? Obviamente, há grande diferença nisso. Ele será tão apaixonado, persistente e dedicado ao negócio como você? Será que é pau pra toda obra ou, dependendo da hora do expediente ou do dia da semana, adia qualquer compromisso com a empresa? Avalie se é alguém de iniciativa, que vai ajudá-lo a seguir adiante, ou se é desanimado e mais parece "uma porta", que vive trancada e vai atrasar seu caminho. Esse indivíduo está sempre pronto para colocar a mão na massa ou reclama de realizar certas tarefas "pequenas demais"? Ele percebe que agora é sempre melhor do que mais tarde, e sabe a diferença entre fazer negócios e ficar "fazendo um negócio"?

Se alguém parece não estar muito a fim de ficar ao seu lado na trincheira – lutando firme e defendendo a empresa a cada batalha –, jogue-o para fora dali antes que você receba um tiro.

Finanças. É muito importante saber a situação de crédito de seu potencial sócio, bem como sua situação financeira e fiscal. São informações vitais para o futuro e a saúde econômica dessa parceria. Ele vive de maneira frugal ou extravagante? É um gastador ou um poupador? Será que tem um monte de dívidas, ou terá apenas passivos? Vocês dois têm economias e recursos financeiros semelhantes, ou os valores são totalmente desiguais? A pessoa sabe como gastar dinheiro de forma inteligente e eficaz, ou tem um histórico de detonar tudo rapidamente?

Você e seu parceiro serão o banco e a espinha dorsal do seu negócio. Por esta razão, você precisa ser capaz de apoiar as iniciativas da empresa, tanto nos momentos bons quanto nos ruins. Certifique-se de que a pessoa com quem fará sociedade está sendo honesta quanto à sua situação financeira e ofereça dados para comprovar suas afirmações. Não fique preso apenas a extratos bancários. Se não se sentir confortável em ter uma assinatura em conjunto para o cartão de crédito corporativo, e se este for a única linha de crédito à qual sua empresa terá acesso, caia fora – e leve seu crédito com você.

Questões pessoais. Saiba tudo – mas tudo mesmo – sobre a vida de seu parceiro antes de entrar numa sociedade. Em que fase da vida ele está? Em uma semelhante à sua ou em outra totalmente diferente? É casado, tem filhos, sua vida familiar é saudável? Será que sofre de algum tipo de vício debilitante, como drogas, jogo ou álcool? Será que a vida pessoal de seu possível sócio poderá afetar o funcionamento da empresa, suas finanças ou sua reputação?

Os verdadeiros parceiros devem ser capazes de falar sobre tudo – e sem hesitação. Procure ter certeza de que receberá um pacote de coisas boas, e não um caso perdido. Faça investigação profunda sobre a vida de seu futuro sócio e discuta com ele todos os temas que puder imaginar, desde política até comércio exterior, passando pela família e vida social.

Confiança. Confiança é a peça mais importante do quebra-cabeça na montagem de uma parceria. Sem ela, não existe nada entre vocês, sócios. Divida sua confiança em graus de rigor durante a apreciação do nível da relação que quer ter com uma pessoa. Comece com pequenos delitos e termine com aquelas graves razões para não se concluir uma sociedade. Você confiaria no parceiro para cuidar de seu animal de estimação? E quanto à sua casa? O que você sabe sobre o cônjuge ou os filhos dele? Você lhe emprestaria dinheiro ou lhe revelaria a senha dea sua conta bancária e do seu cartão de débito?

Não abrande nem suavize esse tipo de pergunta. Você está colocando seu bem-estar e o futuro nas mãos de outra pessoa – por isso, é preciso ter absoluta certeza de que seu potencial sócio é alguém em quem se pode confiar tal responsabilidade. Não deve haver sombra de dúvida de que, se uma pedra cair do penhasco e você estiver na direção dela, seu parceiro iria empurrá-lo para fora do caminho ou até trocar a vida dele pela sua. Se você acredita, porém, que há uma chance de que ele fique de braços cruzados, vá embora antes de ser esmagado por uma surpresa desagradável.

Tenha "a conversa"

Sente-se com seu parceiro em uma sala, desligue os telefones celulares, afaste os computadores e tranque a porta. Antes de se tornarem irmãos (ou irmãs) de sangue, é preciso discutir aberta e honestamente cada um dos dez tópicos a seguir – e em detalhes – para garantir que vocês estão de acordo e podem trabalhar juntos.

Ouça atentamente as respostas. Qualquer uma que seja ambígua e incompleta, pela metade ou tão curta que pareça que seu parceiro esconde alguma coisa, deve acender imediatamente o sinal de alerta à sua frente. Respostas inconclusivas, do tipo "não é da sua conta" ou "eu não sei", devem disparar as sirenes e acender os holofotes. Quem sabe? De repente, no final da conversa, pode ser que seu candidato a sócio não queira fazer parceria com *você*!

1. Qual dívida ou obrigação financeira vocês dois têm?

2. Que tipo de informação seria revelada sobre cada um de vocês ao se verificar os antecedentes de crédito?

3. Detalhem sua visão religiosa, política, os maus hábitos e estilos de trabalhar.

4. Que tipo de obrigações pessoais, empresariais, de estudo, ou com terceiros poderiam mantê-los afastados de suas responsabilidades com a empresa? Com que frequência e por quanto tempo esses compromissos deverão ser considerados?

5. Na conta bancária da empresa, quanto dinheiro cada um usaria e quanto desse montante cada um conseguiria poupar?

6. Um dos dois tem alguma disputa jurídica aberta, questões pessoais ou corporativas do passado, ou potenciais problemas legais que podem sair da toca em algum momento? Em caso afirmativo, que tipo de consequência vocês e/ou a empresa poderão enfrentar? ▸

7. Como ambos gostariam de estruturar a sociedade em termos de participação no capital, despesas de capital de giro e outros pontos do acordo?

8. O que cada um espera da empresa e da sociedade? Quais são as metas e objetivos para o negócio?

9. Quais seriam as situações e circunstâncias – tanto nos negócios quanto pessoais – que levariam cada um de vocês a querer encerrar a sociedade?

10. Se alguma das respostas a estas questões forem comprovadamente falsas ou incompletas, que decisão você e seu parceiro esperam tomar e quais seriam as consequências prováveis?

NUNCA MERGULHE DE CABEÇA: A ÁGUA NÃO ESTÁ BOA

Pessoas que mergulham de cabeça em sociedades porque "parece legal" são, muito sinceramente, idiotas. Quando você dá mais consideração às necessidades alheias do que às próprias, ou pensa com o coração em vez de fazê-lo com o cérebro, saiba que seus sentimentos afetuosos e distorcidos certamente irão enganá-lo, fazendo-o entrar numa sociedade que será terrível. Só porque você conseguiu encontrar uma pessoa que sobreviveu ao seu mais intenso escrutínio não significa que é hora de dar as mãos e saltarem juntos para o fundo do poço – claro, isso se você não quiser se afogar...

Antes de avançar, há cinco questões profundas que você precisa perguntar a si mesmo.

1. **Realmente preciso de um sócio, afinal?** Pese todos os prós e os contras na hora de procurar um sócio. O que esse parceiro pode fazer pelo negócio e você não? Existem outras maneiras de preencher as lacunas de seu conhecimento, ou de sua capacidade, sem que seja preciso arrumar um acionista? Você pode substituir a necessidade de um sócio com, por exemplo, a contratação de um serviço terceirizado? Considere todas as alternativas antes de avançar com essa sociedade. Lembre-se: depois que dividir parte de seu capital, isso pode ir embora para sempre.

2. **Existem outras opções mutuamente benéficas, além de uma sociedade padrão?** Se seu colaborador em potencial inventou uma engenhoca incrível, mas tem conhecimento prático da vida empresarial menor do que um porquinho-da-índia, ficar preso a ele poderá dificultar sua capacidade de executar a estratégia empresarial que você visualiza. No entanto, isso não significa que ambos não possam prosperar com suas forças individuais. Antes de engolir o padrão societário à força, veja se há opções adequadas à situação, como acordos de licenciamento, *joint-ventures*, ou parcerias estratégicas, e avalie se essas alternativas fazem mais sentido comercial, mantendo as mãos de outra pessoa longe de seu patrimônio.

3. **Preciso mesmo dessa sociedade?** Você seria capaz de indubitavelmente defender sua decisão de formar uma sociedade para seus mais fortes críticos? Está formando a sociedade com essa pessoa pelas razões certas? Será que ele ou ela acrescenta valor ao negócio de forma inegável? Avalie com atenção: suas habilidades conjuntas são complementares ou redundantes? Quais os ativos e os recursos tangíveis que a outra pessoa trará para o negócio? Seus objetivos e metas a curto e longo prazos estão em sincronia? E, finalmente, no melhor dos mundos, esse indivíduo é o melhor sócio possível para sua recém-criada empresa? Responda a estas perguntas da forma mais sincera possível. Se você não ficar satisfeito com as respostas, é melhor não estabelecer a sociedade com o seu candidato. Continue procurando até encontrar a pessoa certa. Montar uma sociedade com alguém, mantendo um pé atrás, é uma decisão terrível – e uma ótima garantia de colocar o futuro de seu negócio em perigo.

4. **Estou absolutamente certo de que a sociedade funciona para ambas as partes, na teoria e na prática?** Passem um tempo juntos antes de se amarrar. Teste a parceria. Escolha metas possíveis de serem alcançadas e, juntos, foquem na realização desses objetivos. Com isso, ganhará tempo para ver como os papéis da sociedade serão estruturados. Pela minha experiência, a maioria das parcerias mostra sinais de insuficiência em dias ou semanas – não são necessários meses ou anos –, de modo que você saberá de forma relativamente rápida se encontrou o "sócio dos sonhos".

Ter ou não ter parceiros 103

5. **O contrato da sociedade está completo?** O documento que concretiza essa parceria deve definir as funções que cada sócio vai desempenhar, bem como a participação no capital, as responsabilidades na empresa, o poder de voto nas assembleias, além de como as ações podem ser compradas e vendidas. Durante a fase de lua de mel, pode ser difícil imaginar um mundo que não seja aquele onde se brindam os desejos com champanhe e o sonho de comer caviar todos os dias. Mas, nos dias mais terríveis, o medo e a raiva podem rapidamente transformar os melhores amigos em seus piores inimigos. A vida é assim, e, por isso, proteja-se. As alegações do tipo "ele disse, ela disse" não vão se sustentar no tribunal – e aquele guardanapo que você assinou, depois de mais uma cerveja, não terá valor legal se seu sócio de tanto tempo processá-lo para tirar tudo que você tem.

PARTE 3

DESDE O PRINCÍPIO

ction
7

COMPORTE-SE COMO UMA EMPRESA NOVA, ESTÚPIDO!

O CONCEITO ORIGINAL POR TRÁS DA EMPRESA QUE NÃO DEVERIA TER NOME ATÉ que era simples:

Combinar marketing e mídia criativa para produzir soluções novas e específicas que gerem resultados para nossos clientes através de todas as mídias.

Bastante simples, certo? No entanto, meus sócios e eu vivíamos tão preocupados em fazer com que nossa nova empresa se tornasse "a bola da vez", que perdemos completamente de vista aqueles princípios fundamentais. O que criamos acabou por ser nada mais do que fumaça e espelhos sustentados por sonhos e esperanças.

Transformamos efetivamente nossa não testada e não rentável empresa de produção de mídia em um poço sem fundo, chamado agência criativa, firma de tecnologia e companhia de investimentos, que procurava clientes que também não tinham capital:

Empresa X é a principal de gestão de risco concentrada em seu foco primário, que são firmas recém-consolidadas. Nossa missão é agregar um marketing multicanal, mídia criativa e tecnologia inovadora para oferecer às empresas novas soluções específicas, excitantes e inventivas voltadas ao consumidor, e que gerem ou aumentem as receitas. Depois de uma auditoria abrangente e adequada, nossa empresa vai selecionar clientes com o mínimo de recursos financeiros e oferecer-lhes uma grande variedade de meios de comunicação multidisciplinares e serviços de desenvolvimento de negócios. Como os custos de marketing e mídia são extremamente proibitivos para empresas recém-formadas, iremos fornecer serviços estratégicos para os clientes em troca de possibilidades de compartilhamento de receita bruta.

Agora, sim, tem um monte de bobagem para você engolir. Como deixamos isso acontecer? Como pegamos algo tão simples e, depois, o torcemos a um nível tão absurdo? Pois é, há várias razões:

- Falhamos em agir, pensar ou operar como uma empresa recém-constituída.

- Alteramos nosso rumo arbitrariamente toda vez que nos sentíamos desencorajados com a situação.

- Tivemos prioridades atrapalhadas e inadequadas.
- Nunca lançamos as bases adequadas para o desenvolvimento sustentável do sucesso.
- Nenhuma parte de nossa empresa era automatizada, sistematizada ou simplificada.
- Nossa forma de pensamento era muito convencional e tradicional.
- Estávamos focados em um crescimento fora do normal, embora mal pudéssemos lidar com nosso tamanho atual.

Construir um negócio é como erguer uma casa. Se você não dedicar seu tempo para estabelecer uma fundação sólida e resistente, o conjunto da estrutura estará condenado a desmoronar ao seu redor. Colocar no lugar certo os protocolos de funcionamento corretos, sistemas e processos bem pensados – e tudo isso logo no início de sua empresa –, é uma atitude que reduzirá as chances de seu telhado desabar após a primeira chuva.

Agora é hora de ensiná-lo a agir, pensar e operar como uma empresa em início de operação, para garantir que sua casa não desabe com você dentro dela.

SOBREVIVENDO A UM DIA "DE VERDADE"

Não há absolutamente nada de glorioso ou glamoroso sobre essa atividade de começar um negócio. Não deixe que o estilo de vida dos empresários do tipo "estrelas do *rock*" ou dos *reality shows* da TV o enganem. Esqueça escritórios extravagantes, carros velozes e gordas verbas de representação. Esse nível de sucesso é raro, e nunca é construído durante uma noite. Na maioria dos casos, leva décadas.

Embora o lançamento de uma empresa seja, sem dúvida, uma experiência libertadora e emocionante, a gestão do negócio diariamente pode ser qualquer coisa, menos um sonho. Se você deixar que suas visões e percepções sobre "a vida" embacem o bom-senso, ficará desapontado muito cedo, procurando como cair fora a cada passo em falso.

O estilo de vida do empreendedor não é do tipo "das 9 às 18". Empreendedorismo é um estilo de vida e um estado de espírito. Passar a ser proprietário de um negócio próprio significa que você se tornará mais do que uma pessoa. O objetivo de tudo é formar uma relação simbiótica com sua empresa – no fundo, *tornando-se* o seu negócio.

Embora o estilo de vida empresarial possa ser gratificante, você só vai tirar dele aquilo que colocar. Em outras palavras, entregue-se completamente à causa. Reavalie e reorganize suas prioridades. Descubra o que é verdadeiramente importante, e deixe de lado aquilo que não for.

Tem necessidade de trabalhar até tarde? Faça isso! Tem de fazer trabalho pesado para economizar dinheiro? Ande logo, e faça! Precisa reduzir seu estilo de vida para acomodar seu caixa apertado? Bem, o que você está esperando?

Dito isto, você não precisa se tornar um mártir empresarial. A expressão "empresa em estágio inicial" refere-se aos primeiros passos do ciclo de vida de um empreendimento, mas não é onde o seu negócio se destina a ficar por toda a eternidade. Cada aspecto do sucesso da sua empresa cairá apenas sobre seus ombros durante esses primeiros estágios, mas a metodologia de trabalho será muito desgastante para seu corpo, incluindo mente e alma. Não é algo sustentável, e, em algum ponto, essa circunstância trabalhará contra – e não a favor de – seu crescimento empresarial. Novamente: por isto, é que se torna imperativo que se esforce o máximo que puder para sair dessa fase de desenvolvimento o mais rápido possível. Você deve ansiar por chegar ao ponto onde vai contratar uma equipe e ultrapassr a linha de transição, que separa alguém que usa passes de ônibus, ou vive de miojo, e um cara que é um estável dono de empresa e trabalha para fazer crescer seus negócios.

Não se deixe apanhar pela rotina massacrante. Os empreendedores não podem se dar ao luxo de ver o mundo através de lentes cor-de-rosa. Você não terá motorista particular nem circulará em reluzentes carros negros, ninguém vai pensar que você é "o cara", e, o mais importante, nem vai encabeçar reuniões que decidem o futuro do mercado. A maior probabilidade é de que você passará boa parte dos dias trabalhando também em casa, enviando inúmeros *e-mails* de apresentação da empresa para clientes em potencial e dividindo a comida *delivery* que você comprou entre diversas refeições.

A realidade é dura: o mundo sempre foi um lugar injusto, imprevisível e cheio de tempos difíceis, onde um dia sem efetuar uma venda é um passo mais perto da falência. Haverá dias bons, quando você se sentirá como um rei, e dias ruins, em que só vai querer se aninhar em posição fetal em algum canto escuro. Haverá momentos de vitória, seguidos de instantes de fraqueza, de dúvidas e derrota, ocasiões em que você não aguentará mais pensar um segundo sequer em sua empresa. Você cairá, sem dúvida, e não vai querer – ou acha que não pode – dar a volta por cima. Se realmente quer se tornar um dono de empresa estável e bem-sucedido, para viver sob seus próprios termos, só existe uma coisa que posso lhe dizer sobre isso.

A escolha é sua, apenas sua: aceite a realidade do estilo de vida empresarial, ou então é melhor procurar um emprego "de verdade" no qual jamais irá colher os frutos e benefícios reais de seu trabalho.

Não fique apenas sentado, chorando ou procurando por simpatia quando as coisas não correm da melhor maneira; em vez disso, descubra um modo de fazer as coisas voltarem aos trilhos. Se você está em um buraco negro porque seu fluxo de caixa secou, vire-se sozinho e desenvolva alguma coisa por iniciativa própria, melhore seu marketing e suas táticas de venda. Se os tempos são difíceis por causa da economia, reveja sua estrutura de preços, reequipe sua oferta de serviços para reverter as condições atuais e siga em frente com uma nova campanha de vendas, estruturada para transformar esse momento negativo em um resultado positivo.

Seus dias não serão fáceis, especialmente no começo. No entanto, se você trabalhar duro, com paixão e propósito, certamente se tornarão mais satisfatórios, gratificantes e proveitosos do que qualquer momento passado em um emprego "de verdade". Nunca se esqueça, em primeiro lugar, do motivo pelo qual você decidiu se tornar um empreendedor. Muitas vezes, suas convicções servirão como a única luz no fim do túnel.

A equipe do "eu sozinho". Como presidente, CEO e chefe de lavagem dos copos e xícaras, você poderá ser obrigado a desempenhar vários papéis, a maioria dos quais nunca chegou a pensar em experimentar. Talvez, essa seja a primeira vez em que irá escrever uma proposta ao cliente, ou descobrir como gravar um vídeo para o site de sua empresa. De qualquer forma, a questão é a seguinte: algumas tarefas serão de fácil execução, enquanto outras dificilmente sairão direito. Mas não tenha medo. Você vai descobrir como fazer as coisas. Como posso estar tão certo disso? Porque no início você não tem escolha, a não ser tentar, errar e acertar. Se você não fizer, nada vai ficar pronto.

Desde tirar fotocópias até pagar as contas e fazer o telemarketing, você terá de fazer tudo na fase inicial de sua empresa. Não espere ser capaz de contratar um assistente ou estagiário de imediato; muitas vezes, você será obrigado a fazer todo o trabalho pesado. Sim, é importante ganhar licitações para conseguir contratos de serviços, mas é igualmente relevante lembrar-se de passar o fax do contrato para o cliente, acompanhar os *status* dos pagamentos a receber e pagar os impostos.

Não importa o quão corretivas, desagradáveis ou chatas são as tarefas, você tem de dominar cada processo em seu negócio a partir do zero, até que consiga os meios para delegar, terceirizar, ou eliminá-las. Se você é um encanador, precisa ser capaz de consertar um banheiro antes de ensinar ao empregado como fazê-lo de acordo com os seus padrões. Se trabalha com puericultura, seria conveniente lidar com crianças bagunceiras e gritaria; senão, de que outra forma você conseguirá ensinar aos seus futuros colaboradores como lidar com essa situação? Não deixe seu ego – nem sua sensibilidade delicada – obstruir seu caminho. Faça o que for preciso para ser bem-sucedido com o próprio suor. Quanto mais rápido desenvolver os negócios da sua empresa, levando-a em suas costas, mais rápido terá acesso a mais colaboradores, mais opções e mais recursos.

Se você se sentir desafiado ou perdido, respire fundo, dê um passo para trás e descubra como sair dessa. Bons conselhos e respostas estão sempre disponíveis; você só precisa saber a quem perguntar, para onde olhar, e ser capaz de peneirar o ouro da terra.

Embora o empreendedorismo não seja um negócio fácil, também não é tão complicado. Na essência, trata-se do processo de vender algo para alguém. É isso aí. Quando se sentir oprimido pela situação, respire fundo e acalme--se, lembrando deste simples fato – e volte ao básico.

Dez maneiras para evitar desistir ou fracassar durante os três primeiros meses

1. *Acumule clientes, não capital.* Não venda uma ideia de negócio para pessoas que não vão dar bola – venda produtos e serviços para pessoas que tenham interesse neles. Consolide os ganhos de sua empresa nos gastos do consumidor e construa sua empresa com *apenas* o seu negócio em mente – e não com hipotéticos futuros investidores.

2. *Venda! Venda! Venda!* Concentre-se na venda – não no planejamento – do que estiver em seu plano de negócios. Crie renda, não burocracia. ▶

Comporte-se como uma empresa nova, estúpido! 113

3. **A perfeição é o inimigo.** Bom o bastante é melhor – em razão do tempo – do que o perfeito. Esqueça esse negócio de colocar todos os pingos nos "is"; sua prioridade é encontrar as rotas mais rápidas para gerar fluxo de caixa imediato.

4. **Produtividade a todo custo.** Mantenha-se organizado e eficiente, mas não caia na armadilha de criar processos trabalhosos. Se as tarefas não estiverem diretamente relacionadas a trazer dinheiro para a empresa, descarte-as em favor de esforços que concretizem este objetivo.

5. **Automatize, delegue ou terceirize tarefas secundárias.** Automatize tarefas que não podem ser deixadas de lado (pagar contas, fazer a contabilidade) com ferramentas *on-line* ou serviços baratos, de modo a manter seu foco nas atividades que geram receita.

6. **Não faça economia porca; o barato sai caro.** Tente poupar dinheiro, onde e como for possível. No entanto, não tente poupar dinheiro à custa da produtividade assim que sua empresa começar a gerar fluxo de caixa positivo. Pelo contrário, é melhor investir em produtividade quando necessário, para aumentar sua eficácia. A terceirização de atividades específicas (como as mencionadas no item 5) vai liberar parte do seu tempo e manter sua atenção onde ela sempre deve estar: nas vendas e no marketing.

7. **Seja realista.** Mantenha o bom-senso e raciocine com os pés no chão. Verifique constantemente os pressupostos de crescimento de seu negócio e xeque os resultados positivos, para não ficar desiludido com imprevistos negativos.

8. **Conserte logo que quebrar.** Se algo não funcionar, determine a causa, avalie as possíveis soluções e conserte logo. Não cometa o mesmo erro duas vezes, porque a segunda vez pode ser a última.

9. **Não seja um procrastinador.** Amanhã *nunca* é melhor do que hoje. Acorde todas as manhãs já sabendo de que maneira poderá tirar o máximo proveito do seu dia. Levante a bunda da cadeira e vá descobrir maneiras de fazer dinheiro.

10. **Faça contato com pessoas que sabem o que você não sabe.** Você não entende de tudo nem deve tentar entender. Encontre mentores que possam responder às suas perguntas e o ajudem a tirar seu negócio da vala onde caiu, colocando-o no caminho certo quando estiver agindo como um idiota.

Sempre dê um gás às pequenas coisas. As menores e aparentemente insignificantes questões têm um jeito engraçado de virar uma bola de neve que provocam grandes desastres. Pequenos sinais no radar, considerados sem importância, podem ser um alerta de perigo no horizonte. Por exemplo, desconsiderar um problema no fluxo de caixa, achando que foi resultado atípico de um mês de baixa – em vez de investigar profundamente para descobrir se isso não foi por causa de um sistema de cobranças lento ou porque seus serviços têm um preço baixo demais –, pode levar a graves problemas mais adiante.

O malogro e o fracasso nunca deveriam ser uma opção se você for capaz de vê-los chegando. Faça uma checagem constante em cada área do seu negócio. Procure implantar melhorias, trabalhe para afinar e aperfeiçoar cada parte do seu negócio. Identifique os problemas reais por trás das pequenas coisas antes de ser arruinado pelas grandes.

Ganhe a guerra, não apenas uma batalha. O empreendedorismo é um jogo diário de matar ou morrer, com altas apostas: o sustento e seu futuro. Para cada triunfo, pode haver dez derrotas. Acontecerá diversas rejeições e negativas ao que você estiver oferecendo antes de concretizar sua primeira venda. As lições aprendidas a partir de táticas de marketing fracassadas talvez sejam o motivo de você marcar um gol de placa mais tarde, com uma campanha mais bem-conceituada. Em alguns dias, é possível que seja preciso recuar alguns passos para depois dar um salto à frente. Mesmo correndo o risco de soar clichê, a verdade é que tudo o que não o mata vai deixá-lo mais forte.

A coragem mental e a persistência são as chaves para prevalecer sobre a adversidade. Nunca desista diante dos obstáculos nem permita que as dificuldades o tirem do jogo. Até os empresários mais bem-sucedidos sofrem com recuos nas vendas e um mercado em queda. Portanto, entre no jogo para ganhar. Encontre as bolas que você não lembrava possuir e acerte os alvos – e sua concorrência – de cabeça erguida, com apenas uma missão em mente: o êxito.

Lembre-se, não é como você cai que o define como pessoa, mas o quão rápido e forte se levanta.

PRESTE ATENÇÃO NO JOGO, MALUCO!

Os empreendedores mais bem-sucedidos não são apenas especialistas em estratégias e em sua execução. Também dominaram a arte da comunicação, sobrepujando o ceticismo e posicionando suas empresas em vantagem contra os competidores.

Para conseguir o sucesso que almeja, será preciso que você se prepare de forma adequada para entrar diariamente nessa batalha psicológica. Tudo aquilo que lhe diga respeito e ao seu negócio deve ser projetado para maximizar e controlar o fluxo de informação, inspirando os outros a agir a seu favor.

Construa sua sorte. A sorte exerce um papel crucial em qualquer negócio, mas isto não quer dizer que deva se sentar e esperar que o bom destino venha bater à sua porta. A sorte não vai simplesmente dar as caras e pronto. Você precisa sair em busca dela.

Então, mexa-se!

Desde a forma como se veste até sua maneira de agir, você deve ser um cartaz ambulante e falante, que se sente confortável em anunciar o seu negócio – e também quem você é. Transmita sua mensagem e sua imagem em tudo aquilo que fizer. Claro, não se comporte como um ratinho humilde e submisso, mas também tome cuidado para não irritar as pessoas com autoelogios excessivos ou falar entusiasmado como um vendedor de automóveis.

Outra coisa, não passe o dia todo sentado à sua mesa do escritório. Saia pelo mundo! Seja um sujeito com iniciativa e entusiasmo, dotado de energia e paixão contagiantes. Converse com as pessoas, faça parte de novos círculos sociais. Participe de encontros de negócios e de atividades com pessoas com os mesmos interesses. Construa um *network* com criatividade. Certa vez, participei de um evento de marketing superlotado usando uma camiseta que estampava a seguinte frase: "Apresente-se e lhe darei $ 1". Aquela camiseta atraiu muita atenção e me garantiu diversas conversas com os outros participantes. O resultado foi que transformei os 62 dólares investidos em cinco clientes e milhares de dólares de faturamento.

Construa sua própria sorte ao se manter em atividade todos os dias. Você nunca sabe quem poderá encontrar ou o que poderá vivenciar até que se coloque em constante movimento pelo mundo.

Acredite em todos, mas sempre corte o baralho. Muitas pessoas dirão que gostariam de trabalhar com você. Outros lhe prometerão mundos e fundos. Mas falar não custa nada. Será raríssimo o dia em que vai surgir alguém disposto a lhe fazer um grande favor a troco de nada. Dizendo que precisam "garantir os resultados", eles não deixarão de cobrar alto por serviços medíocres, como lobos em pele de cordeiro tentando tirar vantagem de você a cada passo do caminho. Nunca se esqueça de que todas as pessoas que conhecer colocarão os próprios interesses em primeiro lugar.

A confiança deve ser conquistada, não oferecida.

Certa vez, um amigo contratou um *webdesigner free-lance* que encontrou num anúncio desses sites de oferta de emprego. O anúncio que prometia que o tal *webdesigner* faria um site profissional em menos de uma semana por apenas 300 dólares. Duas semanas mais tarde, ainda não existia nada. O "artista" era uma fraude, que não entendia de *design* nem de programação na web, e desapareceu com o dinheiro do meu amigo.

Não caia na esparrela dessas alegações sem substância. Mantenha-se sempre em guarda. Quando for preciso julgar o caráter de alguém, confie em seus instintos. Se tiver um mau pressentimento, ou sentir a mais leve hesitação em relação à integridade de alguém, diga "obrigado, e tchau", e vá embora sem olhar para trás.

Não basta ir ao rio com vontade de pescar, é preciso levar a isca. Seu produto ou serviço pode até ser o responsável por fisgar o peixe, mas é você quem deve preparar a isca.

Faça sua análise sistemática de documentos e informações de uma empresa com o objetivo de mensurar riscos efetivos e potenciais, antes de marcar as reuniões. Efetue uma checagem *on-line* sobre todas as partes envolvidas e use essas informações para criar a isca, com base nos mesmos interesses que cada indivíduo compartilha com você. Por exemplo, essas iscas poderiam ser passatempos semelhantes, interesses filantrópicos comuns, metas nos negócios, etc.

Sempre tenha no bolso um tópico interessante para manter uma conversa naqueles encontros fortuitos – mas nunca um que comece com algo tão trivial e pouco espontâneo quanto "parece que o tempo vai continuar ruim...".

Não demonstre que está tentando manter a conversa de pé; apenas use um ponto de partida normal e relevante para que a fluência permaneça. Estude uma série de temas que possam ajudá-lo a quebrar o gelo em qualquer situação. Seja um generalista, não alguém que conheça tudo nem apenas sobre seu ramo de atividade. Aprenda sobre outras coisas também. Informe-se sobre o que acontece em sua região e no mundo.

O que tem aí para você? Nunca se sabe quando uma conversa pode levá-lo a novos clientes ou receitas para sua empresa. Claro, é evidente que seus negócios não devem ser o primeiro tópico de *todas* as suas conversas, mas, por outro lado, deveriam estar o tempo todo em primeiro lugar em sua mente.

Comporte-se como uma empresa nova, estúpido! 117

Manter uma conversa com um vendedor de carros usados talvez não pareça ser o mais apropriado para suas ofertas de serviços preparatórios para o vestibular, mas de repente você poderá descobrir que a esposa dele é a diretora do colégio secundário do bairro e que a filha está começando a avaliar em quais faculdades se inscreverá. Ou seja, aquele vendedor de carros usados que você estava prestes a descartar pode ser mais um cliente em sua carteira.

Falar abobrinhas é um caminho rápido para levá-lo a lugar nenhum. Busque métodos não invasivos para conseguir o que deseja em cada encontro. Procure maneiras educadas de levar a conversa para um tópico de sua escolha. Use a sua situação, o ambiente que o circunda ou o tópico escolhido pelo seu *prospect* como uma forma de abrir o diálogo. E, sempre que possível, tente encontrar uma forma de ajudar a pessoa a resolver um problema – mesmo que não tenha relação com nenhum ponto do seu negócio. Se for apropriado, consiga os contatos da pessoa ao final da conversa para tornar possível a continuidade do relacionamento. Não acredite que o indivíduo lhe enviará um *e-mail* ou dará um telefonema apenas porque você lhe entregou seu cartão de visitas.

Garanta o potencial de cada conversa

Use esta lista de cinco perguntas para descobrir os possíveis benefícios de cada encontro – e desde o começo:

1. Você percebeu frases-chave que o façam acreditar que essa pessoa pode ser um alvo relevante ou alguém que gere novos contatos?

2. Consegue definir o potencial interesse desse indivíduo em seu negócio ao avaliar sua aparência, atitude, o comportamento ou assunto da conversa?

3. Com base apenas na conversa, qual seria o resultado mais provável: uma venda, uma referência, ou nada?

4. A melhor conduta agora seria tentar desvendar o potencial imediato ou jogar a isca para ganhos futuros?

5. Você está oferecendo algo de valor ao indivíduo de forma que possa ajudá-lo a obter algo em troca?

Domine a arte de fazer cara de paisagem. A comunicação é composta por 10% do *que* você diz, 20% *como* diz e 70% de linguagem corporal *enquanto* você fala de alguma coisa. Percepção é realidade. Não pense que só porque seu negócio é um peixe pequeno num grande lago você não terá condição de transmitir a mesma confiança e credibilidade dos caras maiores.

Nos bastidores, sua equipe se resume a uma só pessoa, você, mas ninguém se importará se o seu produto chegar de uma fábrica ou de uma linha de montagem improvisada em sua garagem, desde que tudo chegue ao destino no prazo, no orçamento e na qualidade prometidos.

Nunca confesse o tamanho real da sua empresa. Use o "nós" em todas as suas frases, em vez de dizer "eu". Opte por usar títulos que induzam a pensar em equipes, como sócio gerente ou diretor, em vez de CEO ou presidente. Crie contas de *e-mail* personalizadas utilizando o URL do site da empresa em vez das contas mais genéricas como Gmail, Hotmail e Yahoo. Use múltiplos *e-mails* para diferentes departamentos, como suportetecnico@seudominio.com.br ou vendas@seudominio.com.br. Se sua empresa tem clientes em vários estados ou países, inclua essas regiões em seu *website*, cartões de visita e materiais de vendas. Mas seja esperto nessa questão de "localizações de escritórios". Não permita que o tiro saia pela culatra ao dizer que sua empresa opera em Nova York, Nova Jersey e no Iraque, a menos que realmente possa confirmar isso...

Até o nome da sua empresa pode ajudá-lo a parecer maior do que é. Imobiliária José da Silva sinaliza uma operação conduzida por papai e mamãe. Já Grupo Silva de Transações Imobiliárias soa como um negócio maior.

Não abrir o jogo completamente pode ser importante; contudo, tenha certeza de não deixar pistas de sua pouca estatura que possam danificar, desfazer ou manchar de vez sua reputação. Proteja e preserve sua identidade e sua imagem a todo custo. Tenha cuidado com aquilo que você divulga ao mundo, especialmente as informações postadas nas redes sociais. Não vai querer que um cliente – que verdadeiramente acredita na reputação e na respeitabilidade da sua empresa – veja fotos antigas da faculdade, com você, pelado, montando uma cabra e segurando uma garrafa de vodka na mão...

Nunca ofereça mais informações além do necessário. Não distribua de graça suas táticas de marketing ou seu molho secreto, sob nenhuma circunstância. A maneira como você se comporta determinará se os clientes acreditarão que sua empresa é uma formiga ou um titã da indústria. Deixe que eles formulem as próprias opiniões sobre o tamanho da sua operação. Nunca conte mentiras deslavadas para os consumidores, mas também não se veja obrigado a corrigir suas percepções. Toque a música para os egos deles, não para o seu, e logo estará descontando cheques cada vez mais polpudos.

Analise o conselho. Se alguém lhe dissesse para pular da ponte do Brooklyn, você faria isso? Espero que não. O mesmo se aplica quando se trata de ouvir aleatoriamente os entendidos, os blogueiros e os "especialistas" só porque são "bem-sucedidos" – e, sim, isso me inclui também.

Não tenho ilusões de que cada uma das dicas deste livro seja uma resposta exata para suas necessidades empresariais. Estou certo de que a maioria irá funcionar, algumas não vão servir e muitas o ajudarão a estimular suas próprias ideias, aquelas que você usará para construir seu negócio. Agora, aqueles truques e dicas genéricos para empresas no início das operações, que podem ser encontrados em revistas, *blogs* e programas de TV, não são "tamanho único". Aquela que ajuda um negócio pode destruir outro. É possível que exista uma quantidade considerável de ótimos conselhos disponíveis, mas depende de você avaliar se tal dica ajudará seu negócio a fazer ou a poupar dinheiro. Se não fizer isto, não perca seu tempo.

PROJETE SUA VIDA EMPRESARIAL

Não se engane pensando que não tem nada para fazer e, assim, emendando longos almoços com navegação no Facebook durante horas ou simplesmente dormindo. Há *sempre* algo o que fazer! Negar este mandamento é agir de forma negligente, irresponsável e míope.

Adiar o trabalho e fazer pausas imerecidas, como sentar no sofá e jogar os pés para cima, não parece ser uma alternativa viável. Essas paradas improvisadas e o excesso de inatividade levarão você a nada mais do que a procrastinação, letargia e insolvência. O único momento em que se pode relaxar será aquele em que sua agenda permitir.

Por isso, é essencial viver de acordo com uma estratégia empresarial – um código que você mesmo desenhou e que irá mantê-lo afiado, ajudando a tirar o máximo proveito de cada dia e dando-lhe a certeza de que não vai cair na armadilha da improdutividade. Planejar adequadamente a forma como vai alocar seu tempo reforçará sua determinação, sua ética de trabalho e sua eficiência. Com o tempo, a estratégia empresarial será sua segunda natureza – e você vai questionar como seria possível viver de outra maneira.

NUNCA PROCURE EMPREGO!

Arranje tempo para você. Trabalhar muitas horas não é a garantia de que você se tornará mais produtivo. De fato, trabalhar 24 horas todos os dias da semana, até o ponto da exaustão, resultará em esgotamento, estresse e, possivelmente, picos na sua pressão arterial. É essencial reservar tempo para si mesmo e aprender a valorizar seu tempo livre como uma recompensa que você ganhou, em vez de algo que está ali, sempre disponível.

Organize sua própria rotina

Os empreendedores que não definem seus objetivos muitas vezes perdem o foco e ficam desorientados. Mais liberdade pode significar que você tem flexibilidade, mas isto não significa dispensar a necessidade de uma rotina. Você não precisa trabalhar de segunda a sexta das nove da manhã às seis da noite para ser um cara bem-sucedido. Embora o empreendedorismo lhe ofereça uma sensação maior de liberdade do que um emprego "de verdade", você não pode prescindir de algum tipo de programação na vida. Precisa definir uma rotina para produzir resultados. Aqui estão quatro dicas:

1. *Determine seu melhor esquema de trabalho.* Faça issto trabalhando todos os sete dias da semana durante um mês. Anote as datas e horários em que você conseguiu obter maiores níveis de sucesso.

2. *Divida seus sucessos em três categorias: planejamento estratégico, operações internas e geração de renda.* O planejamento estratégico inclui atividades como trabalhar em seu plano de um parágrafo e pesquisar os concorrentes locais. As operações internas são, por exemplo, negociações com fornecedores e criação de material de marketing. A geração de receita é a série de atividades como reuniões com clientes e telemarketing.

3. *Analise os sucessos e os fracassos da sua agenda.* Que dia da semana e em quais horários você foi mais produtivo em cada categoria – e por quê? Quais as razões para seu negócio ser menos produtivo em determinados dias e horários? Existe alguma maneira de melhorar sua produtividade em cada categoria, fazendo ajustes em sua agenda diária e semanal? Por exemplo, você pode descobrir que as segundas-feiras são dias geralmente calmos, enquanto o domingo é o melhor para suas vendas. Talvez, seu melhor momento

> para geração de receitas seja na parte da manhã, até as duas da tarde de segunda a sexta, mas seu esforço de planejamento estratégico rende mais antes do almoço aos sábados e domingos, entre as 8 e 12 horas. Você também pode descobrir que determinadas atividades seriam mais bem realizadas no mesmo dia e horário a cada semana. Ajuste sua rotina até perceber que ela está no ponto, com tudo encaixado.
>
> 4. ***Defina um cronograma e cumpra-o à risca.*** Com qualquer horário e agenda que você criar – seja trabalhar de sábado a quarta-feira das três da madrugada até uma da tarde, ou todos os dias durante a tarde inteira –, garanta que essa rotina seja a que apresente mais resultados positivos e eficazes em cada categoria. Sua programação de trabalho não deve girar em torno de noitadas com os amigos ou belos dias de praia. Trabalhe nos horários e dias da semana que forem mais favoráveis para as atividades de seu negócio. Lembre-se, este exercício não se destina a lhe conceder injustificados dias de férias.

Arranjar tempo para atividades físicas também é importante. Prometo que você será muito mais produtivo se cuidar melhor de si mesmo. Se não dá para pagar uma academia ou comprar equipamentos de ginástica para instalar em casa, crie rotinas de exercícios simples que possa fazer em seu quarto.

Faça um favor a si mesmo: deixe de arrumar desculpas.

Sempre há tempo para você se cuidar melhor. Já fui a pessoa mais preguiçosa do mundo quando se tratava de fazer exercícios – algo que paguei caro com a falta de produtividade, causada por períodos de exaustão e fadiga. Mantenha-se física e mentalmente forte para colocar nos eixos sua empresa recém-formada. Coma bem, descanse o suficiente e faça exercícios físicos regularmente.

Antes de planejar uma atividade pessoal sequer, coloque as devidas salvaguardas e os protocolos em vigor para proteger seu negócio. Confirme que as horas de operação estendidas, ou mesmo as normais, estejam facilmente disponíveis para clientes em potencial. Mantenha todos informados de alterações em seus horários. Certifique-se sempre de oferecer alternativas de reescalonamento do seu expediente para conveniência da clientela, caso precise cancelar

122 NUNCA PROCURE EMPREGO!

algum compromisso. Considere a implementação de um plano de contato de emergência caso os clientes precisem de atenção imediata.

Então, quando você já tiver estabelecido suas salvaguardas, relaxe completamente. O mundo não desabará se você desligar seu celular ou fizer uma pequena pausa, longe de seus *e-mails* e textos, desde que tenha tomado as devidas precauções e notificado as pessoas certas. Arranje tempo para os amigos, a família, seus *hobbies* pessoais e outras atividades. Só dê uma checada em seus negócios durante curtos intervalos cronometrados. Você se tornará um empreendedor mais feliz, mais eficaz e mais completo quando se der tempo para aproveitar a vida.

Crie um "plano de emergência contra o tédio". Como já mencionei neste capítulo, há sempre algo para fazer. Lute contra a improdutividade ao criar um plano contra o tédio, uma série de itens que você pode guardar no bolso traseiro da calça, pronto para ser executado; use-o naquele momento em que estiver prestes a optar por ver programas de televisão sem sentido ou jogar videogame no sofá. Ter um plano desses na manga vai ajudá-lo a ficar ativo em seus negócios mesmo nos períodos de entressafra.

Ajuste seu plano de *backup* regularmente e continue se esforçando para melhorar a produtividade. Remova aquelas atividades desatualizadas ou as que não geram resultados positivos para a empresa. Certifique-se de que as novas tarefas adicionadas sejam produtivas. Algumas pessoas podem precisar despender algum tempo fazendo produtos de I&D,[12] enquanto outras são mais do estilo de criar novos produtos. Não deixe que a inatividade se torne "o seu" tempo; caso contrário, você poderá se ver às voltas com muito mais tempo livre do que pretendia.

Doze ferramentas para aumentar a produtividade, ajudar a poupar tempo e mantê-lo organizado:[13]

1. *RescueTime.com.* Permite que você foque sua utilização da internet e aumente a produtividade ao rastrear e analisar automa- ▶

---

12 I&D, Investigação e Desenvolvimento.

13 Inclua nesta lista o Dropbox.com, que lhe permite armazenar os arquivos do seu computador na nuvem (internet), acessá-los via web e sincronizá-los com seus dispositivos móveis (smartphones e tablets). Outro extenso conjunto de ferramentas diversas para *startups* pode ser encontrado em: http://startuptools.pbworks.com.

Comporte-se como uma empresa nova, estúpido! 123

ticamente seu tempo despendido. Este site fornece ferramentas de relatórios e dados analíticos e também lhe permite bloquear temporariamente certos sites da web, mantendo sua atenção onde deveria sempre estar: na geração de receitas! Custo: gratuito a até 9 dólares por mês.

2. ***Evernote.com.*** Equivalente digital a Post-its com esteroides. Não importa se estiver usando um smartphone ou o computador, você pode salvar todas as notas, ideias, vídeos, fotos e marcadores da web em um só lugar. Custo: gratuito a até 5 dólares por mês.

3. ***Shoeboxed.com.*** Pega todos seus cartões de visita, recibos e outros documentos importantes, organiza as informações e armazena tudo em um banco de dados *on-line*. É possível enviar esses documentos via *e-mail*, correio normal, ou direto do seu celular. Os dados podem ser exportados para um bom número de catálogos de endereços e para o programa do imposto de renda.[14] Custo: gratuito a até 50 dólares por mês.

4. ***Box.net.*** Serviço da web que oferece um espaço de armazenamento *on-line* seguro e lhe permite acessar, compartilhar e gerenciar todo o conteúdo. Custo: gratuito a até 30 dólares por mês.

5. ***Setster.com.*** Facilita a marcação de reuniões; o *widget* da empresa fica incorporado em seu site, permitindo que os clientes façam agendamentos *on-line* 24 horas por dia, sete dias por semana, sem a necessidade de você estar envolvido no processo. Custo: gratuito a até 30 dólares por mês.

6. ***Proposable.com.*** Permite criar propostas de mídia *on-line*. Sua característica mais notável é a capacidade de ver quando os potenciais clientes abrem os documentos, bem como as seções específicas que estão lendo em tempo real. Custo: período de teste gratuito a até 29 dólares por mês.

7. ***FreshBooks.com.*** Permite criar rápida e facilmente faturas com sua marca. Também fornece uma forma de contabilidade eficaz e ferramentas de relatórios que ajudam a simplificar o gerenciamento do período de declaração de impostos.[15] Custo: gratuito a até 30 dólares por mês. ▶

---

14 Aplicabilidade só disponível nos Estados Unidos.

15 Idem.

8. **RightSignature.com.** Acelera o processo de assinatura de documentos oferecendo a clientes e fornecedores a possibilidade de assinar contratos *on-line*. Custo: teste gratuito a até 49 dólares por mês.

9. **BasecampHQ.com.** Ferramenta de gestão de projetos que permite supervisionar com facilidade vários projetos ao mesmo tempo, utilizando o compartilhamento de arquivos e centralizando *on-line* todos os *feedbacks*. Custo: gratuito a até 49 dólares por mês.

10. **Docstoc.com.** Loja *on-line* com diversos modelos para cada tipo de documento que você necessitará sempre – de contratos a formulários até apresentações. Custo: variável.

11. **Google Apps.** Inclui o Gmail para empresas, o Google Docs, o Google Calendar e outros aplicativos de produtividade que podem ser acessados independente do dispositivo que estiver usando para se conectar à internet. Custo: gratuito a até 50 dólares por usuário por ano.

12. **Plum Choice (www.PlumChoice.com).** Ajuda a lidar com questões técnicas – quer você tenha um Mac ou PC – de maneira rápida e conveniente, ao checar seu computador remotamente e localizar avarias e problemas até que sejam resolvidos. Custo: variável.

Organize-se. Haverá sempre muita coisa para se preocupar – como caçar um telefone tocando, escondido debaixo de uma montanha de papéis, ou pesquisar vários dispositivos e *pen-drives* até localizar arquivos perdidos. Não se deixe afogar na desordem. Mantenha todas as suas tarefas escritas em um mesmo local, de preferência *on-line*, acessível por meio de todos os seus dispositivos. Desenvolva um sistema de organização sem complicações. Estruture a base de dados de seus contatos para obter eficiência máxima, crie sistemas de busca de arquivos no computador ou no celular e projete um sistema eficaz de rotulagem de pastas.

Carregue com você um *notebook* de ideias em todos os momentos. As ideias vão chegar do nada o tempo todo. A menos que você esteja preparado para anotá-las no momento em que surgirem, poderá esquecê-las completamente. Seu cérebro será puxado em mil direções diferentes, e há tanta coisa que você gostaria de se lembrar... Não se engane, pensando que sua extraordinária memória fotográfica armazenará cada pensamento e todas as sacadas. Não importa que algo pareça uma ideia à toa, louca ou simplesmente inútil – anote. Você nunca sabe quando uma dessas ideias malucas poderá ser o catalisador que transformará positivamente o seu negócio.

Que horas são? Você já passou por uma situação em que olhou para o relógio e se perguntou "para onde foi o dia de hoje?", ou "caramba, já são cinco da tarde". Agora, como empreendedor, é essencial gerir seu tempo de forma eficaz. No entanto, esta gestão adequada somente será eficaz se você souber dominar a arte de *alocar* o tempo.

Três passos para transformar seus objetivos e tarefas em pedacinhos digeríveis

A omissão em não simplificar tarefas complexas dará origem a erros dispendiosos, cronogramas não cumpridos e esforços dispersos. Dividir múltiplas tarefas e incumbências em etapas de pequenos tamanhos o manterá motivado e permitirá que alcance suas metas com mais facilidade. O ato de reduzir as tarefas aos seus elementos básicos também pode ajudar a determinar o melhor curso de ação. Este comportamento ainda o treinará para simplificar os grandes projetos em etapas menores de operação para evitar que assuma mais coisas do que pode controlar.

1. ***Determine se a tarefa é simples ou complexa.*** As tarefas simples são aquelas que não contêm partes complementares e podem ser concluídas em uma única etapa – como fazer depósitos em sua conta ou responder a um *e-mail*. Já as complexas são constituídas por vários componentes e não podem ser concluídas sem antes atingir metas múltiplas. Um exemplo disso seria a construção de um site.

2. ***Mapeie as etapas.*** Reduza todos os componentes em itens individuais. Considere as alternativas possíveis para as etapas da ação antes de se decidir sobre cada uma delas. No caso da construção de um *website*, você pode começar o processo de dividir a tarefa em pequenas partes, assim:

   - Pesquise e faça uma lista sobre desenvolvedores de sites disponíveis.

   - Estabeleça prazos e preços para cada uma dessas opções com múltiplos fornecedores e serviços *on-line*.

   - Determine para cada opção disponível o preço mais baixo.

> - Decida pelo curso de ação mais adequado.
>
> - Renegocie as condições que mais lhe interessem com o fornecedor selecionado (se for o caso).
>
> - Contrate o fornecedor, ou pague pelo serviço selecionado, e execute.
>
> 3. ***Analise o processo com base em êxitos e fracassos.*** Há alguma tarefa que não foi possível concluir no prazo estabelecido? Poderia ter simplificado ainda mais alguma de suas etapas? O que você aprendeu a partir do resultado alcançado que o ajudará a melhorar seu método de dissecação de tarefas no futuro? Ao fazer este tipo de pergunta, você se preparará melhor para assumir o próximo *round* de "coisas por fazer" e esmiuçar tarefas mais complexas no futuro.

Antes de executar qualquer tarefa e assumir compromisso externo, determine previamente se a atividade acaba com o seu tempo ou é eficiente neste aspecto; para isto, faça a si mesmo essas quatro perguntas:

1. A atividade é essencial?
2. É o momento certo, ou seria mais produtivo fazer outra coisa?
3. Sua presença é absolutamente necessária para completar a tarefa?
4. Existe uma maneira melhor de se dedicar a essa atividade?

Caso decida assumir a tarefa, faça tudo o que estiver ao seu alcance para cumprir o prazo. Ao terminá-la, avalie os resultados obtidos com as quatro perguntas a seguir:

1. Será que a atividade foi realmente o melhor uso do seu tempo?
2. Foi alocado tempo suficiente para a tarefa?
3. Como seu tempo teria sido gasto de forma mais eficiente?
4. Você pretende repetir essa atividade? Em quais condições?

Avalie o uso do tempo diariamente. Se você achar que uma atividade não está à altura das exigências, modifique-a ou a elimine completamente.

CUIDE DA SUA VIDA

Os empreendedores mais eficientes tomam decisões coerentes por serem bem informados sobre as coisas e pensar com a própria cabeça. É imperativo que você aprenda a pensar por si mesmo – e não apenas ouvir as opiniões dos outros sobre o que deve fazer.

A coisa mais importante é aprender com o erro – e nunca mais cometê-lo duas vezes. Assim que você descobrir como se equilibrar entre a cruz e a espada, a primeira pergunta a ser feita é para saber como foi parar nessa situação difícil – assim, a probabilidade de ser pego nessa armadilha de repetir os mesmos erros será bem menor.

Faça uma coisa só, benfeita, e não dez mais ou menos. Muitas tarefas ao mesmo tempo irão deixá-lo dividido, o que, por sua vez, consumirá tempo valioso e limitar tanto sua eficácia quanto sua produtividade. Não se sinta compelido a saltar sobre cada oportunidade que aparecer à sua frente. Só porque alguém lhe oferece a oportunidade de se tornar sócio, com participação igualitária, em uma charmosa empresa totalmente informatizada, ou a chance de vender um produto não testado e sem penetração no mercado junto com o seu, você não é obrigado a aceitar. Não deveria sequer ouvi-los – porque essas possibilidades, em geral, são nada mais do que distrações para desviar seu foco central.

Mantenha uma rígida autodisciplina para evitar que se desvie do caminho. Se você notar que sua mente está vagando, ou suas ações estão dispersas, pare e se faça estas quatro perguntas:

1. Como chegou até aqui?
2. O que o fez perder o foco?
3. O que poderia ter feito diferente para evitar essa distração?
4. Como fazer para driblar distrações recorrentes?

Se você perceber que se distrai facilmente ou mergulha em outros projetos continuamente, quem sabe seu inconsciente esteja tentando lhe dizer alguma coisa sobre o seu conceito original.

"Eu não posso" e "não" são respostas preguiçosas. Nunca aceite como resposta as seguintes frases: "é assim que são as coisas", "você deve fazer isso desse jeito" ou "esse é o único jeito para que isso seja feito". Não são aceitáveis para nada. E não perca seu tempo com alguém que acredite que essas

NUNCA PROCURE EMPREGO!

respostas são verdadeiras. Ao contrário do mundo corporativo, onde cada movimento seu é predefinido por um *script*, os empresários precisam manter apenas dois princípios centrais em mente: a sobrevivência e a engenhosidade.

Sempre que enfrentar resistência de qualquer espécie, pondere cada uma destas três opções para determinar o melhor curso de ação:

1. Você pode *ultrapassar* essa resistência atacando o problema de frente?
2. Pode passar *por cima* ou *por baixo* dessa resistência, tomando um caminho diferente para obter um resultado semelhante?
3. Pode *dar a volta*, evitando os obstáculos conhecidos e utilizando uma nova abordagem?

Você deve operar no mundo tal como ele foi concebido para existir: sem limites ou fronteiras. Não fique vomitando clichês, tais como "eu penso fora da caixa" – realize e faça sua empresa acontecer. Faça qualquer coisa, exceto agir exclusivamente da forma tradicional, e nunca deixe ninguém impedir seu caminho. Livre sua mente de barreiras preconcebidas, saiba que cada problema tem solução e todos os obstáculos podem ser superados com reflexão e bom-senso.

Nove recursos para jovens empreendedores

É essencial que, durante o desenvolvimento de sua empresa, você fique ligado, use seus ouvidos como antenas e se atualize sobre as mais recentes estratégias de como tocar o negócio com o mínimo de auxílio externo, sobre vendas e marketing, ou novas operações. Aqui estão minhas melhores sugestões para manter a máquina da sua empresa bem lubrificada:[16]

1. ***Revistas Entrepreneur e Inc.:*** dicas, truques e conselhos de centenas de empresários, bem como histórias sobre empreendedorismo e pequenos negócios. ▷

---

16 No Brasil há diversos sites e revistas de apoio ao empreendedorismo, como: www.endeavor.org.br, www.sebrae.com.br, http://exame.abril.com.br/pme/startups, http://revistapegn.globo.com, http://startupi.com.br e http://www.startupdiario.com.br.

2. **StartupNation.com:** site para empresários feito por empresários que fornece aos leitores conselhos práticos e ideias para construção de um negócio.

3. **SmallBizTrends.com:** *blog* diário para empreendedores e proprietários de pequenos negócios que apresenta visões de muitos empresários de sucesso em uma ampla variedade de tópicos de negócios.

4. **ToiletPaperEntrepreneur.com:** *blog* de negócios do especialista Michael Michalowicz.

5. **How to Chande the World (blog.guykawasaki.com):** *blog* do guru empreendedor e autor Guy Kawasaki.

6. **GaryVaynerchuk.com:** *blog* do especialista em mídia social e empreendedor serial Gary Vaynerchuk.

7. **Mixergy.com:** *show* na web apresentado por Andrew Warner, que traz entrevistas com empresários de sucesso em todos os setores comerciais.

8. **TheRiseToTheTop.com:** outro *webshow* comandado pelo *mediapreneu*r e autor David Siteman Garland, que apresenta entrevistas com empresários e dicas de negócios.

9. **OPENForum.com:** uma base de conhecimento e centro de recursos para pequenas empresas e empreendedores patrocinado pela American Express.

Nunca está bom. Com uma empresa em início de operações, você deve sempre se esforçar para tirar o máximo proveito de cada componente do seu negócio, especialmente quando se trata de seus esforços de geração de receita.

Certa vez, fui consultado por um restaurante *fast-food* que costumava usar um personagem fantasiado, com sua marca, para entregar folhetos promocionais do lado de fora da loja. Enquanto os donos pareciam impressionados com os resultados da performance, eu estava insatisfeito. Depois de somar o custo total da campanha, abrangendo a fantasia, os panfletos e a mão de obra por hora, cheguei à conclusão de que esses "resultados", na verdade, traziam prejuízo para o negócio. Embora o truque fosse chamar a atenção, não estava gerando movimento suficiente para a loja obter receitas imediatas.

130 *NUNCA PROCURE EMPREGO!*

Para remediar a situação, adicionamos alguns componentes interativos à tática de marketing. Em vez de simplesmente entregar panfletos, colocamos um sinal ao redor do pescoço do personagem que dizia: "Envie minha foto para o seu amigo e ganhe batatas fritas grátis!". Cada vez que alguém tirava uma foto do personagem com seu celular e enviava via SMS para um amigo, recebia um cupom para batatas fritas de graça na compra de um refrigerante grande. Essa modificação aparentemente pequena na estratégia produziu bons resultados.

Descobrimos que metade das pessoas fazia a compra poucos minutos depois de receber o cupom – sem mencionar o fato de que os consumidores normalmente acabavam comprando mais alguma coisa além do refrigerante grande. Dobramos o movimento da casa e construímos organicamente um agito no restaurante, reforçado pelas mensagens aleatórias de texto, com a foto do personagem, para alimentar as conversas.

Sempre procure tirar o máximo proveito de cada componente do seu negócio. Revise cada aspecto da sua empresa para saber como pode obter melhores resultados.

Pergunte-se "por quê". Sabe aquele filho pequeno que inferniza você com uma sequência infinita de "por quê"?

– Está muito calor hoje.
– Por quê?
– Porque está 35 graus.
– Por quê?
– Porque não há uma nuvem no céu, estamos torrando no asfalto e o sol está a pino!
– Por quê?

Esse jogo pode durar horas ou até que, perdendo a paciência, você acabe falando para o garoto fechar a matraca. Embora essa repetição de "por que" pareça tão somente irritante, você precisa saber que isso pode representar a diferença entre tomar uma boa ou uma má decisão. Pergunte-se por que você pretende se envolver em determinada atividade ou por que algo deu errado, até chegar à conclusão.

– Por que estou atrasado em um projeto?

– Porque meu *webdesigner free-lance* saiu no meio do projeto.

– Por que ele saiu?

– Porque disse que o gerenciamento dos projetos era uma desordem total.

– Por que o gerenciamento de projetos estava nessa desordem?

– Porque nunca expliquei ao meu cliente quais eram os meios apropriados para me enviar *feedback*, e agora tudo ficou disperso e sem prioridades.

Resposta ao exercício do "por quê": "Da próxima vez, preciso comunicar corretamente a meus clientes como é o processo de *feedback* e como funcionam as mudanças antes do início do projeto".

Pense para trás para poder ir para a frente. Perguntando-se sempre o "por-quê", você terá mais recursos para formular melhores hipóteses para seu plano de um parágrafo, reforçará sua lista de verificações e também sua capacidade de previsão do fluxo de caixa, além de chegar às causas reais dos problemas enfrentados por seu negócio.

Surpresa, você está no meu time! Você pode perceber isso ou não, mas cada parte do seu entorno foi criada com um propósito, por uma razão específica, apoiada por uma série de reflexões, ações, ideias e decisões. Aprenda a interpretar seu ambiente e decodificar essas mensagens ocultas. Assim, você terá uma empresa iniciante mais inteligente, mais bem informada e mais estratégica.

Tudo é feito e pensado de acordo com o projeto. Há uma razão determinada para que os produtos estejam no alto da prateleira do supermercado, enquanto outras mercadorias fiquem na parte de baixo; existe um motivo para uma empresa escolher uma paleta de cores em detrimento de outra ao desenhar uma embalagem, além de milhões de razões que levam a inúmeras outras decisões. Responda: quais decisões serão tomadas para conduzir os outros aos resultados que você está procurando?

Você ficará surpreso ao descobrir a quantidade de pessoas, às quais tem acesso, que podem ajudá-lo a fazer tal coisa acontecer. Mesmo sem saber disso, você tem acesso às mentes e ideias de milhares de multimilionários gurus do marketing, gênios criativos entre os primeiros do mundo, e brilhantes estrategistas operacionais. E a melhor parte é que não há necessidade de pagá--los! Na verdade, eles nem sabem que estarão trabalhando para você – bem, nem você sabia até alguns segundos atrás.

Dezenas de milhares de empresas semelhantes e mentes empreendedoras já passaram antes pelo mesmo caminho que você trilha, e agora existe a possibilidade de analisar as ações, decisões e os resultados obtidos para encontrar

NUNCA PROCURE EMPREGO!

respostas a suas próprias questões. Pergunte-se: como uma empresa similar à minha conseguiu conquistar uma parcela do mercado? Como eu poderia seguir uma lógica similar a essa e juntar resultados comparáveis em escala menor? Como uma empresa, que tem público-alvo idêntico ao meu, conseguiu desenvolver sua marca? Que decisões e fatores econômicos levaram aquela concorrente à falência?

Sua "equipe" (veja no quadro a seguir) gastou muito tempo e dinheiro fazendo pesquisas e testando o mercado para lhe dar acesso às informações. Agora, chegou a hora de usar esse material em seu proveito. Utilize esses recursos intelectuais privilegiados para ajudá-lo a formular suas etapas de ação cotidiana. Como você já comprou os produtos deles por tempo suficiente, é a vez de eles retribuírem o favor.

Vinte e cinco mentores
que você deveria seguir no Twitter

A mídia social tem tornado mais fácil do que nunca encontrar mentores que possam ajudá-lo e orientá-lo ao longo de sua jornada empreendedora. O ato de buscar ideias e sugestões de profissionais, com interesses similares aos seus, agora é tão simples quanto fazer uma busca no Twitter ou no Facebook, clicar "curtir" ou "seguir". Para que você comece a construir sua própria equipe de pensadores da vanguarda, aqui está uma lista de 25 dos meus:[17]

1. ***Guy Kawasaki (@guykawasaki).*** Fundador do AllTop.com e Garage Technology Ventures, guru do empreendedorismo e autor de vários *best-sellers*, incluindo *The Art of the Start*.

2. ***Anita Campbell (@smallbiztrends).*** Fundadora e editora chefe da SmallBizTrends.com.

3. ***Robert Kiyosaki (@rich_dad).*** Guru de finanças pessoais, blogueiro e autor de vários *best-sellers*, como *Pai Rico Pai Pobre*.

4. ***Gary Vaynerchuk (@garyvee).*** Guru de mídia social, apresentador de WineLibraryTV.com e autor de *Crush It!*

▶

---

17 Consulte a lista de 50 brasileiros que a BizRevolution recomenda seguir no Twitter: www.bizrevolution.com.br/bizrevolution/2011/05/50-brasileiros-que-todo-empreendedor-deve-seguir-no-twitter-.html.

Comporte-se como uma empresa nova, estúpido! 133

5. ***Amy Cosper (@EntMagazineAmy).*** Editora chefe da revista *Entrepreneur.*

6. ***Chris Brogan (@chrisbrogan).*** Especialista em marketing *on-line*, presidente da New Marketing Labs e autor do *best-seller Trust Agents.*

7. ***Tony Hsieh (@Zappos).*** Especialista em atendimento ao cliente, autor de *Delivering Happiness* e fundador da Zappos.com.

8. ***John Jantsch (@ducttape).*** Blogueiro de marketing, autor de *Duct Tape Marketing* e criador de um sistema de marketing para pequenas empresas com o mesmo nome.

9. ***Sarah Evans (@prsarahevans).*** Relações-públicas e especialista em novas mídias, autora do *blog* PRsarahevans.com.

10. ***Mike Michalowicz (@TPEntrepreneur).*** Empreendedor serial e autor de *The Toilet Paper Entrepreneur.*

11. ***Tim Ferriss (@tferriss).*** Guru de produtividade e autor do *best-seller The Four-Hour Workweek.*

12. ***Andrew Warner (@AndrewWarner).*** Empreendedor serial e fundador da Mixergy.com.

13. ***Henry Blodget (@hblodget).*** Editor chefe da *Business Insider* (BusinessInsider.com).

14. ***Adam Toren (@thebizguy).*** Empreendedor serial e cofundador da YoungEntrepreneur.com.

15. ***Donna Fenn (@donnafenn).*** Jornalista especializada em pequenas e médias empresas e empreendedorismo, colunista da revista *Inc.* e autora de *Upstarts!*

16. ***Adam Ostrow (@Adamostrow).*** Editor-chefe da Mashable.com.

17. ***Brian Clark (@copyblogger).*** Especialista em redação e conteúdo *on-line*, é também fundador da CopyBlogger.com.

18. ***Aaron Wall (@aaronwall).*** Especialista em otimização de programas de busca, fundador da SEOBook.com.

19. ***Matt Wilson (@MattWilsontv).*** Jovem empreendedor serial e fundador do *blog* Under30CEO.com.

20. ***Shama Kabani (@shama).*** Especialista em marketing em mídias sociais e autor de *The Zen of Social Media Marketing.*

21. **Chris Guillebeau (@chrisguillebeau).** Autor de *The Art of Non-Conformity* e do *blog* (www.chrisguillebeau.com).

22. **Darren Rowse (@problogger).** Especialista em *blogs* e fundador de ProBlogger.net.

23. **Dan Schawbel (@danschawbel).** Guru especializado em construir marcas pessoais, fundador do PersonalBrandingBlog.com e da *Personal Branding Magazine*.

24. **Pamela Slim (@pamslim).** *Coach* empresarial, escritora e autora do livro *Escape from Cubicle Nation*.

25. **Richard Branson (@richardbranson).** Fundador do grupo Virgin.

8

APERTEM OS CINTOS (PORQUE O DINHEIRO SUMIU)

Poucas semanas depois de fechar a *EMPRESA QUE NÃO DEVERIA TER NOME*, senti-me obrigado a rever os itens do extrato do cartão de crédito que vinha pagando de maneira tão rancorosa. Nunca antes em minha vida tinha sentido tamanha vontade de abrir um buraco na parede, mas sempre existe uma primeira vez para tudo. Não levei mais do que alguns segundos para perceber que a gestão medíocre do fluxo de caixa tinha sido um dos principais motivos para o desastre do negócio.

Mas, pensando bem, "gestão" não seria a melhor definição para o que aconteceu. "Má gestão, totalmente imprudente, mirando a dizimação empresarial" é uma forma mais correta de descrever as coisas.

A filosofia da nossa recém-criada empresa não era meticulosa em relação a realizar objetivos com o mínimo de recursos externos, nem definia claramente como seria o crescimento com base nas receitas de vendas aos clientes. Era uma coisa do tipo "gaste primeiro e nunca pergunte depois". Antes de faturarmos um mísero centavo, já estávamos com um buraco de milhares de dólares. A seguir, alguns dos erros financeiros idiotas e amadores que cometemos:

- Alugar prematuramente um escritório caro.
- Contratar funcionários antes que pudéssemos pagar os salários.
- Pagar consultores caros para nos dar as informações que poderiam ter sido gratuitamente encontradas *on-line*.
- Comprar materiais de apresentação superdimensionados.
- Deixar de negociar e muitas vezes aceitar a primeira oferta de projetos de amigos.

O fluxo de caixa é a coisa mais importante para o seu negócio. Sua carteira e sua conta bancária são a alma da empresa. Sim, é importante que sua empresa pareça ser experiente e madura, mas é igualmente imperativo – se não mais – maximizar os recursos existentes, manter um baixo *overhead* e gerenciar o fluxo de dinheiro de forma eficaz. É hora de você aprender a ser pão-duro, terceirizar de forma eficaz e parecer que é um negócio de um milhão de dólares sem estar no vermelho.

IMITE ATÉ SER CAPAZ DE FAZER

Sua empresa não pode se arriscar a causar uma primeira impressão negativa no mercado atual, tão desordenado e hipercompetitivo. Cada ponto de contato que leve ao seu negócio precisa impressionar positivamente os potenciais clientes, além de motivá-los e inspirá-los. Além de um ótimo produto ou serviço, se quiser ser levado a sério, precisará de clientes que acreditem que você está no mesmo jogo que os caras maiores.

Mas não tenha medo. Não precisa gastar milhões para parecer que vale milhões. Sua empresa recém-nascida precisa de pouco mais de um número de telefone e um endereço de *e-mail*, para se posicionar, parecer e soar como um negócio multimilionário.

Pareça um peixe grande com um site que custa 10 dólares por mês. Seu site é o centro do seu universo – e simplicidade é a chave para se parecer com um negócio multimilionário. Não fique desanimado se não souber como construir um site. Francamente, preocupar-se em fazer isto a partir do zero é um desperdício de seu tempo.

A menos que você seja programador especialista em gráficos e *webdesigner*, construir um site personalizado terá o altíssimo custo do tempo perdido. Embora eu defenda terceirizar o máximo possível, os sites são uma coisa diferente. Contratar programadores na Índia e na Ucrânia pode parecer ótima solução no início, mas a 2 dólares por hora eles não compensarão as barreiras linguísticas e a falta de suporte técnico. As agências e empresas especializadas representam um custo proibitivo para quem está começando, e isso pode transformar o mais simples dos projetos na web em um poço sem fundo, que sugará todo seu dinheiro – e uma boa quantidade desses anúncios que você vê na Craigslist são apenas fraudes para tapeá-lo. Por isso, os sites mais inteligentes para novas empresas são aqueles que não precisam ser construídos, mas do tipo que podem ser instalados e estar funcionando em vinte minutos.

Há uma variedade de prestadores de serviços baratos e confiáveis, cujo negócio é baseado em assinatura, que oferecem às pequenas empresas diversas ferramentas *on-line*, lojas de *e-commerce*, modelos bem projetados e pacotes de hospedagem para colocar seu site no ar rapidamente, sem qualquer

NUNCA PROCURE EMPREGO!

experiência de programação na internet. Mais importante ainda, esses serviços relativamente baratos eliminam a necessidade de ter somas de dinheiro à mão e pagamento adiantado de taxas de manutenção, permitindo que você atualize o conteúdo de seu site acionando algumas teclas após dois cliques do mouse. Há também grande quantidade de ferramentas gratuitas que facilitam adicionar *blogs*, fóruns, vídeos e formulários no site.

Serviços que podem ajudá-lo a lançar um site a baixo custo e rapidamente

Existem vários serviços *on-line* para garantir a presença de sua empresa na web por um preço que não vai quebrar a banca. Aqui estão as minhas escolhas, entre as melhores que conheço, com serviços gratuitos e de baixo custo, que irão colocá-lo *on-line* e faturando em um instante.[18]

- **Weebly.com.** Fornece modelos profissionais, hospedagem gratuita, registros de nomes de domínio e uma grande variedade de ferramentas de *design* e de personalização, que lhe permitem atualizar facilmente seu site em minutos. Custo: grátis a 60 dólares por ano.

- **Shopify.com.** Reforça a seção de *e-commerce* de seu *website*, permitindo-lhe vender produtos *on-line*, personalizar suas lojas na internet sem nenhum conhecimento prévio de *design* ou de programação, aceitar pagamentos com cartão de crédito e criar domínios personalizados. Custo: de 24 a 99 dólares por mês.

- **PayPal.com.** Permite receber suas faturas mais rapidamente, oferecendo a seus clientes uma maneira de pagar suas contas com cartão de crédito via seus dispositivos móveis ou *on-line*. Custo: grátis até 30 dólares por mês, além de taxas para cada transação.[19]

- **MoFuse.com.** Serviço *on-line* que permite ao usuário adaptar seu *website*, feito para *desktop*, para ser visto no celular. Custo: de 8 a 90 dólares por mês.

---

18 No Brasil, registros de domínio podem ser feitos em: www.registro.br

19 No Brasil a PagSeguro tem soluções para pagamentos *on-line* similar ao PayPal.

Os melhores sites, e também mais profissionais, carregam rápido, são fáceis de navegar e de compreender, oferecem conteúdos relevantes e valiosos, convertendo os usuários em clientes satisfeitos e fornecedores de informação. "Melhor" não significa "mais complexo" ou "mais bonito".

Em outras palavras, menos é mais. Um site limpo, simples de navegar e fácil de ler, com duas páginas e conteúdo útil, transforma sua empresa em uma companhia muito mais bem estabelecida do que com um site desordenado de vinte páginas cheias de conversa mole. Certifique-se de que os usuários encontrem informações pertinentes em não mais de dois cliques. Corte o que for desnecessário – como as páginas do tipo "quem somos" que quase ninguém acessa –, e coloque o conteúdo mais importante acima da barra de rolagem.

Após o aumento do fluxo de caixa e o florescimento do seu negócio, você pode considerar a contratação de empresas de *webdesign* e programadores. Mas, até lá, esqueça os sinos e assobios, mantenha seu site pequeno, simples e focado em geração de receitas. Resultado: você vai parecer um capitão de indústria.

Seja o senhor do seu domínio (nome). Escolher o URL correto desempenha um papel fundamental na sua estratégia de desenvolvimento da marca. Os domínios podem trazer usuários a seu site – ou espantá-los. Uma boa escolha de domínio atrairá interessados em saber mais sobre sua empresa. Já um URL ruim os fará colocar seu domínio de lado num piscar de olhos e rolar para o próximo resultado da pesquisa do Google.

Seu endereço URL deve ter de dez a quinze caracteres, no máximo. Aqueles domínios longos são duros de lembrar, difícil de ler e suscetíveis de digitação incorreta. Use domínios com a extensão ".com". Embora seja importante a compra de todas as outras extensões de domínio para proteger seu nome, as grandes empresas raramente usam extensões como ".tv" e ".net". Evite usar URLs que sejam frases, comecem com palavras sem brilho ou utilizem traços. URL engraçadinho para uma página de destino é uma coisa, mas há uma razão para o site principal da Apple não ser WeLoveApple. com ou Apple-Computers.com.

Finalmente, fique longe dos domínios que retiram ou acrescentam letras em palavras grafadas corretamente. Isto não faz você parecer um "guru xperto" ou "um kra legal" na web 2.0; na verdade, vai parecer um analfabeto, anunciando ao mundo que sua empresa acabou de ser aberta, e dificultar a tarefa dos usuários para encontrar seu site. Tenha em mente que seu domínio também precisa fazer parte de um *e-mail* simples e fácil de teclar. É altamente improvável que qualquer pessoa no seu juízo perfeito vá pensar que sua empresa fatura por ano uma soma de dez dígitos se seu endereço de *e-mail* for algo parecido com jsilva@minha-nov_empr-ferro.info.

Mantenha seu domínio em mente quando der um nome e uma marca à sua empresa. É quase impossível conseguir um domínio que seja exatamente igual ao nome de sua empresa, mas ele deve transmitir e incorporar a mensagem da sua marca aos futuros clientes e usuários. Os melhores URLs reforçam o produto ou serviço oferecido pela empresa.

Compre um número de telefone alfanumérico. Quantas vezes você já viu um cartaz, ou ouviu um *spot* de rádio, que anuncia um número de telefone que é facilmente esquecível? Os números de telefone devem ser cativantes e fáceis de memorizar, relacionando-se de forma eficaz com seu produto ou serviço. Diversos serviços *on-line* vendem números personalizados por cerca de 50 dólares. A compra de um desses números aumenta a probabilidade de que seus *prospects* se lembrarão dele pelo tempo suficiente para salvá-lo no celular. Um número de telefone personalizado também irá aumentar o potencial de chamadas de venda, construir maior conhecimento da marca e reforçar a eficácia de seus esforços de marketing.

Exemplo prático: a *Sizzle It!* experimentou um aumento de 30% nas chamadas no mês seguinte à substituição do nosso telefone genérico pelo alfanumérico 877-EZ-SIZZLE. Nossos clientes disseram que o número era mais fácil de compartilhar com outras pessoas, o que reforçou a simplicidade dos nossos serviços.

Tenha em mente, porém, que em função do volume crescente de novos telefones inteligentes e outros dispositivos móveis, os números nem sempre combinam com seus correspondentes alfabéticos. Certifique-se de decodificar seu número personalizado em seus cartões de visita, materiais de marketing e serviços *on-line*. Isso evitará a perda de um segmento de clientes potenciais que se lembrou do telefone, mas ficou frustrado tentando usá-lo.

Use sistemas de telefonia virtual. Ao combinar um número de discagem gratuita com um sistema telefônico automatizado, você pode fazer com que uma pequena empresa pareça ser uma das 500 grandes corporações citadas na *Fortune*, enquanto opera de vários locais em qualquer lugar do mundo. Esses serviços usam gravações de locutores profissionais para receber e agradecer a ligação, encaminhar o interlocutor ao destinatário apropriado, fornecer-lhes mensagens e informações da empresa, enquanto há espera na linha.

Grandes empresas pagam dezenas de milhares de dólares em contas de telefone, mas os sistemas de telefonia para as pequenas podem ter um custo tão razoável quanto 50 dólares por mês. Isso permite que seus proprietários recebam chamadas em casa ou em seus dispositivos móveis, passando a impressão de que estão no escritório. Também cria a aparência de um escritório centralizado, embora os sócios e colaboradores possam realmente estar em lugares diferentes do país.

Trabalhe em um escritório virtual. Você pode responder a uma chamada em seu celular na sala de estar, mas é importante que os clientes acreditem que ligaram para um escritório com uma equipe de funcionários.

Por apenas algumas centenas de dólares por ano, você terá endereços e escritórios virtuais que oferecem um perfil de importância a pequenas empresas, especialmente se estão em endereços nobres nas principais áreas metropolitanas. Esses serviços ainda incluem a opção de receber e encaminhar *e-mails*, além de alugar salas de reuniões.

Por exemplo, em vez de pagar altos aluguéis em Nova York, minha segunda empresa economizou mais de 100 mil dólares alugando um endereço na Madison Avenue por 300 dólares por ano da ManhattanVirtualOffice.com. Nunca pus os pés em um escritório de verdade, e estava usando esse endereço apenas para encaminhar e receber cartas. No entanto, ter um endereço em Manhattan no meu site e nos materiais de marketing deu um impulso tão grande à empresa, em termos de prestígio, que tivemos de aumentar nossos preços para manter esta percepção. Afinal, as empresas instaladas na Madison Avenue não oferecem serviços baratos.

O local para uma empresa em início de operação não precisa ter vista; por isso, evite gastos em escritórios "de verdade". Tire proveito de qualquer espaço livre à sua disposição, como um apartamento ou a garagem de um parente. Não assine contratos de locação de longo prazo. E, caso seja necessário ter uma presença física, pondere alternativas ao aluguel tradicional de um escritório, como esquema de locação mês a mês, divisão de sala com alguém ou troca de serviços com outras empresas pelo espaço.

142 *NUNCA PROCURE EMPREGO!*

Crie uma empresa virtual
com um orçamento apertado

Esqueça esse negócio de ter um espaço para o escritório e suas consequentes comodidades. É um escoadouro de dinheiro que pode lhe custar milhares – até mesmo dezenas de milhares – de dólares a cada mês. Provavelmente, você nunca terá necessidade de ver o rosto do seu cliente, a menos que execute o serviço no seu endereço. Mas, se for preciso reunir-se com seus clientes, adivinhe? Há serviços para isso, também.

Percepção é poder, mas não precisa ser cara. Aqui estão nove dos meus serviços virtuais favoritos, que podem ajudá-lo a se tornar uma grande presença, enquanto não tem presença física nenhuma.[20]

1. *Regus (www.Regus.com).* Permite-lhe montar sua sede em qualquer lugar do mundo. Esta empresa oferece vários serviços para negócios virtuais, incluindo o aluguel de endereço para correspondência, serviços de envio de *e-mail* e aluguel por hora de salas para escritórios e para reuniões com recursos de videoconferência, acesso à internet e apoio administrativo. Custo: variável.

2. *Mycroburst.com.* É o seu time criativo virtual; uma loja *on-line* que oferece acesso a centenas de *designers* que podem criar o logotipo para sua empresa. A melhor parte? Você só paga os projetos vencedores. Custo: a partir de 149 dólares.

3. *oDesk.com.* É seu pessoal de apoio virtual e também uma loja *on-line*, onde você pode encontrar equipes de suporte para questões administrativas, de vendas e marketing, além de *design* e multimídia. O site permite que você acompanhe o andamento do projeto, enquanto paga por hora de trabalho. Custo: variável.

4. *Moo.com.* Oferece cartões dupla face em quatro cores, *minicards* e postais em papel-cartão ao preço de uma fração do custo das tradicionais gráficas rápidas. Custo: de 22 a 62 dólares. ▷

---

20 Existem empresas que oferecem espaços de *coworking*, onde sala e infraestrutura são compartilhadas com outras firmas que estão iniciando. Outra opção interessante para se avaliar ao iniciar um empreendimento com poucos recursos são as incubadoras de empresas, instituições que auxiliam no desenvolvimento de micro e pequenas empresas, que buscam a modernização de suas atividades para transformar ideias em produtos, processos e serviços. Oferecem suporte técnico, gerencial e formação complementar ao empreendedor. As incubadoras também facilitam e agilizam o processo de inovação tecnológica nas MPEs.

5. **iPhone.** Permite que você faça tudo – chamadas, mande *e-mail* para clientes, digitalize documentos, escreva propostas, atualize sua agenda – sem ter de se sentar atrás de uma mesa. É um escritório móvel com anabolizantes, em uma embalagem compacta. Custo: a partir de 99 dólares, mais o custo de um provedor de serviços sem fio.

6. **Grasshopper.com.** Serviço de telefone virtual para pequenos empreendedores que deixa seu telefone soar como o daquelas empresas da revista *Fortune*. Oferece extensões ilimitadas, milhares de minutos de chamadas gratuitas por mês e números personalizados para ligações gratuitas. Custo: de 29 a 49 dólares por mês.

7. **eFax.com.** É uma solução de fax digital completa para pequenas empresas que permite aos usuários viver sem papel – e evitar a compra de caros aparelhos de fax. Custo: varia de 17 a 20 dólares por mês.

8. **EmailStationery.com.** Permite que você crie assinaturas de *e-mail* personalizadas e com a marca da sua empresa, que ainda pode conter *hiperlinks* para seu site e perfis de mídia social, compatíveis com todos os principais clientes de *e-mail*. Custo: a partir de 99 dólares.

9. **UrbanInterns.com.** Conexão com estagiários remunerados ou não e assistentes para *meio período*, especializados em uma ampla variedade de tarefas. Custo: variável.

Crie um cartão de visitas com cara de multimilionário. Agora que você tem um telefone para chamadas gratuitas que merece aparecer num *jingle* de sua campanha, e um endereço numa rua de prestígio, chegou a hora de combinar esses elementos em uma única ferramenta. O cartão de visita é parte vital da experiência de causar a melhor primeira impressão; é um reflexo instantâneo de você e do trabalho da sua empresa.

Embora raramente vá aconselhá-lo a gastar dinheiro em alguma coisa, um cartão de visitas barato e pouco inspirado pode enviar a mensagem errada – ou, pior, nenhuma mensagem – para um cliente em potencial. Não defendo a ideia de se gastar rios de dinheiro em uma pequena quantidade de cartões; basta despender algum tempo e uma verba a mais para projetar e produzir um cartão que deixará uma impressão duradoura. Seu cartão de visita pode ser a única coisa que deixará para que seu *prospect* se lembre de você. E essa lembrança deve ser algo que dure muito.

Seja criativo, mas de bom gosto. Evite usar cartões de visita brancos e de tamanho padrão. Escolha um papel grosso, acabamento de alta qualidade e um tamanho mais comprido, de formato diferente ou com uma cor ousada que se destaque. Essas opções de impressão aumentarão o preço de seus cartões, mas a longo prazo esse custo se pagará mais de dez vezes. Há clientes que preferem fazer negócios com empresas que demostrem capacidade de fornecer serviços de alta qualidade, e um cartão de visitas criativo e benfeito transmite essa mensagem.

A ÚNICA EQUIPE QUE SEU DINHEIRO PODE COMPRAR

Agora que já ergueu sua fortaleza, é hora de aumentar seu exército. Mas, ao contrário dos reis de antigamente, que possuíam ouro e rações em quantidade suficiente para sustentar uma legião de soldados, seu castelo terá de ficar em pé com pouco dinheiro e um punhado de sanduíches de manteiga de amendoim e geleia. Talvez você não possa pagar seu próprio exército. No entanto, isso não significa que não possa liderar um pelotão na batalha – e vencer.

Alugue uma força de trabalho virtual. Precisa de companhia? Arrume um cachorro. Precisa de alguém para fazer as coisas para sua empresa? Arranje um assistente virtual. Aqueles empregados de tempo integral têm um custo provavelmente proibitivo para sua empresa recém-fundada, e mesmo os funcionários de meio período podem ficar caros. Mas, pense bem: quem precisa de mobília para o escritório, impostos sobre a folha de pagamento e um departamento de recursos humanos? Saia disso! Livre-se dessa dor de cabeça de gerir funcionários registrados nas fases iniciais do seu negócio. Você ainda pode ter uma equipe de qualidade sem uma única pessoa sentada ao seu lado no trabalho.

A terceirização oferece uma mão-de-obra habilitada, de acordo com suas necessidades e sob demanda, sem a necessidade de ter de lidar com todos os incidentes e problemas que vêm junto quando se contrata funcionários no esquema tradicional. Também facilita a contratação da pessoa certa para o trabalho certo assim que se tornar necessário, em vez de ter de ensinar, treinar e supervisionar um empregado de tempo integral para assumir novas responsabilidades.

Ao delegar certas tarefas, você aumentará sua produtividade, eficiência e capacidade de geração de receitas. A um mínimo de 3 dólares por hora, os assistentes virtuais podem cuidar de tudo, desde a maioria das atividades administrativas, tais como refazer a agenda e registrar dados, até missões mais qualificadas, como atendimentos ao cliente e pós-venda.

Cuidado: contratar a equipe virtual certa fará você agradecer aos céus pela bênção, mas convocar as pessoas erradas o fará arrancar os cabelos e andar para trás. Antes de se comprometer com uma relação de trabalho de longo prazo, faça um teste. Comece por atribuir tarefas menores para julgar o trabalho do assistente, sua produtividade, a ética e qualidade do resultado apresentado.

Para tirar o máximo proveito de sua equipe virtual, descubra quais as tarefas necessárias para o seu negócio que você pode delegar. Essas incumbências podem incluir correr atrás de informações sobre potenciais clientes, dados do mercado ou mesmo pesquisar novas operações. Depois de determinar as tarefas, faça uma lista com instruções detalhadas. Ajude seus assistentes virtuais a facilitar sua vida. A maioria deles já trabalhou para vários clientes em um dado momento, enquanto outros não são exatamente grandes sábios ou cientistas espaciais. Muitos deles vêm de lugares tão distantes como a Índia e a China – por isso, saiba de antemão o que você está contratando. Escreva detalhes de cada tarefa em termos inequívocos. Seja claro sobre o trabalho ou o serviço que você espera receber, e não deixe que nada fique ao sabor da interpretação de cada um.

Tenha cuidado para não cometer o erro de sobrecarregar seu assistente, jogando dinheiro fora ao pagar alguém para se ocupar de coisas que você mesmo poderia fazer – como atender chamadas telefônicas ou anotar recados. Atenda o seu próprio celular! Escreva seu próprio *e-mail*! O assistente deve realizar funções que o ajudarão a gerar receitas, poupar dinheiro ou mantê-lo organizado. Se uma tarefa não produzir os resultados desejados, substitua-a ou a elimine de sua lista. Se um assistente virtual não está funcionando, não se incomode em lhe dar uma segunda chance ou mais tempo para melhorar. Mande-o passear. Há muitos peixes nesse oceano de assistentes virtuais.

Saiba que muitos deles são inúteis – ou, pior, uma fraude completa. Só contrate um auxiliar com reputação e experiência comprovadas, que tenha referências de empresas também verificáveis. Não traga ninguém para seu círculo de trabalho apenas porque o custo é acessível; faça sua lição de casa antes de cada contratação para encontrar a pessoa certa para ajudá-lo. Se você precisa de alguém que fale espanhol para lidar com as chamadas dos clientes, certifique-se de que essa pessoa é fluente na língua e cortês. Se quer um especialista em pesquisa de dados, não contrate alguém cuja única competência é contabilidade.

Vivas para a mão de obra barata! Sempre vai parecer que você nunca terá mãos suficientes para fazer tudo. Imagine se existisse uma maneira de multiplicá-las por pouco ou nenhum dinheiro? Bem, aí está! Chame a brigada dos estagiários.

Os estudantes universitários, em geral, procuram maneiras de engordar os currículos com estágios que tragam alguma experiência profissional – são fáceis de encontrar e uma fonte quase inesgotável de mão de obra. Como cada vez é mais comum hoje em dia os estagiários trabalharem em casa ou em seu alojamento, você nem precisará se encontrar com eles cara a cara! Existem ainda empresas que irão ajudá-lo a contratar estagiários virtuais! Use esses recursos para reunir seu quadro de colaboradores. Faça contato com os conselheiros e mentores dos estágios nas faculdades e universidades, para saber como poderá fazer parte dos programas da instituição.[21]

Um programa de estágio pode oferecer à sua empresa grandes recompensas quando executado corretamente. No entanto, a pior coisa é contratar estagiários somente por uma questão de tê-los. Deixar mentes ociosas vagando indefinidamente pode transformar seu negócio em uma creche. Saiba o que você quer de sua força de trabalho acadêmica. Detalhe seu programa de estágio, como fez com a lista de tarefas de seu assistente virtual, e explique esse programa claramente para os universitários.

Eles precisam agregar valor. Não basta contratar qualquer estagiário que busque créditos para a faculdade. Cada uma dessas pessoas representará sua empresa no mercado; portanto, é bom saber quem você traz para o seu negócio. Entreviste os candidatos da mesma maneira que faria para contratar um CEO, e selecione aqueles que melhor se encaixem no perfil do serviço a ser feito.

Mantenha suas tropas na linha. Nunca maltrate os estagiários, mas demonstre sua autoridade. Deixe claro que eles foram contratados para realizar um trabalho em tempo hábil, e não para confraternizar ou participar de uma

---

21 No Brasil existe o CIEE (Centro de Integração Empresa Escola), portal que trata da integração de estagiários ao mercado de trabalho. Vide: www.ciee.org.br.

Apertem os cintos (porque o dinheiro sumiu) 147

festa. Ofereça-lhes experiências úteis e relevantes, que lhes dê um valioso conhecimento do mundo dos negócios – e assim seus resultados serão beneficiados.

Monte uma força de vendas
sem folha de pagamento

Provavelmente, sua empresa terá um início modesto, com uma ou duas pessoas na parte operacional. Mas você pode ter uma tropa de elite em vendas, sob seu comando, e de graça – ou próximo disso. Há maneiras de gerar vendas sem seu envolvimento direto. Aqui estão oito dicas para ampliar seus esforços de vendas.

1. *Use a força de vendas de alguém.* Se você tem um ótimo produto que complemente o serviço de outra empresa, peça a ela que venda sua mercadoria em troca de dividir a receita.

2. *Conquiste os formadores de opinião.* Se o seu nicho de mercado tem alguns formadores de opinião que sejam dignos de nota, especialistas ou semicelebridades, incentive-os a falar sobre sua marca. Recrute-os para fazer parte de sua equipe, oferecendo-lhes a oportunidade de testar seu serviço de graça ou dando grandes descontos aos seus fãs.

3. *Transforme os clientes em embaixadores da marca.* Clientes satisfeitos são seus melhores vendedores. Dê-lhes um motivo para vender aos amigos e colegas, oferecendo-lhes algo que valha a pena ser comentado – ou uma oferta agregada para ser trabalhada.

4. *Faça vendas usando sites de compra em grupo.* Serviços como GroupOn.com,[22] SocialBuy.com e LivingSocial.com permitem que seu produto ou serviço fique exposto na frente de dezenas de milhares de consumidores em potencial em questão de minutos, oferecendo a seus assinantes *on-line* descontos exclusivos.

5. *Construa uma rede de afiliados.* Crie um programa de afiliados *on-line* que dê a qualquer um a oportunidade de vender seu produto ou serviço com base em comissões. Na medida em que as vendas *on-line* aumentem, você também pode ser capaz de am- ▷

---

22 No Brasil temos o www.grupon.com.br, www.peixeurbano.com.br (adquirido pelo GrupOn) e dezenas de outros sites de compra coletiva.

pliar o tamanho do seu programa de afiliados, tornando-o apto a trabalhar com serviços como *Comission Junction* (CJ.com).

6. ***Converta alguns clientes usando avatares que sejam porta--vozes virtuais.*** Serviços como Sitepal.com e YakkingHeads.com permitem que você crie avatares animados e porta-vozes virtuais em seu *website* para responder a perguntas frequentes, expor seu serviço ou explicar às pessoas como comprar o que desejam.

7. ***Venda produtos em mercados* on-line.** Serviços como eBay. com, Amazon.com, StoreEnvy.com e CafePress.com permitem que você crie lojas personalizadas *on-line* onde se pode vender os produtos para uma audiência global durante todos os dias e horas da semana.

8. ***Mantenha sua marca na mente dos clientes com o "redirecio-namento".*** *Websites* como o AdRoll.com oferecem serviços de redirecionamento que utilizam anúncios personalizados para levar visitantes anteriores (que não se converteram em clientes) de volta para o seu site.

Almoce com seus consultores. Hoje em dia, parece que todo mundo é um guru, especialista ou *coach* empresarial. Desperdicei boa parte do meu tempo e do meu dinheiro com esses autodenominados "especialistas". Na maioria das vezes, metade das coisas que engoli e paguei estava disponível na internet, um quarto era questão de bom-senso, e o outro impraticável.

Há uma maneira melhor de obter informações. Esqueça o pagamento de centenas de dólares por essas consultorias. Encontre seus consultores de horário de almoço. Funciona assim: sempre que precisar aprender algo novo, pense nos tipos de pessoas que detêm a informação necessária para você. Se precisa aprender a se expor na mídia, encontre alguém na área de relações-públicas. Quer aconselhamento jurídico? Procure um advogado. Tente descobrir com quem você está conectado e pesquise essas pessoas nas redes sociais. Pergunte aos seus amigos, peça aos colegas e familiares que lhe deem recomendações e façam as apresentações. Junte os nomes numa lista e, depois, reduza-a para cerca de dez pessoas. Faça contato por *e-mail* e convide-as para almoçar. Prepare um *e-mail* de apresentação que seja curto, profissional e vá direto ao ponto. Inclua informações sobre si mesmo, diga quem lhe deu a referência – se isso aconteceu – e compartilhe com eles por que você acha que podem lhe oferecer informações

Apertem os cintos (porque o dinheiro sumiu) 149

valiosas. Mais importante ainda, não envie um *e-mail* padronizado a todos. Personalize cada um deles.

Antes de convidar um consultor para o almoço, planeje exatamente o que deseja perguntar e que tipo de conhecimento quer adquirir. Trate a reunião como se você estivesse pagando centenas de dólares. Não deixe que a conversa derive para assuntos irrelevantes, faça valer cada minuto e permita que seu convidado fale a maior parte do tempo. Ao final da reunião – tenha sido boa, ruim ou inútil, não importa –, expresse seu agradecimento por tanta atenção e por todo o aconselhamento que recebeu. Certifique-se de perguntar à pessoa se pode continuar mantendo contato e envie um *e-mail* curto com um agradecimento logo após o encontro.

Mas não convide *todos* os peritos para almoçar. Este exercício não é destinado a desperdiçar seu tempo ou transformá-lo em um *spammer*, que envia *e-mails* não solicitados. Tenha razoável certeza de que você tem uma chance real de conseguir uma resposta e marcar a reunião antes de enviar um único convite. Seja exclusivo em sua abordagem. Procure garantir aos consultores que aceitarem seu convite o apreço e a valorização de alguém especial, como se fizesse parte de sua equipe. Alguns dos melhores conselhos que poderá receber virão acompanhados por uma salada e um refrigerante. Mas, sem se expor ao mundo, você nunca saberá o que as pessoas estão dispostas a lhe dizer em troca de um hambúrguer.

Não contrate ninguém por contratar. Jamais! Os funcionários em tempo integral são caros. Na fase inicial de sua empresa, recomendo ficar longe deles. No entanto, se achar que tem *mesmo* necessidade de contratar alguém, isso não significa que deva se esquecer da moderação em seus gastos ou de estar consciente em relação ao orçamento projetado. E lembre-se de que está assumindo o risco de trazer mais uma boca para alimentar. Considere estas coisas antes de assinar um contrato de trabalho com algum Zé Ruela:

- **Não pague pela idade.** Idade não significa que um candidato é mais qualificado, experiente ou mais apto para a posição. Seria melhor você procurar um garoto jovem com fome de aprender, que trabalharia por um salário menor que alguém mais velho à procura de emprego. A exceção para você pagar mais pela idade de um colaborador é se ele trouxer um catálogo de contatos reais com o *crème de la crème* da indústria.

- **Contrate talentos acima da média por salários abaixo da média.** Contrate seus colaboradores com uma mentalidade voltada para a lei da oferta e da procura. Há muitos mais trabalhadores disponíveis do que imagina para o trabalho que você tem disponível; por isso, nunca pague os salários mais altos nem deixe alguém lhe dizer quanto quer ganhar. Lembre-se de que é você quem dita os termos da negociação. E qualquer que seja o valor que essa pessoa tenha, garanta que ela faça por merecer a contratação!

- **Evite grandes títulos com pouca experiência.** Procure cuidadosamente por falhas inerentes naqueles currículos impressionantes. Não seja tapeado por eles. Verifique as referências antes de contatar esses candidatos. Você nunca sabe quando alguém está usando a mãe ou o melhor amigo como uma referência.

- **Teste os novatos.** Não tenha pressa de colocar novas pessoas na folha de pagamentos. Para começar, contrate todo mundo por meio período. Estabeleça um período de experiência[23] durante o qual você vai testá-los com um salário menor para ver o quanto realmente valem. Se nenhum deles corresponder, pelo menos você terá uma demissão mais barata, sem se se preocupar em pagar as indenizações.

- **Determine exatamente o tipo de "coisas" que as pessoas em busca de emprego trazem com elas.** É importante perceber que quando se contrata funcionários, você não está apenas no gancho para bancar os salários e benefícios. Eles também precisam de "coisas", que se acumulam rapidamente. Cada colaborador que contratar precisa de suprimentos, computadores, celulares e uma porção de outros itens caros. Durante a entrevista, descubra o que os candidatos possuem e se essas suas coisas podem diminuir as despesas da empresa.

- **Certifique-se de que eles paguem os próprios salários.** Os primeiros funcionários que contratar devem ser geradores de receitas. Se você perceber que vai pagar mais do que o esperado, certifique-se de que está recebendo dez vezes mais em relação ao trabalho que seus funcionários devem produzir. Faça com que mereçam cada centavo recebido ao

---

23 No Brasil, conforme determina o artigo 445, parágrafo único, da CLT, o contrato de experiência não poderá exceder 90 dias.

infundir uma filosofia do tipo "sem risco não há recompensa", instituindo na estrutura salarial o sistema de bônus e incentivos. Além disso, não contrate funcionários de apoio em tempo integral para funções meramente administrativas – novamente: não seja preguiçoso; atenda os telefonemas, caramba!

Seja apresentado a um daqueles sujeitos poderosos que só precisam dar um telefonema. Conhecidos nos Estados Unidos como "*one-callers*", são pessoas que alcançaram um nível profissional e financeiro tão alto que podem abrir praticamente todas as portas com um simples telefonema. Mesmo que nunca tenham encontrado pessoalmente o interlocutor que está do outro lado da linha, seu nome e sua reputação fazem o trabalho sozinhos. Em suma, eles são a prova viva da seguinte tese: *quem* você conhece muitas vezes é mais importante do que *aquilo* que você conhece.

Existem profissionais do alto escalão que estão dispostos a conceder tempo e energia para um jovem ambicioso e inteligente, se o avaliarem como o pupilo *certo*. Para ter essa chance, precisa saber como fazer a abordagem de forma correta e eficaz – além de provar que você e sua empresa merecem o tempo deles.

Não selecione um desses "*one-callers*" por ser rico, famoso, inteligente ou "alguém que você gostaria de conhecer" – porque as pessoas nessa "lista dos sonhos" podem muito bem nunca retornar suas ligações. Monte a sua lista de pessoas relevantes cujo tino comercial, histórico, conexões com a indústria, personalidade e credibilidade tenham o potencial para lhe abrir portas e levar seu negócio para o nível seguinte de desenvolvimento.

No entanto, você não deve apenas escrever o nome dos titãs da indústria do setor escolhido em uma prancheta e iniciar os contatos em busca de apoio. Nem passar pela recepcionista com frases do tipo "sempre sonhei conhecer o senhor X", ou "estou começando um novo negócio que a pessoa X precisa conhecer". Um recado assim na caixa de mensagens ou na secretária eletrônica será deletado imediatamente. Um desses titãs da indústria me contou certa vez que decide se vai ou não ajudar uma pessoa em menos de dez segundos – e, para começo de conversa, apenas se ela conseguir descobrir o caminho para chegar até ele. Portanto, só se aproxime de um desses titãs se tiver boas respostas para questões essenciais, listadas a seguir.

1. **Destaque sua conexão exclusiva.** Quão similar é a história da sua empresa iniciante com a do executivo *top* a ponto de interessá-lo?

2. **Mostre as provas.** Qual é a comprovação (ou, no mínimo, uma série de estudos de caso) que demonstra a viabilidade do seu negócio?

3. **Saiba o que você está procurando.** Para qual área específica do seu negócio os conselhos desse executivo *top* podem ser eficazes, úteis e relevantes?

4. **Saiba por que seu negócio vale a pena ter esse tempo.** Quais são as razões concretas pelas quais seu interlocutor dedicaria o tempo dele à sua empresa?

Essa verdadeira "tropa de elite" é composta por gente que não tem tempo a perder. Se tiver sorte de conseguir a oportunidade de falar com uma dessas pessoas, você só terá uma chance de encantá-la. Não pode haver margem de erro ao causar sua primeira impressão – por isso, antes da sua conversa, procure saber absolutamente tudo sobre seu interlocutor. Procure ter algo a dizer ou a oferecer que seja válido e valioso. E impressione essa pessoa sem se mostrar um bajulador. Mostre respeito, mas não se comporte como um fã. Seja confiante, mas não arrogante. Relacione suas experiências às dele. Demonstre o valor real, potencial verdadeiro ou o sucesso tangível. E seja capaz de fazer todas essas coisas em menos de dois minutos.

Você pode estar virando os olhos agora, pensando ser uma missão impossível, mas garanto-lhe que não é. Todas as portas podem ser derrubadas com a bota certa. Algumas chamadas telefônicas bem articuladas e mensagens de *e-mail* com meia dúzia de linhas podem garantir encontros com empresários, que são estrelas e bilionários, e CEOs das 500 maiores empresas listadas na *Fortune* – ei, isto deu certo para mim! E algumas dessas pessoas ainda continuam a ser meus conselheiros e mentores mais próximos. Embora esses executivos *top* de linha façam parte de um "clube" todo particular, eles ainda têm algo em comum com você: são seres humanos e, em muitos casos, viram-se uma vez na mesma posição que você está agora.

Enquanto usar táticas inteligentes, agindo com responsabilidade e profissionalismo, convencido de que um deles responderá ao seu contato, você não tem nada a perder. A imensa maioria não o receberá – mas basta só um que faça isso para mudar sua vida e seus negócios.

FAÇA O QUE GERA CENTAVOS

Embora todo "comentarista-especialista"– assim como sua mãe – não se canse de lhe dizer para reduzir despesas e cortar custos indiretos, pouquíssimos lhe oferecerão uma metodologia de redução de custos. Sempre que percebo a necessidade de um produto ou serviço, meu primeiro instinto é nunca comprar. Em vez disso, uso o seguinte processo de seis etapas para determinar o melhor método de conseguir o que preciso.

1. Eu realmente preciso disso?
2. Posso conseguir gratuitamente?
3. Se não puder obtê-lo gratuitamente, consigo pegar emprestado de alguém?
4. Se não der para tomá-lo emprestado, posso trocar meus serviços por ele?
5. Se não puder trocar nada por ele, dá para fazer uma parceria com alguém e compartilhar a despesa?
6. Se não puder ter um parceiro, como posso comprá-lo pelo menor preço e com as melhores condições?

Analisar as despesas destsa forma fará você se tornar um empreendedor mais responsável em relação às finanças, que nunca será atropelado pela sua taxa de consumo normal. Treine a si mesmo para pensar desta forma sobre cada compra. Combata o impulso de puxar seu cartão de crédito cada vez que precisar de alguma coisa.

Controle seus impulsos. Se você comprar uma cara peça de equipamento, pode ser que isso alavanque seu negócio mais rápido – mas é inaceitável colocar sua empresa numa situação limite como resultado dessa aquisição. Apenas porque você acha que tem "necessidade" de algo, não significa que simplesmente deve comprá-lo. Considere as seguintes perguntas antes de decidir seguir seu impulso: você *precisa* fazer essa compra, ou você *gostaria* de fazê-la? É uma necessidade ou uma conveniência? Existe alguma alternativa que lhe permitirá ser tão bem-sucedido gastando menos? Você pode adiar a compra até uma data posterior, quando terá mais fluxo de caixa para suportar tal despesa?

As melhores coisas da vida são de graça. Os empreendedores criativos não apenas *procuram* por coisas de graça, como também encontram maneiras de *fazer* coisas de graça. Pense em como transformar uma compra potencial em algo gratuito. Você pode evitar gastar dinheiro com *softwares* dispendiosos usando produtos da web que são bancados por anúncios? Você tem capacidade de dominar a arte da devolução de produtos? Você tem habilidade para encadear uma série eterna no uso de produtos em período de testes?

Mas lembre-se de que "grátis" pode acabar saindo caro. Sempre leia as letras pequenas para saber qual é o custo real – não apenas em termos de dinheiro. Você pode ser prejudicado pela falta de suporte técnico ou de serviço ao cliente? Será que a falta de qualidade afeta o produto? Ele já foi completamente desenvolvido ou ainda está em fase de testes? Você corre o risco de ser bombardeado por propagandas e *e-mails* indesejados em troca do serviço ou produto? Esse "grátis" vem com prazo limitado, custos futuros, ou com amarras? A empresa que fornece o produto ou serviço tem credibilidade ou é uma instituição "aventureira", sem endereço ou número de telefone?

Prometa devolver, e cumpra. Você precisa de alguma coisa só por um tempo limitado? Se for o caso, veja se alguém na sua vida social, pessoal ou na sua rede comercial possui o que precisa. Dizer "por favor, posso pegar emprestado" muitas vezes resulta em uma bela economia.

Domine a arte da permuta. Uma maneira eficaz de negociar com outro fornecedor para obter o produto desejado, ou serviços, é a permuta. Por exemplo, pode ser menos oneroso para sua empresa de limpeza prestar este tipo de serviço para outra de contabilidade do que contratá-la diretamente, com gasto de dinheiro.

Divida a conta. Sejam virtuais ou de tijolo e argamassa, todos os negócios compartilham certos produtos e serviços: veja o caso do papel higiênico e do café, por exemplo. Encontre parceiros complementares, não competitivos, com quem possa dividir esse tipo de despesas. Essas parcerias permitem economizar um bom dinheiro, reduzindo drasticamente seus custos, fazendo compras a granel ou no atacado.

Personifique seu Tio Patinhas interior. Se você precisa comprar alguma coisa, dedique um tempo para pesquisar as melhores opções, ofertas e promoções. Nunca pague o preço de varejo se puder evitá-lo. Seja racional e objetivo para tirar o máximo proveito de cada centavo que gastar. Pondere sobre as seis etapas descritas a seguir antes de passar seu cartão corporativo:

1. Procure produtos usados, recondicionados ou de segunda mão antes de comprar novos.

2. Use os sites de comparação de preços da web para conseguir os melhores descontos.[24]

3. Verifique todos os tipos de descontos, vantagens, programa de fidelidade, etc.

4. Compare as opções de financiamento de fornecedores diferentes.

5. Avalie as alternativas, como *leasing* e locação, e compare com as condições da compra.

6. Tente escapar dos intermediários, procure comprar diretamente dos fabricantes.

FLUXO DE CAIXA OU MORTE!

Curto e grosso: sem fluxo de caixa você está morto na água. E você precisa ser capaz de defender seu fluxo de caixa com tudo que tiver para se manter à tona. Defina com clareza e coloque para funcionar todos os protocolos e sistemas de controle existentes para minimizar os custos indiretos durante a infância da sua empresa para que ela fique rica e enxuta na idade adulta.

Faça parte do mercado ontem. Seus clientes e fregueses são seus principais investidores – e também a melhor equipe de P&D[25] que pode haver. Encurte seu período de planejamento e os ciclos de desenvolvimento para entrar no mercado mais rapidamente. A festa de inauguração pode vir depois, mas seus serviços essenciais precisam ser validados pelo mercado e gerar receita sem demora. A *Sizzle It!* começou a produzir seus vídeos meses antes de investirmos em nosso site. Vender o que tínhamos a oferecer nos permitiu melhorar o serviço e nosso fluxo de caixa, dando aos novos clientes mais razões para nos contratar e, aos antigos, ainda mais motivos para contar aos outros sobre nós.

Cresça e financie sua nova empresa com receitas advindas dos clientes. Corrija e aperfeiçoe seu serviço ou produto conforme estiver atuando no mercado. O ideal é sempre melhorar sua oferta de produtos com base no que seus clientes realmente precisam, e não no que *você* acha que eles necessitam.

---

24 No Brasil temos o site BuscaPé (www.buscape.com.br).

25 Pesquisa & Desenvolvimento.

Seja carregado nos ombros. Você pode aproveitar a infraestrutura de um empreendimento já estabelecido para conseguir o acesso que sua empresa precisa a escritórios, recursos, pessoal administrativo e a novos *prospects*. Essas parcerias estratégicas são baseadas em acordos de permuta, ou de receitas compartilhadas, e destinam-se a combinar os recursos de ambas as partes para fazer o coletivo mais forte e mais produtivo. Em suma: avalie com cuidado antes de escolher os parceiros certos – aqueles que podem fazer mais dinheiro com você e para você.

Identifique os maiores jogadores do mercado – que são bons parceiros estratégicos para sua empresa – e descubra maneiras de seduzi-los com o valor de sua nova empresa. Pondere sobre as respostas às próximas perguntas enquanto elabora a melhor abordagem ao parceiro estratégico:

1. Será que seu produto ajudará a reduzir os custos deles para produzir bens? Como?

2. Seu serviço é um bom complemento para os produtos existentes? Em caso afirmativo, quais são as razões para que ele se torne uma escolha natural?

3. O fato de levar seu produto ou serviço para dentro da empresa do parceiro lhe dará vantagem competitiva, acesso a uma oportunidade de crescimento estratégico ou garantir mais clientes para ambos? Como isso pode acontecer?

Seja qual for o caso, procure empresas compatíveis e com o mesmo modo de pensar para desenvolver parcerias estratégicas, do tipo ganha-ganha, nas quais as receitas se mantêm altas, e os custos indiretos, baixos.

Reduza, reutilize e recicle. Antes de rotular alguma coisa como lixo, veja se ela ainda pode rodar alguns quilômetros ou tem a capacidade de lhe ensinar como ser mais eficiente no futuro. Pergunte a si mesmo o que vem a seguir, antes de jogar qualquer coisa no lixo.

1. É possível reduzir a necessidade de adquirir ou utilizar um item similar no futuro?

2. Você pode economizar dinheiro reutilizando este item?

3. Pode-se usar o item para evitar uma nova compra?

Pequenas mudanças podem gerar grande impacto. Usar água da torneira em vez da engarrafada poupa centenas de dólares por ano. O recarregamento de antigos cartuchos de impressora traz nova vida a um ativo já existente. Os velhos cartões de visita renascem como cartões para anotações. Não seja tão rápido para jogar coisas fora. Analise seu lixo antes de enviá-lo ao aterro sanitário. Mesmo o lixo tem uma maneira de lhe dizer como tocar um negócio mais enxuto.

Não funcione como um banco. Já é bastante difícil receber o dinheiro em um período de tempo razoável. Não dê aos clientes mais razões para o estrangularem. Estabeleça procedimentos para cobrar as contas e receber rapidamente o pagamento. Faça com que eles assinem contratos estipulando claramente sua agenda de cobrança, o método de pagamento preferido, os termos, sanções e multas por atraso.

Receba um adiantamento antes de começar o trabalho. Normalmente, as empresas pedem 50% no ato e 50% na conclusão do serviço. Ou metade no ato, 25% no meio do trabalho e 25% no final. Descubra qual o montante de seus custos e escolha o cronograma de pagamentos que melhor lhe sirva. Também avalie com cuidado as formas de pagamento – como cheque, dinheiro e cartão de crédito – que têm mais rapidez para reforçar seu caixa.

Ao negociar com os clientes, mantenha a opção de melhores condições de crédito e os incentivos de pagamento na gaveta, utilizando essas ferramentas somente como recompensa para aqueles que voltarem a fechar encomendas com você. Nunca ofereça esse tipo de facilidade para os clientes na primeira vez. Eles precisam merecer sua confiança e boa-fé. Sua empresa sentirá uma grande diferença entre receber o pagamento na entrega do serviço e ver o dinheiro entrando no caixa após 45 ou 60 dias – e até de 90 a 120 dias.

Juros zero são seu melhor amigo. O cartão de crédito certo pode fazer a diferença entre o fluxo de caixa e a falta dele. Usado de forma correta e madura, o cartão lhe permitirá manter um fluxo de caixa positivo, manter-se no orçamento e controlar suas despesas de escrituração e impostos.

Compare os cartões de crédito de várias empresas para ver qual se encaixa melhor a suas necessidades. Converse com o pessoal que faz contato com os clientes para experimentar o atendimento. Claro que é melhor escolher cartões sem mensalidade ou taxa anual, com juros baixos, ofertas de incentivo e programas de recompensa mais propícios para suas necessidades empresariais.

Depois de selecionar um cartão de crédito, use-o em toda compra que fizer para seu negócio. Nunca pague em dinheiro. Não interessa se compra um pacotinho de goma de mascar – se é para sua empresa, compre no cartão para criar um registro da compra em um local seguro, que pode ser rastreado em caso de necessidade em data posterior. Mais importante ainda, evite carregar um débito de financiamento no cartão, a menos que seja um cartão com 0% de juros. E mesmo que exista um cartão desse tipo, pague o saldo tão regularmente quanto possível, para amanhã não tropeçar em um monte de débitos explosivos.

Evite passar horas e horas procurando aqueles recibos perdidos. Confie em mim, você me agradecerá quando chegar a hora de pagar os impostos. Nunca perca a oportunidade de conseguir algumas restituições. Dar baixa em itens do negócio é tão bom quanto dinheiro no bolso.

Oito serviços para vender a seus clientes sem sair de casa

As despesas de viagem, hospedagem e para reuniões podem facilmente se acumular e abrir um buraco em seu bolso. Por isso, é melhor minimizar a necessidade de viajar de avião, de carro, economizar com as despesas de hotel e tudo mais sempre que possível. No entanto, você não deve limitar seu mercado; apenas precisa vender seu produto ou serviço usando ferramentas mais eficazes para minimizar seus gastos. Por exemplo, mantenha os custos baixos fazendo reuniões virtuais, videoconferências e apresentações *on-line*. A seguir, estão as minhas oito ferramentas favoritas para eliminar a necessidade de viajar e fazer apresentações de sua empresa.

1. ***SlideRocket.com.*** Permite que você crie apresentações temáticas e dinâmicas através do seu navegador. Podem incluir *flash*, vídeos, fotos, gráficos e música. O site também mede a eficácia de cada *slide* em sua apresentação. Custo: gratuito até 24 dólares por mês.

2. ***SlideShare.net.*** Serve para você compartilhar apresentações de *slides* ao público em geral, ou de forma privada, em sites, *blogs* e redes sociais. Custo: gratuito.

Apertem os cintos (porque o dinheiro sumiu) 159

3. **Screenr.com.** oferece a produção de vídeo na web para demonstrar seu produto ou serviço por meio de Twitter, telefones celulares e internet. Custo: gratuito.

4. **Meebo.com.** É um programa que agrega seus perfis de mensagens instantâneas para conversar com os clientes e colegas de trabalho na rede social, ou em qualquer ferramenta de mensagens instantâneas. Custo: gratuito.

5. **Animoto.com.** Permite criação imediata de vídeos divertidos a partir das mídias que você tiver em seu computador. O serviço também incorpora mensagens de marketing e *links* para seu *website* nesses vídeos. Custo: gratuito a até 249 dólares por ano.

6. **DimDim.com.** Realiza reuniões ao vivo e *webinários* por meio de seu navegador, além de compartilhar arquivos, apresentações, páginas da web, quadros ou gráficos. Custo: gratuito a até 69 dólares por mês.

7. **FreeConferenceCall.com.** Fornece um número de telefone para você acessar, todos os dias, 24 horas; uma linha privada para teleconferências. Você pode organizar um número ilimitado de teleconferências de seis horas com até 96 participantes. Custo: gratuito ou variado, dependendo do serviço.

8. **Skype.** Permite a conexão dos usuários com qualquer pessoa no mundo por mensagens instantâneas, compartilhamento de arquivos, chamadas gratuitas de vídeo e de voz. Custo: gratuito a até muito variados.

Viva sem papel. Não há melhor maneira de complementar seu escritório virtual do que preenchê-lo com suprimentos virtuais. Se puder criar um ambiente de trabalho digital e móvel, eliminará a maioria das despesas de fornecimento de material de escritório. Ao estabelecer um fluxo desse tipo, a *Sizzle It!* reduziu o uso de materiais em mais de 90% e poupou cerca de 10 mil dólares por ano.

Elimine a necessidade de ter armários e arquivos volumosos. Salve e armazene automaticamente seus documentos em *drives* externos ou virtuais. Economize papel e evite o uso de selos, adotando comunicação com clientes e fornecedores por *e-mail*, em vez de cartas, fazendo a leitura de mensagens e documentos na tela de seu computador sem imprimi-los. Ignore o uso do fax; digitalize e envie por *e-mail* seus documentos. Corte o uso de cheques e envelopes usando o internet *banking* para pagar suas contas. Deixe de comprar *softwares* dispendiosos e aproveite aplicativos disponíveis na web.

Cada centavo poupado em despesas de escritório é mais um dinheiro que você em sua retirada ou para gastar em marketing. Em relação aos materiais que terá mesmo de comprar, faça isso em grandes quantidades para economizar no volume, preferindo marcas genéricas em vez de grifes.

Os vendedores não são seus amigos. Por acaso seus prestadores de serviço ajudam a pagar seu aluguel? Não. Eles compram suas roupas ou fazem o supermercado para você? Não. Então, não os ajude a ganhar mais dinheiro à sua custa. Faça-os merecer serem contratados por você.

Não se deixe iludir por estudos de caso fictícios ou pela conversa exagerada de vendedores. Não importa se, do outro lado da linha, um vendedor deixá-lo entusiasmado; garanto que você não conseguirá o mesmo nível de sucesso alcançado pelos números mágicos que ele apresenta. Faça sua própria pesquisa, localizando os clientes atuais e do passado desse vendedor, e verifique a média de resultados por si mesmo.

Não seja um idiota, mesmo que alguém tente tratá-lo assim – nem se deixe intimidar por isso. É melhor negociar ferozmente com uma mentalidade de vitória. Lute por melhores planos de pagamento e condições de crédito, incentive-os a adoçar o caldo com grandes descontos, serviços adicionais e apresentações a clientes potenciais. Basicamente, peça tudo o que você não gostaria de ser obrigado a fazer por seus próprios clientes. E nunca aceite a primeira proposta, por nenhum motivo.

Pechinche. E depois pechinche um pouco mais. Oponha os fornecedores um contra o outro ao comparar suas propostas. Se um fornecedor não lhe der o que quer e você achar que é absolutamente razoável, vá embora e tente encontrar outro.

Nunca se amarre a um negócio que você não quer fazer. Lembre-se, o principal objetivo de um vendedor é vender produtos ou serviços, e não tornar o seu negócio um sucesso. Eles precisam de você mais do que sua empresa depende deles, porque, se não vender, não ganham dinheiro. Você tem o poder nas mãos. Portanto, nesse jogo, abuse desse poder ao máximo para conseguir o que deseja com o preço que possa pagar.

9

Os telefones não tocam sozinhos

OS QUINZE PRINCÍPIOS DE UM VENDEDOR PODEROSO

No mundo dos negócios, não há nada tão terrível quanto o ensurdecedor som do silêncio. Na *empresa que não deveria ter nome*, isso doía nos ouvidos.

Em retrospecto, poderíamos ter feito mais dinheiro sublocando nosso escritório para uma casa funerária. Ninguém foi tão esperto assim – e talvez, mas apenas talvez, pudéssemos pelo menos pagar o aluguel. "Mas por que tudo era assim tão quieto?", alguém pode perguntar. Aqui estão as respostas:

- Confiamos em nossa "singularidade" para atrair clientes.
- Não estabelecemos nenhum sistema ou tática de vendas para entrar em funcionamento imediatamente.
- Nossos métodos de identificação de potenciais clientes eram muito segmentados e pouco específicos.
- Nossa infraestrutura não se destinava a vendas, porque ninguém supervisionou diretamente este departamento crítico.

Você pode saber que tem uma ótima oferta de produtos e serviços, mas isso não garante que alguém dará uma segunda olhada neles. Mesmo que seu portfólio possa realmente poupar o dinheiro dos clientes, ajudá-los a se tornar mais eficientes, ou revolucionar a forma como eles fazem negócio, você deve sempre se lembrar: vendas e marketing representam uma batalha penosa para empresas em início de operação. Os potenciais consumidores não sabem que precisam do seu produto. Na verdade, você descobrirá rapidamente que a maioria não vai querer nem mesmo ouvi-lo falar sobre a mercadoria ou sua empresa.

A mudança e a necessidade de tomar uma decisão são duas coisas que a maioria das pessoas não quer enfrentar, preferindo colocar a cabeça na areia e continuar com sua ideia de que "se não quebrou, não conserte", em vez de tentar algo novo. De acordo com essa mentalidade, as duas coisas podem trazer problemas ou levar ao fracasso. E, nos tempos em que vivemos, isso poderia significar a eliminação sumária de gerentes e empregados que estão agradecidos por ter um emprego.

Persistência, paixão e paciência são essenciais para todas as campanhas de marketing e vendas. Mas sem as mensagens e táticas corretas, sua energia e seu trabalho duro vão alcançar ouvidos surdos e se perder na confusão. Antes de produzir um folheto, pegar o telefone para fazer uma chamada ou enviar um *e-mail*, você precisa aprender a atrair *prospects*, convertê-los em clientes por longo prazo e se destacar dos outros caras. Agora vou ensiná-lo a conseguir clientes de qualidade, fazer telefonemas com conteúdo e criar uma propaganda boca a boca consistente sobre o seu negócio... Tudo isso com um orçamento apertado.

VENHA PARA FORA! VENHA PARA FORA! SAIA DE ONDE ESTIVER

A chave do sucesso para gerar movimento no seu negócio é entender, identificar e capitalizar vários nichos de mercados que são mal atendidos pela concorrência. São porções de mercados específicos – pequenos, como diz sua própria denominação – e segmentos especializados com viabilidade comercial dentro de grandes setores industriais, da mesma forma que as mães de primeira viagem são uma parcela em relação a todos os negócios ligados à maternidade e aos bebês, ou como as pessoas que compram roupinhas de estilistas para seus cãezinhos formam um dos grupos de consumo que movimentam os *pet-shops*. Localizar esse público potencial permitirá que você tire leite de pedra com mais frequência.

Encontre seu nicho e crie o próprio mercado. Após identificar o nicho de mercado que lhe interessa, determine todas as informações fundamentais para produzir um detalhado perfil dos potenciais clientes e a estratégia ideal para acertar o alvo. Quem mora em seu mercado? Por que foram malservidos? Como você pode melhor atendê-los e uni-los ao redor de seu produto ou serviço? O que eles comem, leem, o quanto ganham e o que costumam vestir? O que eles compram, e por quê? O que eles amam e o que odeiam? Onde trabalham e quais posições ocupam na profissão? A quais grupos e organizações pertencem? Onde se reúnem para ficar *on* e *off-line*? Eles participam de eventos específicos, feiras, reuniões e congressos? Em suma, o que os define?

Melhor estudar bem para não atirar uma rede pequena ou grande demais. Ser muito específico em um mercado pode secar a entrada de recursos, enquanto uma rede enorme pode abrir as comportas e afogá-lo com uma leva de clientes irrelevantes. Quando quero encontrar uma boa estimativa de um determinado mercado, uso as ferramentas de anúncios grátis no Facebook e LinkedIn. Com isto, vejo se meu nicho de mercado tem cinco pessoas ou 50 mil, bastando digitar algumas palavras-chave e selecionar os parâmetros do cliente-alvo – sem ter de comprar um único anúncio nessas duas redes sociais. Compile depois os dados e adicione as conclusões em seu plano de um parágrafo e em sua lista de verificações.

Escave os dados em busca de rastros digitais. Quer jogar fora tempo e dinheiro em uma campanha de marketing extremamente ineficaz? Envie seus materiais para endereços gerais corporativos, para *e-mails* do tipo "info", tente atingir o alvo com telefonemas aleatórios de telemarketing e converse com qualquer um que atender o telefone. Mas, se quiser melhorar suas chances de sucesso, você deve saber exatamente quem deseja alcançar – incluindo nome, cargo e informações de contato.

Como descobrir este tipo de informação? Tudo o que precisamos é fazer o trabalho de um furtivo detetive *on-line*. A maioria das informações de seu *prospect* está disponível *on-line* – isto é, se você souber como procurar. Em alguns casos, a localização desses dados será tão simples quanto visitar a página de contato do *website*. Em outros, exigirá um pouco mais de navegação pela internet.

Para aqueles clientes potenciais que não aparecem imediatamente, comece sua pesquisa usando palavras-chave do seu perfil de cliente para caçá-lo, seguindo suas pegadas digitais. Faça parte de grupos *on-line* relevantes, fóruns, *feeds* e redes sociais para ganhar acesso ao grupo de administradores e dirigentes desses grupos, além de encontrar folhetos e matérias de imprensa de feiras, conferências e eventos da indústria já acontecidos.

Procure testemunhos de clientes em sites concorrentes da web, em materiais impressos e tópicos de bate-papo. Localize estudos de caso e citações em *blogs*, na imprensa e nas comunicações da indústria. Veja se a pessoa mantém uma conta no Twitter. No início da *Sizzle It!*, eu visitava regularmente os *websites* de distribuição de comunicados de imprensa para conseguir os contatos dos profissionais de relações-públicas que apareciam nos rodapés desses informes, porque esses profissionais eram meus clientes-alvo.

Às vezes, determinadas informações de contato podem ser o suficiente para resolver o enigma de como aumentar o movimento de seu negócio. Não advogo que você se torne um *spammer*, mas se for capaz de encontrar o nome de um potencial cliente, da empresa e do formato do *e-mail* dele, ou ainda o telefone do departamento, estou certo de que descobrirá alguma maneira de alcançá-lo com informações relevantes. Por exemplo, eu costumava ligar para a área de vendas de uma empresa em perspectiva e dizer a quem atendia que a telefonista havia me transferido para o ramal errado. Quando me peguntavam com quem gostaria de falar, dizia que era alguém de relações-públicas e pedia que me dissessem o nome correto da pessoa e seu ramal. Embora muitas recepcionistas desligassem o telefone, descobri que o pessoal de vendas procura rapidamente liberar seu ramal passando a informação solicitada.

É melhor nunca comprar aqueles *mailings* de fornecedores que prometem um banco de dados completo. Não caia na esparrela de conseguir "milhares de nomes de contatos de qualidade" imediatamente, ou qualquer outro absurdo semelhante. Na minha experiência, a maioria das empresas que vendem tais informações é fraudulenta ou são *spammers* cujas listas não prestam para nada, por serem desatualizadas e obsoletas. Lembre-se de que a mesma listagem que lhe será vendida pode ter sido comprada por muitos outros, e muitas vezes.

Não desperdice seu dinheiro em táticas do tipo conseguir algo "fácil" ou "bom demais para ser verdade". Faça você o levantamento, formule e conduza o processo de criar sua própria pesquisa e aquisição de contatos. Lembre-se, ninguém conhece seu nicho de mercado melhor do que você mesmo.

Procure a informação de contato preferencial em seus **prospects**. Não basta você se esticar e tocar em alguém, pode ser que essa pessoa não queira ser importunada, afinal de contas. Use os dados que compõem seu perfil de mercado para determinar a forma adequada de fazer contato com os principais tomadores de decisão, entusiastas e influenciadores em cada um dos nichos nos quais você quer entrar.

Descubra qual tática lhe dará maior chance de sucesso. Se, por exemplo, o mercado está cheio de entusiastas da tecnologia, as melhores formas de contatá-los seriam por meio de *e-mail*, redes sociais ou mensagens de texto. Se, no entanto, seu mercado é composto de pessoas mais velhas, que não sabem a diferença entre CDs e DVDs, usar telefone e malas diretas pode ser mais apropriado. Determine as formas mais convenientes para seus clientes ver, ouvir e consumir sua mensagem, mas em um formato e canal que sejam escolha deles – e não sua. Por acaso, eles estão sempre em movimento e preferem o *e-mail*, ou são borboletas sociais que gostam de participar de encontros olho no olho? Não presuma que conhece a melhor maneira de inserir sua mensagem e seus serviços na vida de seus clientes em potencial. Nem todos preferem ser contatados da mesma forma. Você precisa dividir seu nicho de mercado em categorias específicas para usar a chave certa na porta certa.

Dedique um tempo para conhecer e compreender os clientes em seu próprio território. Saiba o que faz o coração deles balançar. Perceber o comportamento do público-alvo pode fazê-lo jogar pela janela custosas ideias de marketing – porque opções como distribuir folhetos no supermercado ou um contato pessoal com seus clientes podem ser tudo de que você precisa. Colocar--se no lugar dos seus clientes muitas vezes abre seus olhos para descobrir como está equivocado em suas suposições sobre o mercado.

Uma vez, na *Sizzle It!*, cometi o erro de enviar um lote de postais pelo correio – que custou 2 mil dólares – por supor que um *e-mail* de massa seria descartado como *spam*. A tática não trouxe um único *prospect*. No entanto, quando transferi a mesma oferta para um envio maciço de *e-mails*, o resultado foi um enorme retorno. Se tivesse ligado para alguns de meus clientes já existentes, saberia que, como política corporativa, a maioria das empresas de RP descarta materiais do tipo que enviei, e, como resultado, teria economizado uma tonelada de dinheiro.

VENDA COMO SE NÃO HOUVESSE AMANHÁ, OU NÃO HAVERÁ MESMO

É maravilhoso que você consiga se tornar o criador do seu próprio nicho de mercado, repleto de milhares de potenciais clientes. Ótimo para você! Mas o verdadeiro desafio será converter essa gente toda em clientes leais. E que pagam.

Vou contar-lhe um pequeno segredo: a maioria dos empreendedores não têm a mínima ideia sobre o que é vender – ou simplesmente detesta fazer isso. Descobri nas minhas viagens que muitos proprietários de pequenas empresas se enquadram em duas categorias: extremamente agressivos, sem noção dos espaços individuais, ou mansos como ratinhos, que não têm força para dar um gemido. Alguns não vendem o suficiente, enquanto outros não conseguem criar práticas de vendas sistemáticas. E a maioria desperdiça tempo precioso tentando converter céticos em compradores que dizem "sim".

A chave para se tornar um vendedor poderoso não é ter um ótimo produto ou serviço. Esses vêm, vão e mudam regularmente. O truque é criar e aperfeiçoar um sistema de venda eficaz, que construa a confiança dos consumidores, gere vendas e produza um fluxo de caixa estável – um sistema pronto para lidar com qualquer tipo de cliente ou circunstância. Você não consegue dominar a arte da venda em apenas uma noite. Esta técnica virá por meio da prática, revendo constantemente seu arsenal de negociação e aprendendo com as falhas e o sucesso.

A seguir, o sistema de quinze princípios irá ensiná-lo a ser um vendedor poderoso para seu negócio.

Princípio 1 – Conheça o que você vende

Você realmente sabe o que está vendendo? Sei que pensa que sim, mas aposto como não sabe! Não se sinta mal, pois os outros empreendedores, em sua maioria, também não têm a menor ideia do que vendem.

Se lhe perguntar o que um encanador vende, você provavelmente responderia serviços de encanamento. E o que vende a lavanderia a seco perto da sua casa? Sua resposta seria serviços de limpeza de roupas. Mas se pedir para você me dizer os motivos que o levaram a contratar os serviços do encanador ou da lavanderia, duvido que sua resposta seja consistente.

Claro, todo mundo sabe que um encanador tem habilidades específicas, mas o que ele está vendendo não é isto. É a certeza de que o encanamento de sua casa não vai estourar e a tranquilidade de que, se isso acontecer um dia, você estará coberto. O mesmo ocorre com a lavanderia: sabe-se que elas lavam, passam e dobram roupas, lençóis e outros artigos de cama e mesa, mas os consumidores não pagam para lavar suas roupas íntimas. Eles vão à lavanderia porque o serviço lhes oferece conveniência, dá mais tempo para si mesmos e a sensação de usar uma camisa bem lavada e bem passada.

Compreenda este fato simples: seus clientes não irão contratá-lo apenas pelos serviços que presta. Centenas de milhares de pessoas são encanadores ou trabalham em lavanderias. Você será contratado porque lhes oferece algum benefício, e vai de alguma forma tornar a vida deles mais fácil. Nossos clientes não contratavam a *Sizzle It!* porque produzíamos vídeos – existem milhares de empresas que fazem isso –, mas por termos simplificado e adaptado um complicado procedimento, que antes atrapalhava o fluxo de trabalho de nossos clientes e o gerenciamento de projetos.

Portanto, venda *benefícios,* não serviços. Inspire confiança, identificando os pontos mais doloridos do cliente e explicando-lhe como tapar esses buracos. E antes de disparar sua seta, pare e pense: o que faria você comprar seu próprio produto ou serviço. Este não é o momento de se enganar, acreditando em seus argumentos de venda. Dizer que seu serviço fornece uma alternativa barata em relação à concorrência, ou que é um produto "inovador", pode ser ótimo e tudo o mais, mas caia na real – duvido que você comprasse algo baseado nessa conversa mole. Acho que nem perderia seu tempo ouvindo isso.

Não perca tempo vendendo o invendável. Só vai frustrar seus potenciais clientes, sem ganhar nada em troca. Se você não compraria seu próprio produto, não espere que alguém o faça. Modifique sua oferta de serviços até que, sinceramente, tenha vontade de tirar o dinheiro da carteira, e sem um pingo de hesitação.

Princípio 2 – Diga a seus clientes que você tem uma "PUV"

Nada deixa pior sensação em um cliente do que afirmar falsidades flagrantes e exageros como verdades absolutas. Uma vez fui ao consultório de um médico que tinha uma placa enorme do lado de fora dizendo "especialista de renome mundial". Não fiquei surpreso quando, mais tarde, dei uma "googlada" nesse indivíduo supostamente tão prestigiado pelo mundo e não achei nada mais do que seu endereço *on-line.*

Sim, você precisa se mostrar saindo da caixa, mas de modo algum será uma ideia inteligente basear sua diferenciação em mentiras ou hipérboles. Se você procura maneiras infalíveis de *nunca* fazer uma venda, simplesmente anuncie que seu serviço é o melhor ou o maior do mundo, e dê tudo por terminado. No entanto, se estiver buscando formas de se destacar com credenciais verdadeiras e com substância, identifique sua proposição única de venda (PUV), e venda *isto* aos seus potenciais clientes.

Uma proposição única de venda é alguma coisa do seu negócio que oferece uma vantagem estratégica sobre seus concorrentes. É muitas vezes o veículo que fornece os resultados e benefícios dos quais falamos há pouco. Diferenciar sua empresa de seus concorrentes é o fator-chave para atrair seu nicho de mercado em direção ao seu produto ou serviço.

Os telefones não tocam sozinhos 169

Nove maneiras gratuitas (ou muito econômicas) de gerar milhares de consumidores potenciais

Vender é, acima de tudo, um jogo de números. Quanto mais segmentado começar, mais provável será que você tenha êxito. E não há maior concentração de potenciais consumidores disponíveis do que na internet. Existem inúmeros recursos *on-line* que podem mantê-lo em contato com seu nicho a qualquer momento. Aqui está uma lista dos meus mecanismos e táticas favoritos (gratuitos ou de baixo custo) na web:

1. *BoardReader.com.* Permite-lhe encontrar fóruns *on-line* onde usuários postam comentários sobre marcas, seus concorrentes, ou informações sobre sua marca, transformando de forma eficaz essas conversas no fórum em clientes potenciais. Custo: gratuito.

2. *Twellow.com.* É o equivalente das Páginas Amarelas para o Twitter. Pesquise em centenas de categorias para encontrar interessados potenciais em sua indústria ou que vivem em seu nicho de mercado. Custo: gratuito.

3. *Busque em redes sociais.* Digite termos específicos da linguagem de seu negócio ou indústria e encontrará possíveis clientes nos grupos do Yahoo, MeetUp.com, Ning.com, LinkedIn.com, Facebook.com, Ryze.com e Biznik.com. Custo: gratuito.

4. *Flowtown.com.* Permite-lhe saber mais sobre os *prospects* que fazem parte do seu alvo, mas as informações são limitadas. Basta importar um endereço de *e-mail* para o site, e ele imediatamente lhe diz o nome, ocupação, localização, sexo e *links* para as redes sociais aos quais ele está associado. Custo: gratuito a até custos variados.

5. *Google Alerts.* É um serviço do Google que envia diariamente *e-mails* com conteúdo de toda a web, apresentando suas consultas, tópicos e palavras-chave previamente selecionados. Custo: gratuito.

6. *SocialMention.com.* É uma ferramenta de busca em tempo real nas redes sociais que mostra aos usuários quem, o que e onde as palavras-chave, linguagem específica e marca de sua empresa estão sendo discutidos no mundo da mídia social. Muito parecido com os alertas do Google, também oferece um *e-mail* diário. Custo: gratuito.

7. **Bump.** Permite a troca de informações de contato com clientes potenciais instantaneamente em qualquer lugar. Este aplicativo para iPhone e Android compartilha informações de contato entre dois dispositivos móveis quando eles se encontram juntos. Custo: gratuito.

8. **Gist.com.** Conecta sua caixa de entrada com a web, o que lhe permite agregar e visualizar informações importantes em tempo real sobre cada um dos seus contatos, como o *status* em mídias sociais, as atualizações do *blog* e outras informações críticas comerciais. Custo: gratuito.

9. **Wufoo.com.** É um editor de formulários HTML que permite aos usuários criar e gerenciar qualquer tipo de modelo *on-line*, tais como convites, formulários de contato, inscrições em *mailings* e livro de pedidos, tudo isso sem necessidade de conhecimento prévio de programação. Custo: gratuito a até 30 dólares por mês.

Aproveite cada oportunidade de expor para o mercado alvo por que seu serviço é mais conveniente do que o de seus concorrentes. Um deles até pode alardear que tem uma oferta de "multisserviços" em um único local, mas seu nicho de mercado pode preferir um especialista. Caso seu concorrente seja um líder em preços baixos, sua clientela pode ser do tipo que tem predileção por alta qualidade artesanal a preços baixos. Descubra o que os clientes não gostam da concorrência e transforme essas falhas em vantagens para você.

Princípio 3 – Fale com seus clientes potenciais como se eles tivessem dois anos de idade

Não espere que os clientes conheçam ou entendam alguma coisa sobre suas ofertas ou seus benefícios. Eles não têm noção de nada. Por esta razão, seu principal papel como um chefe do pessoal de vendas não é vender seus produtos e serviços aos clientes, mas educá-los. Dedicar tempo ensinando seus potenciais consumidores e oferecendo-lhes ferramentas educativas convenientes – em vez de tentar vender-lhes produtos – é a maneira mais eficaz de converter metas potenciais em clientes concretos.

Primeiro, você precisa de um discurso de vendas, que servirá como seu principal gancho e deverá responder a seis perguntas básicas:

1. Quais são os resultados e os benefícios que seu produto ou serviço oferece?
2. Como seu produto ou serviço funciona?
3. Qual é a sua proposição única de venda?
4. Quanto tempo leva para o serviço ficar completo?
5. Quanto custa seu produto ou serviço?
6. O que você oferece em termos de ofertas especiais?

Se você fez seu trabalho até este ponto, a maior parte do discurso de vendas se originará do plano de negócios de um parágrafo. E, como deve acontecer com todos os demais materiais de venda, mantenha sua exposição didática e vá direto ao ponto. Retire tudo aquilo que possa confundir ou seja um pouco demasiado para seu cliente potencial. Fale pausadamente, em termos leigos, e use palavras simples que dispensem um dicionário para tradução.

Depois de aperfeiçoar seu discurso de vendas, o próximo passo é adaptá-lo a vários formatos, para cada tipo de cliente que seu negócio terá como alvo dentro do seu nicho de mercado. É um processo parecido com o de descobrir o método de contato que melhor se encaixa para cada um de seus *prospects*, além de ser igualmente importante educá-los adotando os meios e canais com os quais se sintam mais confortáveis de usar.

- **Discurso de vendas verbalizado.** Este método será utilizado para chamadas telefônicas, conversas de um minuto no elevador e apresentações presenciais. Deve levar apenas de trinta segundos a um minuto – sem que você acelere a cem por hora. Esses discursos verbalizados precisam soar naturais e autênticos, tratar de todos os seus pontos principais, sem parecer que foram ensaiados exaustivamente.

- **Discurso de vendas multimídia.** Isso será usado para reuniões virtuais, *e-mails* e em seu site. Pode ser uma apresentação de *slides* no PowerPoint, uma apresentação em Flash ou um vídeo. Mantenha suas apresentações com até dez *slides*, e os vídeos com dois a três minutos.

- **Discurso de vendas impresso.** Pode ser um PDF feito a partir de seu site ou entregue depois de uma reunião presencial. Como os documentos mais extensos provavelmente serão jogados fora, passados adiante ou desviar a atenção do leitor com excesso de pormenores,

172 *NUNCA PROCURE EMPREGO!*

você deve manter todo seu material impresso em uma página. Sim, uma página! Qualquer coisa que não esteja naquela página pode muito bem não existir.

Ajude os clientes a ajudá-lo. Ampare seus discursos de vendas com materiais complementares, tais como folhas de perguntas frequentes, informações *on-line*, amostras de produtos, demonstrações e mídia tutorial. E, ao adquirir mais conhecimentos sobre seu nicho de mercado, pondere a necessidade de produzir várias versões de cada um de seus discursos de vendas para abranger completamente cada categoria de clientes.

Dez coisas que você precisa saber
para fazer uma apresentação melhor

Nada é pior do que uma reunião longa e desgastante, que mais parece uma consulta no dentista – com anestesia. O último lugar do mundo onde você gostaria de estar é numa sala em que alguns tiram uma soneca e outros não param de olhar o relógio durante sua apresentação.

Para ser eficaz como vendedor, é importante dominar técnicas de explanação e aprender a atrair seu público com informações específicas para conseguir resultados no mais curto espaço de tempo.

1. ***Esteja preparado.*** Fique sempre pronto para as pessoas que vai encontrar. Nunca faça ninguém esperar por você.

2. ***Venda a carroça na frente dos bois.*** Toda venda começa com a primeira impressão. Comportamento e atitude são importantes. Seja simpático, com os pés no chão e confiante. Atraia as pessoas com seu entusiasmo, energia e paixão.

3. ***Diga o que tiver de dizer em trinta segundos, ou menos.*** Vá direto ao ponto. Seus clientes e parceiros em potencial têm outras coisas para fazer, então, faça-os dizer "sim" o mais rápido possível. Quanto mais falar, mais você dá às pessoas coisas a considerar. Torne tudo mais fácil para eles: diga o que precisa ser dito, e nem mais uma palavra sequer.

4. ***Ajuste o discurso à pessoa.*** Crie a apresentação certa, não a "sua" apresentação. Faça uma pesquisa antes de qualquer discurso ▶

de vendas para personalizar as partes que podem ser adaptadas, garantindo ainda que tenha todas as informações necessárias e corretas no que se refere à pessoa sentada do outro lado da mesa – ou do outro lado da internet.

5. **_Mostre, não fale._** Faça apresentações interativas. Demonstre o seu produto ou serviço, mostre seus resultados, em vez de apenas falar sobre eles.

6. **_Use o visual._** Não faça as pessoas dormirem com excesso de texto. Mantenha seus _slides_ ou vídeos simples e limpos. Concentre--se em criar apresentações visualmente atraentes, usando fotos, vídeos, áudio e gráficos, com texto mínimo.

7. **_As melhores apresentações são conversações._** Fale com seus potenciais clientes e parceiros. Nunca lhes dê palestras, sacando ordens do bolso ou elogios em demasia a si mesmo e ao seu produto. Envolva-se e interaja com as pessoas na sala. Incentive o debate e as perguntas quando estiver se apresentando.

8. **_Fale claramente._** Você trata com pessoas, não com robôs. Não se deve utilizar jargões ou clichês para fazer valer seus pontos. Elimine os seguintes termos de seu vocabulário: inovador ou inovar, sair da caixa, web 2.0, a próxima geração, original e maiores do mundo. Use as ferramentas do gobbledygook.grader.com para manter seu discurso livre de jargões.

9. **_Mostre respaldo, ou cale a boca._** Ao pedir a alguém para investir tempo e dinheiro em seu produto ou serviço, mostre-lhe que merece isso, apoiando seus conhecimentos e perícia com experiências e resultados reais. Evite argumentos hipotéticos ou alegações infundadas. Se você não puder fazer ou prometer algo e cumprir, encontre outra maneira de vender seus serviços.

10. **_Saiba sobre o que está falando._** Não diga coisas para tentar parecer mais esperto e inteligente, nem afirme algo que pareça bom demais para ser verdade apenas para fechar uma venda. Como já disse, menos é mais – e isto também o mantém longe de problemas. Lembre-se, você é o responsável por todos os compromissos e palavras de sua empresa. O mais inteligente a fazer quando não sabe alguma coisa é admitir que não está informado, para então descobrir isso rapidamente e voltar com uma resposta objetiva.

Princípio 4 – Prefira rebatidas do que *home runs*

Sem receitas consistentes e recorrentes, sua empresa não sobrevive por muito tempo. Por isso, é importante dividir os clientes potenciais em duas categorias: "rebatidas" e *home runs*.

"Rebatidas" englobam os clientes pequenos, café com leite, que são fáceis de focar, mais acessíveis e simples de vender. São poucas as pessoas que tomam decisões, têm ciclos de vendas mais curtos e há pouca burocracia. Exemplos desta categoria incluem pequenas e médias empresas e consultorias individuais. Eles não garantem margens de lucro que lhe permitam se aposentar, mas converter esses clientes em âncoras do seu negócio é fundamental, pois são os responsáveis pela maior parcela do seu fluxo de caixa. Esses clientes também serão os principais influenciadores do boca a boca sobre seu produto e também os construtores do seu prestígio dentro de seu campo de ação e de sua comunidade.

Já a categoria dos *home runs* pode lhe render grandes aplausos, mas eles são poucos e distantes; por isso, até que tenha resolvido todos os enroscos de seu negócio e estabelecido um fluxo constante de "rebatidas" para o seu caixa, evite esse pessoal. Os ciclos de vendas dos *home runs* não são favoráveis para seu fluxo de caixa nem para seu ponto de equilíbrio. Se eles não lhe derem um "chega pra lá" na primeira esquina, o processo de concretização da venda poderá levar meses, ou mesmo anos, apenas para ter uma rejeição oficial – isto se você receber uma resposta.

Os representantes da categoria das "rebatidas" trarão mais gente do mesmo porte para o seu negócio, aumentando sua carteira de clientes, o que lhe dará boas chances de atrair um *home run*.

Veja bem, trocando o beisebol por futebol, não advogo que você nunca tente acertar um gol do meio de campo – até porque, ao conquistar um desses clientes de grande porte, com certeza, virão outros –, mas repito que esta não deveria ser a sua prioridade. Concentre-se em ficar no campo, ganhando musculatura, para mais tarde fisgar os peixes grandes. Assim que tiver acumulado uma boa quantidade de âncoras, que ajudem a manter suas despesas, inclusive pessoais, aí sim use o recorde de pontos para aumentar sua confiança, marcar um gol de placa e conquistar um megacliente.

Princípio 5 – Cobre menos e entregue mais

Sua estratégia de preços iniciais, como já disse, precisa atrair cada vez mais clientes da categoria das "rebatidas". Depois, você pode dedicar seu tempo para desmembrar seu modelo de negócio em até 500 planos de preços diferentes. Mas, agora, só uma coisa é importante: receitas imediatas.

Ao contrário dos concorrentes maiores, que precisam adicionar a infraestrutura e despesas gerais mais pesadas nos modelos de precificação, você só precisa considerar o seguinte tripé: a faixa de preço aceitável em seu nicho de mercado, sua velocidade pessoal de consumo de recursos e custos fixos associados ao seu produto ou serviço. São economias de gastos que lhe dão uma vantagem comparativa. Mas vencer a concorrência no preço de venda não será suficiente. A melhor maneira de liquidar a fatura é soltar um gancho de direita e nocauteá-los também com a qualidade do seu serviço – não apenas em preços. Afinal, se estivesse fazendo negócio com um fornecedor, será que a diferença de poucos dólares a menos faria você trocar de prestador de serviços? Provavelmente, não.

Quando fui consultado pela empresa de anuários para os colégios *Yearbook Innovation*, sobrepujamos concorrentes gigantescos com um programa chamado *Save 20*. O conceito era simples: cortar em 20% as propostas já apresentadas pelos anuários, eliminar juros de mora e penalidades que assolavam as escolas, oferecer serviços de suporte e *design* de graça em maior volume do que qualquer um de nossos competidores poderia fornecer – tudo isto somado a um produto de igual ou melhor qualidade que a concorrência. Com o *Save 20* conquistamos grande participação no mercado local. Quando os concorrentes tomaram conhecimento de nossa proposta, baixaram os preços para continuarem competitivos, mas aproveitamos a situação para mostrar aos clientes o quanto eles haviam sido roubados durante o período contratual anterior. Apuramos que algumas escolas teriam economizado cerca de 100 mil dólares, no prazo de cinco anos, se seu fornecedor lhes tivesse dado preços mais baixos. Isto nos trouxe ainda mais clientes.

Por isso, golpeie os preços dos concorrentes para lhes quebrar as pernas e abrir portas de mais clientes. Elimine as desvantagens competitivas para, no *mínimo,* corresponder às suas capacidades. Então, agregue mais valor com serviços gratuitos ou suporte aos clientes, golpeando os concorrentes para fechar mais negócios. No entanto, nunca permita que essas ofertas gratuitas se transformem em centros de custos ou em sugadores de tempo. Use táticas baratas e acrescente valor percebido para derrubar competidores e fazer com que peçam água.

Há sempre um caminho para vencer a concorrência. Mas alegar que você pode oferecer mais não é suficiente. Cumpra além de suas promessas, enquanto se mantém rentável e eficiente, e seu resultado será ganhar mais participação de mercado.

Princípio 6 Entenda seu cliente em potencial

Os vendedores mais capacitados são perceptivos para discernir de imediato a legitimidade de um cliente potencial e a existência de fundos usando pistas visuais e aquilo que ouve. As descobertas determinam a melhor estratégia de ataque – e se vale mesmo a pena atacar.

Antes de você se reunir ou conversar com um cliente, investigue-o. Será que sua concordância anterior indicava um interesse sério e genuíno ou era apenas uma lista de perguntas gerais e *blasé*? Foi você quem o procurou ou ele tomou a iniciativa? As perguntas feitas pelo cliente parecem ser dúvidas legítimas ou foi apenas uma perda de tempo? Avalie a localização da empresa, o aspecto do escritório, o *website* e a equipe de gerenciamento: o que tudo isto lhe diz sobre a tolerância desse cliente à faixa de preço do fornecedor? A vibração que você sente no escritório sugere algo sóbrio ou indiferente? A lista de clientes de seu *prospect* consegue lhe dizer o quanto de receita eles geram? Os fornecedores anteriores lhe deram uma ideia de quanto estão dispostos a pagar por serviços prestados? As atitudes deles sugerem que serão clientes de sonho ou um horrível pesadelo?

Procure pistas para determinar o discurso mais eficiente, o melhor modelo de precificação e o tempo necessário para se dedicar a cada uma das iniciativas de vendas. Analise em profundidade os ativos e sinais à sua disposição – desde as respostas de *e-mails* até o retrospecto de seu potencial cliente – para descobrir tudo o que você precisa saber para montar argumentos de venda personalizados e bem informados. Quanto mais conhecimento antecipado, maior será a chance de fechar um contrato.

Princípio 7 – Cale-se e ouça o cliente!

Se os materiais de venda e marketing que você usa são eficazes e geram interesse, eles vão iniciar uma conversa, que deveria ser conduzida pelo seu cliente em perspectiva, não por você. Gabar-se demais sobre seu negócio e enumerar todos os clichês pelos quais ele tão desesperadamente necessita do seu serviço não fará nada mais do que obrigá-lo a desligar você mais rápido do que um operador de telemarketing.

Fique longe de reuniões que parecem palestras e sessões de autoelogio. Ao contrário, fale a seus clientes sobre aquilo que mais apreciam: eles mesmos. Faça-lhes perguntas específicas sobre o negócio deles para aprender mais sobre suas necessidades. Quais são os pontos de maior problema? Quais são as qualidades que procuram em um fornecedor de produto ou serviço? O que foi que tentaram no passado e não deu certo, e por quê? Que tipo de serviço ao cliente esperam receber? Quais são as maiores hesitações deles em contratar você ou um concorrente?

Ouça os principais pontos e mantenha o tom leve e coloquial. Muitas vezes, os clientes mostram-se mais dispostos a dar a informação exata para você realizar uma venda. Só é preciso se calar e ouvir.

Princípio 8 – Puxe do bolso as ofertas do cara bonzinho

Ninguém quer confirmar que errou ou que ficou em apuros por ter apoiado seu produto ou serviço que, no final das contas, acabou sendo um fiasco. Por isso, a maioria dos potenciais clientes lhe dirá não antes mesmo que você tenha a chance de entrar em campo. Dizer não, em geral, é uma aposta segura. Ao contrário de dizer *sim*, o *não* é simples, rápido e deixa pouco espaço para erros, enganos ou consequências negativas. Portanto, você precisa ter algumas cartas na manga que lhe permitam fazer propostas irrecusáveis a seus clientes potenciais.

Chamo isso de "as ofertas do cara bonzinho". Essas ofertas especiais e predeterminadas ficam ocultas, e você pode usá-las em momentos únicos para fechar a venda e ganhar o *status* de "cara bonzinho" com seus clientes e *prospects*. Deixar prontas algumas ofertas muito boas pode significar a diferença entre sua empresa conseguir um novo cliente ou perdê-lo para um concorrente.

As "ofertas do cara bonzinho" são diferentes para cada empresa, mas baseiam-se em reduções de preços, bons descontos em serviços, ou presentes. Existem três tipos: a oferta imbatível, o favor, e o plano para amigos e família.

A *oferta imbatível* é um negócio por tempo limitado que sua concorrência não consegue igualar ou superar. Pode ser um desconto irrecusável, como 80%, ou um pacote de negócios do tipo "pague um e leve dez". A oferta imbatível da *Sizzle It!* era "faça o seu preço". Foi uma proposta arriscada durante a fase de fundação da empresa, razão pela qual só a ofereci a grandes influenciadores de opinião que operavam em meu nicho de mercado − como as organizações comerciais e administradores de grandes *mailing lists* −, por acreditar que poderiam fazer nosso negócio crescer como um todo sem prejudicar demais o caixa.

Essas ofertas não são lucrativas, mas servem para garantir os peixes grandes, referências em grandes corporações e clientes de longo prazo. Por isso, não ofereça a oportunidade a todo mundo, nem mesmo a sua mãe ou seu pai; ela deve ser um último recurso. Deixe claro para seu cliente que você espera manter um relacionamento de longo prazo e também boas referências em troca da oferta imbatível.

A oferta de *favor* é outra oportunidade por tempo limitado, usada para ajudar seu cliente a sair de uma situação difícil, como restrições de orçamento, problemas de prazos ou um negócio malsucedido com um concorrente. O favor implica ir além de sua oferta de serviços por bem menos dinheiro, ou a necessidade de completar uma tarefa em curto período de tempo para ajudar alguém a se livrar de um estorvo. Novamente, não perca a chance de sutilmente lembrar ao cliente que, ao apresentar uma oferta desse naipe, você espera que ele retribua o favor com compras futuras e novas referências.

Finalmente, o *plano para amigos e família* é um desconto permanente ou presentes dados para clientes constantes e selecionados. Pode ser uma ótima maneira de recompensá-los pela lealdade, ou mesmo selar o negócio com um cliente que se beneficiou de uma oferta imbatível.

O ponto importante aqui é conhecer os custos fixos e os requisitos de tempo mínimo antes de implementar qualquer uma dessas ofertas. Você também deve saber de antemão o que sua concorrência pode ou não oferecer. Se for um grande conglomerado, é possível vencê-lo com serviços altamente personalizados. No caso de concorrentes menores, como lojas e outros empreendimentos sob comando familiar, tire-os do caminho oferecendo um influxo de serviços adicionais que eles não teriam condições de assumir.

As "ofertas do cara bonzinho" jamais podem colocá-lo na posição de prometer muito e cumprir pouco – ou, pior, não entregar nada. Tais ofertas são destinadas a reforçar sua posição e ganhar o negócio. Evite trabalhos especulativos e serviços que aumentem seus custos, a menos que você conclua que são absolutamente necessários e justificados em determinada situação.

Seja seletivo e aprenda a reconhecer quais são os clientes que precisam de um incentivo à compra e quem não precisa. Tampouco essas táticas são destinadas ao uso diário. Na verdade, quanto mais rápido você se livrar dessas ofertas imbatíveis, melhor será.

Mais importante ainda: é preciso saber quando se afastar e abandonar uma venda. Os clientes – não os *prospects* – sempre têm razão. Se um *prospect* está lhe pedindo para superar sua já imbatível proposta, então ele é estúpido demais para perceber que sua oferta tem limite, e não vale um segundo a mais de seu tempo.

Princípio 9 – Empurre os estúpidos, faça vendas incrementais aos clientes

Só porque você precisa oferecer mais do que a concorrência aos clientes em perspectiva, não significa que lhes deve dar tudo. Vendas incrementais são as que surgem no final de uma operação negociada. Tornam-se mais bem--sucedidas quando são relevantes ou oferecem um valor agregado à compra do cliente. Por exemplo, garantia estendida ou programas de suporte, produtos complementares à compra principal, promoções e pacotes do tipo "compre cinco e leve um de graça". Se você fosse um prestador de serviços de jardinagem, poderia avaliar a possibilidade de oferecer a seus clientes um tratamento com adubo vegetal especial por preços reduzidos. Como professor particular, venderia livros didáticos ou paradidáticos aos alunos abaixo da tabela. A regra, porém, é encontrar a fórmula de aumentar sua margem de lucro por transação.

Você já fez a parte mais difícil: convenceu-os a dizer *sim*. Agora é hora de levá-los a repetir outro *sim*. Desta vez, determine uma série de ofertas simples, diretas e com preços razoáveis, que possam aumentar seu lucro final com custos mínimos, e faça questão de mencionar essas oportunidades especiais antes de completar uma transação de venda.

Princípio 10 – Construa uma rede de espionagem

Enfrente a verdade: a maioria de seus *prospects* não se traduzirá em vendas. Muitos nem mesmo retornarão seus *e-mails* ou ligações. Apesar de não terem dado o ar da graça nem beliscado a isca, eles ainda não podem ter um papel vital na construção de seu montante de vendas. Acredite se quiser, um *não* pode, muitas vezes, ser mais valioso do que um *sim*.

Se alguém que acabou comprando do seu concorrente está disposto a reservar cinco minutos do dia para lhe oferecer uma crítica honesta sobre o porquê de sua empresa não ter sido escolhida, então cale a boca e aceite. Deixe que se divirta com a superioridade momentânea. Afinal, seu objetivo é muito mais importante do que se deliciar com uma demonstração de poder passageiro.

180 *NUNCA PROCURE EMPREGO!*

Seu propósito deve ser o de saber converter esses "clientes perdidos" em espiões gratuitos e conseguir informações sobre seus concorrentes.

Incentive seus espiões a chutá-lo quando você estiver por baixo. Pressione-os, gentilmente, para obter relatos e avaliações. Pergunte-lhes por que escolheram outra empresa em vez da sua. Quais fatores levaram a essa decisão? O que você não ofereceu, disse ou fez, que alterou o resultado? Como um concorrente conseguiu influenciá-los? Será que eles decidiram seguir em outra direção? Por que decidiram dar meia-volta e escolher um rumo alternativo?

Procure descobrir qual é a posição de vantagem e as ofertas irresistíveis de seu rival. Aceite críticas e insultos momentâneos, para melhorar suas futuras iniciativas de venda e rir por último quando estiver em pé sobre o túmulo dos seus concorrentes.

Cinco maneiras de espionar sua concorrência

Você terá de permanecer um passo à frente de seus concorrentes para vencer esse jogo. Conhecer todos os movimentos deles, incluindo eventuais tropeços, irá ajudá-lo a adaptar suas táticas e fechar as lacunas em sua proposta para matar a concorrência. A seguir, indico cinco ferramentas que uso todo dia para manter os rivais a uma distância segura.

1. *Alertas do Google.* Serviço que envia alertas diários por *e-mail* sobre a concorrência. Também é ótimo para conseguir informações imediatas de campanhas de marketing do competidor e suas menções na imprensa. Custo: gratuito.

2. *Compete.com.* Permite que você analise as palavras-chave de seus concorrentes, veja o comportamento *on-line* dos consumidores, disseque as estratégias dos programas de busca e identifique outros sites com *links* para os sites deles. Custo: gratuito até 199 dólares por mês.

3. *Copernic Tracker (Copernic.com).* É o *software* de acompanhamento na web que avisa sempre que o site do seu concorrente, perfis de mídia social ou fóruns *on-line* foram modificados. Custo: 50 dólares.

4. *SocialMention.com.* Permite que você se mantenha atento aos movimentos das mídias sociais. Essa ferramenta o ajuda a ▷

> encontrar clientes potenciais, além de mostrar a forma como seus concorrentes estão conquistando a audiência das redes sociais e procurar consumidores desencantados, que postaram uma crítica negativa sobre suas experiências com seus concorrentes. Custo: gratuito.
>
> 5. **QuarkBase.com.** Ajuda a descobrir novos concorrentes e fornece dados completos sobre seus sites e ferramentas para você analisá-los. Custo: gratuito.

Princípio 11 – Evite as letrinhas miúdas

Produtos ou serviços colocarão seu negócio no centro das atenções; suas práticas de atendimento ao cliente vão fazê-lo prosperar ou quebrar. Na era da mídia social, uma palavra negativa viaja à velocidade da luz. Um cliente satisfeito pode dizer a cinco amigos que vale a pena adquirir sua mercadoria, mas um insatisfeito dirá a 5 mil estranhos para nem pensar em comprá-lo, sob nenhuma circunstância. Não importa o quanto seu produto ou serviço é ótimo, se você não for capaz de cumprir suas promessas ou gerir as expectativas do cliente, o negócio vai morrer, inapelavelmente.

Anote isto: marketing vende produtos, mas é o serviço ao cliente que vende – sua marca para novos clientes. Um bom negócio que foi exceção pode oferecer alívio temporário para os problemas de fluxo de caixa. Para sobreviver a longo prazo, porém, você deve organizar e colocar em prática um eficiente plano de atendimento que construa e dê uma base de apoio a clientes leais e de confiança.

> ### Dez maneiras de gerir sua reputação *on-line*
>
> Construir uma empresa leva anos, décadas, mas sua destruição pode acontecer em poucos minutos. Justificada ou não, a crítica de um consumidor em um fórum social ou numa rede pode se transformar em um avassalador terremoto sobre sua marca. Se você conseguir se envolver com os usuários nos espaços de mídia social, poderá responder a críticas, aliviar as preocupações, tomar conhecimento de ▶

problemas dos serviços aos consumidores e corrigir irregularidades, evitando que esses clientes irados se tornem terroristas *on-line*. Use as dez dicas seguintes, regularmente, para pescar palavras negativas sobre você no nascedouro antes que algum idiota crie um tópico num fórum e dizime sua reputação tão arduamente conquistada:

1. ***Proteja sua marca e seu nome de usuário nas mídias sociais com KnowEm.com.*** Faça isto antes que alguém tenha a chance de se mascarar como sua empresa. Esse site gratuito permite que você veja a disponibilidade da sua marca ou nome de usuário preferido em mais de 350 redes sociais. Custo: gratuito a até 249 dólares.

2. ***TweetBeep.com e Alertas do Google.*** São ótimos para mantê-lo a par de sua imagem, incluindo nome da empresa, palavras-chave e oferta de serviços no Twitter e na internet. Configure alertas diários para obter as mais atualizadas informações. Custo: gratuito a até 20 dólares por mês.

3. ***BoardReader.com.*** Permite que você use o nome da empresa e suas palavras-chave para acompanhar as conversas sobre seus produtos ou serviços em fóruns. Custo: gratuito.

4. ***Twitter (search.Twitter.com) e Hootsuite.com.*** Ferramentas de pesquisa que tornam mais fácil acompanhar as citações e *tweets* contendo sua marca, serviço ou produto. Custo: gratuito.

5. ***IceRocket.com.*** Permite que você use o nome da empresa e as palavras-chave para ficar à frente dos comentários, vídeos e *posts* nas redes sociais que sejam referentes ao seu negócio. Custo: gratuito.

6. ***Blinkx.com.*** Localiza vídeos *on-line* em todos os sites de compartilhamento de vídeos que mencionem o nome da sua empresa ou suas palavras-chave. Custo: gratuito.

7. ***Faça contato direto.*** Comunique-se com quem publicou *posts* negativos sempre que possível, para oferecer assistência, determinar a forma de resolver um problema, ou pedir uma oportunidade para corrigir erros anteriores.

8. ***Incentive a opinião de seus clientes felizes.*** É uma estratégia para ajudá-lo a enterrar comentários negativos com um fluxo de declarações positivas. Alcance seus clientes para pedir-lhes que ▷

> expressem suas opiniões sobre seu serviço *on-line*. Recrute-os para postar depoimentos sobre as boas experiências com sua empresa.
>
> 9. **Denuncie abusos.** Adote a mesma postura contra conteúdos inapropriados em qualquer site que seja abusivo ou malicioso em sua natureza, para vê-lo removido por *webmasters* e proprietários.
>
> 10. **Faça contato com webmasters e administradores de sites.** Após uma remoção de arquivos em cache com comentários negativos excluídos, confirme que eles não apareçam mais nos resultados das ferramentas de busca.

Princípio 12 – Não elimine a palavra "cliente" do atendimento ao cliente

Nada me irrita mais do que pessoas que não retornam ligações ou *e-mails*. Pior ainda são aqueles que respondem telefonemas ou *e-mail* como se fossem máquinas de atendimento robótico. Você não é o R2D2 de *Star Wars* nem é tão importante a ponto de não poder ser contatado.

Um programa de atendimento ao cliente não pode seguir a política de "tamanho único". Cada um terá necessidades diferentes, e você deve fazer o seu melhor para atender a todos esses pedidos no menor período de tempo possível. O bom atendimento ao cliente começa no momento da compra. Logo após apertar as mãos de seu novo parceiro, informe-o sobre as opções de comunicação com o suporte ao cliente que sua empresa oferece, e certifique-se de que ele compreendeu todas as formas de interagir dentro de cada canal de comunicação.

O objetivo é ser acessível, ágil e estar disponível prontamente após seu cliente usar quaisquer meios para manter contato com você. Nunca os deixe esperando. Leve minutos, e não dias, para responder. Sempre os mantenha informados de que a ajuda está a caminho. Mesmo que não possa oferecer assistência imediata, faça com que saibam que alguém está ouvindo a reclamação. Se eles deixarem uma mensagem de voz, use uma mensagem gravada para informá-los quando serão contatados por um representante da empresa. Caso enviem um e-mail, use respostas automatizadas para dar uma previsão de tempo específica, com *links* para recursos adicionais de solução de problemas.

Seis recursos para dar um gás ao seu atendimento ao cliente

O serviço de atendimento ao cliente é um trabalho que funciona 24 horas durante os sete dias da semana. Ser eficaz neste ponto garante referências e clientes que voltam a consumir seu produto. Já um serviço ruim, lento ou ineficiente, pode levar a um boicote contra sua marca. É por isso que você precisa ser capaz de oferecer aos clientes uma série de ferramentas para ajudá-los a responder às dúvidas, fazer contato diretamente com você usando a maneira que preferirem, ou solucionar seus problemas da maneira mais rápida e eficiente possível. Aqui está uma lista das minhas seis ferramentas favoritas de atendimento para manter seus clientes satisfeitos e seu departamento de serviço no controle do jogo.

1. *Twitter.* Pode ser uma saudação de 140 caracteres para seus consumidores. Este site de *microblogs* oferece rápido acesso a um representante de atendimento ao cliente (vulgo *você*) e lhe permite entrar em contato imediato em caso de uma emergência. Custo: gratuito.

2. *ZenDesk.com.* Oferece a você e a seus clientes uma solução completa, fácil de usar, um site de suporte e um *helpdesk on-line*. Custo: de 9 a 39 dólares por mês.

3. *GetSatisfaction.com.* É um aplicativo na web que simplifica e compila o *feedback* do cliente, perguntas e respostas do suporte ao cliente, tudo numa única plataforma que pode ser lida e respondida por qualquer um. A ferramenta de suporte pode ser acessada por meio de vários pontos de contato dos consumidores, sejam sites da empresa, Twitter ou Facebook. Custo: gratuito a até 89 dólares por mês.

4. *Uservoice.com.* Permite que você transforme os *feedbacks* mais comuns dos clientes em melhorias no serviço para eles. O dispositivo incorpora-se em seu site e permite que os clientes enviem comentários e votem nas ideias mais relevantes. Custo: gratuito a até 89 dólares.

5. *SurveyMonkey.com.* Facilita a criação de pesquisas personalizadas na web e oferece aos usuários uma ampla variedade de ferramentas de relatórios para você analisar os resultados. Custo: gratuito a até 20 dólares por mês.

> 6. **PollDaddy.com.** É uma pesquisa *on-line* e serviço de classificação para examinar sua comunidade, ver as respostas em tempo real, exportar relatórios analíticos e gerenciar enquetes via Twitter. Custo: gratuito a até 200 dólares por ano.

Princípio 13 – Pareça um titã, mas aja naturalmente

Se você achar que um toque pessoal não faz parte de uma grande estratégia de crescimento para sua empresa – veja bem –, está errado. Os toques pessoais vão melhorar seu negócio mais do que qualquer outra coisa.

Uma vez passei cinquenta minutos de uma reunião de uma hora falando sobre os animais de estimação de uma cliente, e, assim, ganhei a licitação, competindo com propostas mais baratas de concorrentes. Por quê? Porque fiz um esforço para conhecê-la e compreendê-la no nível pessoal. Demonstre interesse genuíno pelos *hobbies* de seus clientes, por suas preferências e paixões. Mantenha uma lista atualizada de coisas originais e especiais sobre cada um deles. Se um cliente gosta de café, ofereça um do tipo especial. Em vez de comprar os mesmos presentes de Natal, tente achar alguma coisa que tenha valor para eles.

Não se esconda atrás de um telefone ou de um endereço de *e-mail*, faça visitas eventuais a seus clientes mais constantes. Esforce-se ao máximo para agradar aqueles que sejam os melhores e mais leais. Trate todos com respeito, não como simples números. Faça com que se sintam valorizados, apreciados como alguém especial. Demonstrar verdadeiro interesse e prestar atenção a detalhes o ajudará a construir uma lealdade e confiança duradouras. Faça aquilo que as grandes empresas não podem – tratar os clientes de forma mais pessoal, e não de maneira padronizada. Lembre-se daquilo que falamos antes: seus clientes iniciais da categoria das "rebatidas" – em relação aos *home runs* – são mais importantes. Sem eles, você não tem nem receitas nem boas referências.

Princípio 14 – Force seus clientes a renunciar ao direito de brigar

Você é o único responsável por definir as expectativas dos seus clientes. Se não agir direito, vai fazê-los investir contra sua empresa possuídos de fúria – até homicida –, o que trará prejuízo para seu bem azeitado processo.

NUNCA PROCURE EMPREGO!

Após cada venda, informe por escrito sobre tudo o que eles precisam saber – desde seu serviço de atendimento à sua política de devoluções, as datas de entrega e qualquer outra coisa que possa ser questionada. Delineie claramente tudo pelo que sua empresa é ou não responsável, bem como o que está e não está incluído na opção de compra.

Na *Sizzle It!*, fazemos que os nossos clientes assinem nosso acordo de pressupostos e serviços antes de qualquer trabalho entrar em processo de produção. Esse documento traz uma lista de tudo aquilo que eles precisam saber sobre o vídeo contratado, o tempo exato de produção e os casos em que haverá cobrança adicional com base em alterações no projeto original. Esse certificado serve de baliza para nos manter rígidos em nossa eficiência e a clientela saber de tudo o que ocorre, além de proteger a empresa de eventuais litígios que possam surgir.

Se você permitir, seus clientes se aproveitarão de você. Então, faça um favor a si mesmo: não deixe espaço para eles conseguirem mais do que pagaram. Mantenha em arquivo toda a correspondência trocada entre as duas partes, para o caso de surgir algum problema. Seja meticuloso ao elaborar seu próprio acordo de pressupostos e serviços. Faça também com que seus clientes assinem um documento reconhecendo que compreendem os termos da compra sem nenhuma dúvida. Acredite, isto evitará inúmeras dores de cabeça mais tarde quando, inevitavelmente, um cliente brigar com você sobre algo que não ficou claro para ele – ainda que provavelmente estivesse definido.

Princípio 15 – Que seja fácil fazer negócios com você

Só porque você acha que algo é fácil não significa que seja assim para outra pessoa. Você vive e respira sua empresa todos os dias, mas seus clientes não. Eles têm suas próprias vidas, horários e prioridades com os quais lidar. Você é um mero *pit-stop* no meio do caminho. Por isso, é importante avaliarem regularmente a facilidade, simplicidade e conveniência de fazer negócios com sua empresa.

Fique atento, e não se espante se descobrir falhas operacionais. Você pode perceber que sua loja de *e-commerce* obriga o cliente a saltar de uma etapa para outra, ou que as opções do telefone confundem o interlocutor com opções genéricas demais. Esteja consciente de que você *não* é o seu cliente. Não importa se você "entende" alguma coisa que eles não compreendem. Pior ainda, que eles não gostem! Existe sempre uma maneira de deixar as coisas mais fáceis – e ninguém sabe fazer isso melhor do que seus clientes em carteira. Dê-lhes uma razão para criticar o seu negócio. Ofereça-lhes incentivos em troca de participação em pesquisas. Peça que eles digam onde há espaço para melhorias. Mais importante, não fique sentado nas respostas, faça alguma coisa com elas. Mostre a seus clientes que ouve o que eles dizem. Garanta que fiquem sabendo das mudanças realizadas em seu negócio depois de ter recebido as dicas e críticas.

10

O FACEBOOK
NÃO É UMA ESTRATÉGIA
DE MARKETING

ACIMA DE TUDO, EU CREDITO A FALÊNCIA DA *EMPRESA QUE NÃO DEVERIA TER NOME* A UMA falha fundamental: o fato de que nosso marketing era praticamente inexistente – e o que existia, com toda a franqueza, era um lixo. Desde nosso lema inútil – "a evolução precisa de uma faísca" – até a falta de uma campanha coesa, nunca comercializamos serviços eficazmente. Aqui está uma amostra de nossos fracassos de marketing:

- Nossa mensagem de marca era pouco desenvolvida, genérica e pouco prática.
- Nosso marketing não era proativo, só reativo.
- Focamos muito em marketing de marca, e não em vender serviços.
- Nossas campanhas de marketing não tinham um público-alvo claro e pecavam pela falta de unidade.
- Gastamos muito dinheiro com a publicação de anúncios ineficazes.
- Deixamos de aproveitar a credibilidade dos clientes, que já tínhamos em carteira, para nos ajudar a arregimentar outros.

Muitos aspirantes a empreendedores – tolinhos – acreditam que tudo que precisam fazer é se inscrever em uma conta no Twitter, fazer um *blog* sobre suas ofertas especiais, entregar um folheto vistoso e pronto, fica tudo certo. Imaginam que, a cada atualização de *status*, haverá chuva de clientes potenciais; a cada folheto entregue ou boletim informativo, uma torrente de grandes resultados; e cada menção da empresa na imprensa será convertida em receita. Logo após estalar os dedos, o negócio conquistará a liderança entre os prestadores de serviços do mercado, simplesmente porque "é isso que vai acontecer". Esta lógica absolutamente irracional não poderia estar mais longe da realidade.

Essas fantasias sobre as redes sociais e os delírios de marketing fizeram com que os amadores acreditassem que milhares de clientes fiéis estão a menos de cinco minutos de distância. No entanto, a mera existência de um mercado para seu produto ou serviço não garante que alguém ouça falar ou se importe com sua marca. As pessoas são bombardeadas com milhares de mensagens todos os dias, o que torna cada vez mais difícil ganhar a atenção delas e converter isto em receita.

É verdade que existem milhões de maneiras de falar sobre sua marca para o mundo. No entanto, sem uma mensagem de qualidade, sem criatividade e sem um bom produto ou serviço que apoie essas iniciativas, sua empresa, sem dúvida, vai se perder no meio do excesso de conteúdo que já entope os canais de comunicação. Para romper essa desorganização e escapar dela, você precisará criar um sistema de marketing que converta tempo, energia e reconhecimento da marca em receitas – e a única maneira de fazer isso é criando mensagens eficazes, tornando-se um especialista em seu campo e construindo uma crescente plataforma multicanal para vender seus produtos e serviços.

MENSAGEM ANTES DA PLATAFORMA

Encare os fatos: qualquer idiota lança uma página no Facebook, carrega um vídeo no YouTube, ou *tweeta* um artigo da imprensa antes de ficar com LER – aquelas terríveis lesões por esforço repetitivo. Os marqueteiros mais eficientes não baseiam campanhas inteiras em ferramentas individuais, plataformas ou canais. Nem ficam alardeando sem parar seus descontos ou promoções, esperando por um retorno sobre seus investimentos. Pense sobre isso: se não acreditam em sua marca nem se importam com o que ela representa, o que faz você acreditar que alguém dará um segundo olhar para o seu cupom de desconto de 20%?

O marketing eficaz é elaborado para amplificar a distribuição orientada de mensagens em pontos de contato com o consumidor, para construir e manter uma identidade de marca que seja forte. A chave é desenvolver a correta mídia de apoio – com informações relevantes, conteúdo, mensagens atraentes e ofertas de cortesia – que trabalhe em conjunto para atrair e formar laços com potenciais clientes, além de estimular esses *prospects* a fazer compras e dar referências como resultado dessas ações.

Tudo isso começa com a criação de uma poderosa mensagem de marca, que seja viável e estabeleça sua posição no mercado, que efetivamente defina a base para seus esforços de marketing e permita que os clientes saibam o que você representa.

192　*NUNCA PROCURE EMPREGO!*

Crie uma linguagem de marca. Comece a construir sua campanha de marketing criando e assumindo uma *linguagem de marca* que seja sólida – com uma série de palavras-chave e frases que capturem a atenção dos clientes. Essa linguagem será usada para informar ao seu mercado o que você faz, e – com bastante atenção, consistência e esforço – poderá um dia se tornar sinônimo da sua marca – como "cópia" é para Xerox, "busca *on-line*" é para o Google, ou "vídeos" para *Sizzle It*!.

Se você possui essa linguagem de marca *on-line*, seu site – bem como outros sites da web e mídias que apoiem suas ofertas – será o primeiro resultado que potenciais clientes verão cada vez que digitarem suas palavras-chave e frases em uma pesquisa na internet. Por isso, inicie o processo de identificar palavras--chave e frases que sejam altamente relevantes para seu produto ou serviço. Nos estágios iniciais da sua empresa, a linguagem de marca deve se restringir a três ou quatro palavras. Da mesma forma, é importante ter certeza de que essa linguagem seja exclusivamente sua, para que você realmente possa se apropriar dela. Por exemplo, um lava-rápido que seja ambientalmente orientado não deve repetir somente as palavras "lava" e "rápido" em função do grande número dessas empresas no mundo. Mas ele pode assumir como expressão própria o *slogan* "lava-rápido ecológico", que traduz bem sua preocupação e seu diferencial.

Mas a posse de uma linguagem será inútil se você não criar uma associação direta nem conectar os consumidores com seus produtos e serviços, e principalmente à sua marca. É importante verificar a relevância da força da marca junto ao consumidor ao procurar ver quantas vezes essas palavras-chave são pesquisadas *on-line*. *Entrepreneur.com* oferece uma ferramenta de busca de palavras-chave, mas outros sites, tais como *Network Solutions* ou *Google Insights*, também podem ajudá-lo a afinar melhor sua linguagem e dominar sua verborragia. Quanto mais relevantes são as palavras-chave, mais vezes elas serão procuradas na web e mais eficazes se tornarão para suas iniciativas comerciais tanto *on* quanto *off-line*.

Depois de ter selecionado as palavras-chave e frases, você terá de incorporar sua linguagem de marca em todos os seus pontos de contato com o consumidor – sejam *slogans* ou biografias, mensagens nos correios de voz, materiais de venda e nos sites de mídia social. Isso garantirá que tudo o que for visto, lido e sentido por seus clientes e *prospects* represente uma coesa identidade de marca.

Nove maneiras de se tornar
uma estrela mundial do Google

A web é o grande equalizador no mundo dos negócios. Empresas de bilhões de dólares e outras recém-criadas competem todos os dias em campo aberto, disputando a melhor exposição na internet. Ao vencedor, o espólio: estar entre os primeiros nos sites de busca pode fazer disparar as receitas e os lucros de um negócio.

A estratégia de colocar sua linguagem de marca e palavras-chave específicas em espaços *on-line* para ganhar exposição é conhecida como otimização dos motores de busca, ou SEO, sigla em inglês para *search engine optimization*. Dominar esta prática aumentará o número de *links*, que direcionam o tráfego para o seu site, e a quantidade de propriedades que você controla na web – o que contribui significativamente para aumentar a visibilidade do seu site em motores de busca.

Veja a seguir nove maneiras de dominar a arte do SEO e conseguir os primeiros lugares nas pesquisas *on-line*.

1. ***Cadastre seu site em motores de busca e diretórios* on-line.** Google, Bing e outros motores de busca permitem que você adicione seu URL aos seus bancos de dados para ajudá-los a encontrar seu site gratuitamente. Desde que cada uma dessas ferramentas de busca tenha seus próprios requisitos, dedique algum tempo para localizar e seguir as instruções de registro de cada site. Há também serviços pagos, como o Visibility Online da Web.com (custo de 77 dólares por mês), que você pode usar para registrar seu site em motores de busca, fazer a manutenção de seu programa de SEO e receber relatórios de SEO detalhando as formas de melhorar a visibilidade de seu site. É igualmente importante pesquisar e criar o perfil da empresa em diretórios *on-line* relevantes, tais como Angie's List, DMOZ.org, SearchLocal, MerchantCircle, Yelp, SuperPages e Google Business Center. Quanto maior a credibilidade dos *links* que levarem ao seu site, melhor será o *ranking* de sua página e maiores as suas chances de aparecer nos resultados de busca.

2. ***Otimize seu site.*** A facilidade para fazer sua pesquisa na web será fundamental para melhorar sua visibilidade *on-line*. Para começar, você precisa de um título de cabeçalho do site – no ▶

máximo de 70 a 80 caracteres – e uma descrição dele, com até 200 caracteres. Tanto o título como a descrição devem incluir toda a linguagem da marca. Você também precisará incluir todas as palavras-chave e frases pelo menos uma vez em suas *tags*, na descrição do site na ferramenta de busca e no corpo do texto. Não abuse do seu uso, porque isso poderá fazer com que algumas dessas ferramentas de busca acabem definindo seu site como *spam*, resultando em baixa classificação no ranking dos mais acessados.

3. ***Distribua comunicados personalizados para a imprensa.*** A ação de distribuir e postar comunicados de imprensa *on-line* criará um grande número de *links* voltando ao seu site – o que, por sua vez, aumentará sua visibilidade e o *ranking* do site. Ao elaborar seus comunicados, inclua suas palavras-chave e frases, uma ou – no máximo – duas vezes no corpo do texto. Depois de bloquear o texto, faça com que os *links* para seu site sejam afixados ao usar as palavras-chave e frases como um texto âncora. Para evitar que os motores de busca leiam seus comunicados como *spam*, faça uma hiperligação de palavra-chave ou frase a cada cem caracteres, apenas. Certos serviços de distribuição de comunicados desse tipo, como o PR Web, farão com que você crie os *hiperlinks* usando seu *software* proprietário. Em todos os outros casos, use w3schools.com para descobrir como escrever um código HTML do *hyperlink*. Utilize o serviço de cabo, como PR Web (custo variável), e serviços gratuitos, como a PRLog.com, para distribuir seu comunicado a centenas de sites e redes de mídia social. Há também muitos sites nos quais você pode postar e compartilhar seu comunicado de imprensa de forma gratuita. Visite este *link* para ver a lista de mais de 50 deles: http://tinyurl.com/ngarjpressreleases.

4. ***Crie vídeos* on-line *e canais de mídia social.*** Essas mídias sociais e os sites de vídeo *on-line* oferecem à sua marca a oportunidade de controlar várias centenas de páginas de primeira linha no cenário da internet, muitas das quais estão classificadas entre as de maior audiência. Povoe todos os seus perfis com o *slogan* da empresa, biografia e o URL do site. Mais importante ainda, inclua sua linguagem de marca e suas palavras-chave nas chamadas, descrições e tags de todas as suas imagens, vídeos, arquivos e *posts*.

5. ***Crie conteúdo* on-line *para conectar suas palavras-chave mais procuradas à sua linguagem de marca.*** Os boletins, artigos e *blogs* que oferecem conteúdo valioso podem aumentar exponen-

cialmente a exposição de um site nos motores de busca. Se você estiver criando esse conteúdo, insira na chamada principal e no primeiro parágrafo palavras-chave e a linguagem de marca. Faça também um *link* das frases contendo palavras-chaves de volta para seu site. Mas evite a superexposição, selecionando apenas algumas frases significativas de cada vez. Faça com que suas palavras-chave e a linguagem de marca estejam mencionadas em um texto descritivo, o que ajudará os motores de busca a determinar a relevância de seu assunto para uma consulta de pesquisa.

6. ***Compartilhe e armazene suas mídias.*** Cada posicionamento de sua marca, conteúdo e URL na web aumenta a possibilidade de que os clientes potenciais possam encontrá-los e aceitar suas ofertas. Distribua seus próprios artigos e *blogs* na internet usando sites como iSnare.com (custo variável a partir de 10 dólares). Partilhe seu conteúdo *on-line* usando marcadores de redes sociais, como o Digg, Delicious e StumbleUpon, e adote serviços de autodistribuição, como OnlyWire.com (gratuito a até 25 dólares por ano) e Ping.fm (gratuito). Permita que os usuários também compartilhem o conteúdo com a integração de ferramentas gratuitas de mídia social, como o ShareThis e TweetDeck, em boletins de notícias, *blogs* e sites. Os marcadores em mídias sociais e outras ferramentas de compartilhamento puxam o cabeçalho do seu conteúdo para seus sites; por isso você deve sempre incluir sua linguagem de marca.

7. ***Comente em* blogs *regularmente.*** Comentários e mensagens sobre tópicos relevantes da indústria em sites e fóruns são outra maneira de criar *links* valiosos que remetam ao seu site. Faça uma lista dos *blogs* e sites mais importantes em seu setor, utilizando sites como AllTop.com e Technorati.com. Você talvez seja capaz de oferecer seus serviços como um blogueiro convidado e, como tal, incluir sua linguagem de marca e as credenciais da sua empresa em seus *posts*. Para todos os outros sites da sua lista, comente e responda regularmente às postagens feitas por provedores de conteúdo com conselhos pertinentes, procurando incorporar sua linguagem de marca e o URL do site de sua empresa. Evite a autopromoção ou mensagens de *spam*. Quando você registrar uma conta de usuário, use uma de suas palavras-chave ou frases como seu nome de usuário e vincule isso ao seu *website*. Em muitos

> casos, os nomes de usuário tornam-se *hiperlinks* quando seus comentários são postados.
>
> 8. ***Troque* links *com outros sites e amigos das redes sociais.*** Uma das partes mais importantes do SEO é conseguir *links* que levem ao seu site a partir de páginas com alto índice de visitas. Não seja tímido, pergunte aos clientes, amigos e parceiros se estão interessados em trocar *links* e/ou compartilhar conteúdo com os amigos, fãs e seguidores.
>
> 9. ***Atualize-se sobre as últimas dicas e truques do SEO.*** A web está em constante mutação, assim como as estratégias e ferramentas necessárias para tirar proveito disso. Use sites de conteúdo sobre o assunto, como SEOmoz.org ou SEOBook.com, para manter atualizado seu arsenal de otimização nos programas de busca.

Diga o que faz, e faça o que diz. Enviar mensagens dúbias e incoerentes, ou fazer ofertas pouco claras, só terá um destino: *ninguém* tomará conhecimento de sua marca. Além disso, se não conseguir deixar claro quem você é e o que tem a oferecer, deixará as portas abertas ao ataque, capacitando os indivíduos negativos e concorrentes a terem a oportunidade de controlar sua mensagem. Por exemplo: "Eu sou um Mac e eu sou um PC". Precisa dizer mais?

Você deve compor uma mensagem uniforme com pontos de relevância. Mas, primeiro, deve criar uma comunicação ativa para estabelecer seus princípios, definir a sua marca e – mais importante – colocar seu negócio no caminho da geração de receitas imediatas.

Uma mensagem de marca é um ativo de uma frase, que faz uma promessa ao cliente potencial, seguida por um estímulo que garanta esse compromisso. A eficácia de sua mensagem de marca ativa dependerá dessa única linha, que deve transmitir imediatamente o que sua empresa faz e que pode fornecer. O objetivo é atrair os clientes e alimentar o boca a boca. Você usará essa mensagem de marca em todo material de marketing, nos pontos de contato com o consumidor e nas apresentações de vendas. A frase, ou *slogan*, deve anunciar a promessa da sua empresa e inspirar os *prospects* a contratá-lo. Por exemplo, um serviço de aulas particulares de matemática pode ter uma mensagem de marca que diga: "Subtraia suas dificuldade nas provas de matemática em Nova

York". Um *slogan* de uma empresa de jardinagem poderia ser "cresça conosco sem perder o verde".

Use as cinco perguntas seguintes para ajudá-lo a construir o seu *slogan*:

1. Que problema seu produto ou serviço resolve?
2. O que os clientes odeiam em seus concorrentes, e como você fará diferente?
3. Quais são suas proposições únicas de venda?
4. Que resultados você vai oferecer aos clientes?
5. Que emoções seus clientes sentirão depois de um trabalho benfeito?

Escreva uma frase clara e fácil, usando de cinco a oito palavras, com a garantia de que vai comunicar o valor que sua empresa pode agregar. Evite criar uma frase muito inteligente, espirituosa ou intelectual demais, porque você corre o risco de seus clientes não a compreenderem, não se importarem com ela ou simplesmente não gostarem. Mais importante ainda: não escreva algo só porque parece legal. Você não tem tempo ou dinheiro para ficar apregoando seus elevados ideais, tampouco dispõe de capacidade e força para mudar a cultura *pop* a seu favor com uma campanha publicitária multimilionária. Mas precisa de um *slogan*, para reforçar sua mensagem de marca e estimular suas atividades comerciais, atraindo clientes potenciais e produzindo receitas – *agora*.

A próxima coisa a fazer é combinar a promoção adequada, incluindo o incentivo ao seu *slogan*. Pense na sua promoção como um incentivo destinado a capturar os olhos dos consumidores e apoiar a promessa que você tiver emitido em seu *slogan* com algum tipo de garantia. Por exemplo: o serviço de aulas particulares pode apoiar sua mensagem de "subtrair as dificuldades nas provas de matemática" com a devolução de parte da matrícula quando o aluno passar de estágio. O serviço de jardinagem poderá comprovar sua mensagem de "crescer conosco sem perder o verde" plantando flores ou uma árvore de graça na casa do cliente na primeira contratação dos serviços.

Defina o modo como você vai garantir a promessa que fez em seu *slogan*. Uma vez que a longevidade é vital para sua promoção, a oferta deve ter o poder de permanência, versatilidade e ser atraente para que os consumidores se lembrem dela facilmente quando comentarem sobre sua empresa. Certifique-se de que a sua mensagem de marca seja funcional, uma ferramenta de marketing voltada para gerar receitas — e não um exercício de criatividade.

NUNCA PROCURE EMPREGO!

Diga o que você faz, conheça o que faz e faça o que você diz. Seu *slogan* deve fazer sentido e atingir o maior número de pessoas em seu nicho de mercado. Lembre-se, qualquer empresa pode pretender ser a melhor, mas só aquelas que apoiam essa declaração de objetivo com ação efetiva, serviço e garantias concretas são realmente as melhores.

Diversifique sua mensagem de marca em mensagens visando a cada público-alvo. Saturar todos os canais à sua disposição com a mesma mensagem de marketing não é só preguiçoso, é um insulto. Supor que o usuário do Facebook e um transeunte de passagem sejam o mesmo tipo de consumidor, só porque ambos usam alguma forma de mídia social, é como dizer que um fã de futebol e um fã de hóquei sejam iguais porque os dois gostam de esportes.

No marketing, um mesmo tamanho não serve para todos – nunca. A mensagem para um *prospect* que estiver digitando as palavras-chave no Google deve ser diferente em tom e na abordagem em comparação com aquela que você usará nos folhetos entregues em uma esquina. Só porque seu nicho é formado por vários grupos de indivíduos, que têm semelhanças nas formas de agir e pensar, não significa que todos eles irão interagir com sua experiência de comercial do mesmo jeito, ao mesmo tempo ou com as mesmas intenções.

Antes de se comprometer com uma tática de marketing, tente descobrir como, quando e por que seus *prospects* vão interagir, reagir e fazer contato com seu conteúdo. Leve tudo em consideração – desde a própria ferramenta em termos físicos até o local onde a mensagem será entregue, passando pelas ações do público potencial. Faça isto antes de gastar um centavo ou um minuto em sua tática de marketing. Apesar de ser importante manter uma mensagem de marca uniforme, também é vital adequá-la a suas ofertas promocionais para seu alvo específico e deixá-la de acordo com as necessidades de cada canal de distribuição. Quanto maior o poder de suas ações para atrair o público e buscar seu nicho, com as mensagens corretas enviadas pelos canais adequados, maiores serão as chances de alavancar suas vendas.

Escolha a ferramenta certa para o trabalho. Da mesma forma que suas mensagens de marketing, os canais de distribuição que você vai usar também devem ser adequados. Considere todas as opções disponíveis ao determinar a melhor ferramenta para fazer o trabalho. Se o objetivo é converter as mães – que passam em frente ao seu escritório – em compradoras por impulso, contrate um palhaço para fazer balões para as crianças e distribuir cupons de desconto, porque isso deve resolver. Se você tem necessidade de convocar os membros de uma comunidade para ajudar, incluindo os representantes passivos da chamada maioria silenciosa, colocar avisos nas portas de suas casas pode ser uma alternativa.

Deixe sua mensagem de marca determinar os canais apropriados, e estes serão os instrumentos para informar suas decisões ao mercado, apoiar suas táticas e as próprias mensagens.

Pense em receitas, e não no marketing da marca. Se presumir que seu logotipo, sua marca e as informações de contato ficarão gravadas na lembrança de seus potenciais clientes, você é ingênuo. Não há nenhuma desculpa para você fazer "marketing de marca" só para contar a todo mundo o nome da empresa. Uma imagem bem sacada e um *design* benfeito, capaz de atrair os olhares, não significam nada, a menos que consigam uma venda, uma referência ou informações sobre potenciais clientes.

Seja na criação de panfletos, anúncios *on-line* ou catálogos, você precisa determinar o efeito dos materiais de marketing que produz para assegurar a melhor chance de atingir os resultados pretendidos. Cada ativo deve ter um objetivo e uma meta, e cada componente – desde o título da mensagem até o texto, incluindo o ponto de distribuição – deve ser construído para garantir a concretização desses objetivos e metas. Por exemplo, o objetivo de um folheto impresso para aquela empresa de passeios com cães poderia ser o de informar os donos de cães sobre a existência do *pet-shop* ali perto do parque, onde eles costumam ir, e incentivar os potenciais clientes a compartilharem essa informação com seus amigos no mesmo local. Com este objetivo em mente, pode ser mais eficaz criar e distribuir um panfleto do tamanho de um cartão de visitas com a marca da empresa, seus serviços e uma promoção, como um tratamento grátis para o cão do detentor daquele cupom que deixar suas informações de contato.

Pondere e reflita sobre as cinco questões a seguir para desenvolver cada tática de marketing.

1. A mensagem de marketing tira vantagem do fato de ser facilmente entregue, assim como do canal de distribuição pretendido?
2. Será que representa adequadamente sua mensagem de marca?
3. Oferece múltiplas formas de obter informações de contato?
4. A apresentação da mensagem atende aos seus padrões?
5. Toda a tática foi pensada e orientada para atingir seus objetivos?

Não posso dizer se é melhor para o seu negócio enviar *mailings*, fazer campanhas por e-mail, comprar anúncios do Google, distribuir folhetos em edifícios residenciais, ou todas as opções anteriores. Afinal, não sou o perito em seu nicho de mercado, você é quem deve ser. Só quero dizer que não importa quais as táticas, os canais ou resultados que você escolha, sua metodologia será sempre a mesma.

Não faça marketing por causa do marketing, faça-o por causa dos *resultados*. Suas mensagens precisam chamar a atenção, fornecer contexto e incentivar os consumidores a interagirem com sua marca imediatamente. Defina razões específicas e metas para dar início a uma iniciativa de marketing – e não porque você sente que "tem de fazer marketing" – de forma que cada segundo e centavo gasto valha a pena.

Apele à ação, não à inércia. Fazer com que alguém preste atenção à sua mensagem de marketing não é suficiente para ela ser considerada um sucesso. Na verdade, conquistar a atenção de muitos sem gerar um único cliente efetivo, ou uma venda como resultado, não é nada mais do que um fracasso. Você atingiu clientes potenciais, mas eles escorregaram por entre seus dedos.

Sem incluir as chamadas apropriadas para ação em suas mensagens, todo aquele trabalho duro que você realizou para ganhar a atenção de um *prospect* de nada valeu – e sua recém-descoberta exposição de marca terá sido inútil. Exatamente por esse motivo, sua mensagem deve inspirar a ação e a participação. Para ser eficiente, tudo que você faz, diz e produz deve incentivar os clientes potenciais a fazer contato com sua empresa, deixar os dados registrados, fazer uma compra imediata e indicar seu serviço, produto ou oferta para outras pessoas. Todo o resto é um desperdício de tempo e dinheiro.

Quando você planejar sua mensagem com um apelo à ação – e também maneiras de comunicá-la – raciocine em nome de seu alvo. Procure imaginar toda a interação que ele ou ela terá com sua mensagem de marketing – começando pela forma de atrair sua atenção, como a mensagem será consumida, até as ferramentas necessárias para permitir uma ligação entre ela, ou ele, e sua marca. Faça com que o estado de espírito e a atividade dessa pessoa – antes, durante e após esse contato – continuem a ser consistentes com sua mensagem.

Após cuidadosa consideração, determine como você pode fazer com que seu serviço se mostre relevante para a vida daquela pessoa naquele momento. Pense em maneiras de adoçar o negócio; talvez, uma limonada gelada de graça numa noite de verão venha a gerar movimento para seu quiosque do Burger Boggie.

Quem sabe oferecer um guia do tipo "faça você mesmo" em seu site promova troca de informações de potenciais clientes e resulte em mais visitas.

Dê a seus *prospects* um motivo para manter contato com você. Encontre o ponto ideal de equilíbrio entre a criatividade, as mensagens de marketing e uma oferta especial para provocar uma resposta.

Faça o que for preciso para ser notado. Quantas propagandas você vê em um dia? Provavelmente centenas, senão milhares – sei lá, dezenas de milhares. No entanto, de quantas se lembra? É provável que você se recorde de poucas delas, se é que se lembra de alguma... Agora, vem a pergunta desafiadora: como é possível evitar a criação de mais um desses insignificantes momentos de marketing que você encontra todos os dias e, depois, se esquece? Na verdade, não há necessidade de gastar muito dinheiro para se destacar. Também não é preciso contratar uma dessas caríssimas agências para criar uma gigantesca campanha. Em vez disso, você precisa se concentrar em pequenos momentos que se somam em um grande sucesso.

Uma empresa de artigos de bricolagem que conheço conseguiu enorme sucesso investindo em camisetas divertidas, com *slogan* curto – frases do tipo: "Tem madeira? Nós pregamos" –, o telefone da loja e *e-mail*. Bem-humorada, a tática foi eficaz porque era barata, provocou conversas e comentários, transformou uma simples camiseta em um painel ambulante e atraiu vários clientes. Jogue com os sentidos do seu consumidor. Acione suas emoções para formar conexões e obter respostas. Coloque sua marca lá fora de uma maneira divertida e experimental, ou chocante, para gerar interesse e excitar a curiosidade. Ofereça o inesperado ou equipare o absurdo com o comum. Muitas pessoas evitam aceitar folhetos nas esquinas. Mas o impacto seria forte e com chance de sucesso se uma empresa contratasse alguém para ficar resmungando por que tanta gente detesta quem distribui folhetos, enquanto entrega um fôlder – com a frase: "você não acha péssimo quando lhe dão isto?" – com uma oferta interessante ligada à mensagem.

O conteúdo é rei, mas a criatividade é rainha. O pacote no qual sua mensagem de marketing vem embutida muitas vezes é tão importante quanto a própria mensagem. Sempre que seu nome, logotipo e outros materiais com sua marca saem para o mundo, estão representando a arquitetura de sua marca. Um *design* horroroso e frases com péssima gramática podem transformar possíveis *prospects* em inimigos da sua empresa em menos de três segundos. Uma poderosa mensagem, apoiada por uma ótima oferta e um serviço de extrema qualidade, pode ser rapidamente diluída por um *design*

NUNCA PROCURE EMPREGO!

que pareça feito por um artista gráfico daltônico e vesgo, usando giz de cera do filhinho que está no jardim de infância.

Saiba como empolgar sua audiência. Cuide para que seus materiais de marketing sejam esteticamente atraentes. Exerça total controle sobre o trabalho de *design* de sua marca. Aqueles competidores com táticas mais bem planejadas e desenhadas vão vencer, todas as vezes. Mas não se sinta impelido a ser *over* na questão estética. Isso também muitas vezes provoca a mesma reação que um trabalho mal projetado do ponto de vista gráfico. Caso você não tenha um mísero gene de criatividade, procure ser um minimalista de bom gosto.

Assegure que o *design* de seu pacote garanta o melhor tom, a sensação e o grau de profissionalismo que você esperaria encontrar em uma marca de confiança. Se achar que parece pouco profissional, desfaça-se do pacote todo até criar algo que funcione.

Crie campanhas de marketing de ótima qualidade, que não quebre o banco

Quem precisa de um diretor de marketing ou do departamento de criação? Usando produtos de tecnologia de baixo custo, produtos acessíveis na web e uma multidão criativa – contratando centenas pelo preço de um só –, sua empresa em início de operações pode produzir campanhas de marketing bem finalizadas e com pouco dinheiro.

Aqui estão onze dos meus produtos e serviços *on-line* favoritos, que vão ajudá-lo a criar e produzir sua campanha de marketing bem baratinha.

1. ***99designs.com.*** Permite que você patrocine concursos *on-line* de *design* e *off-line* de mídia criativa, em que dezenas de milhares de *free-lancers* criativos competem para ganhar prêmios em dinheiro – e você só paga os projetos vencedores. Custo: variável.

2. ***OvernightPrints.com.*** É uma gráfica *on-line* que lhe permite imprimir quase todos os tipos de materiais de marketing em quatro cores, e muito barato. Custo: variável.

3. ***Voices.com.*** Você escolhe um locutor para seus vídeos e *spots* de rádio entre dezenas de milhares de profissionais talentosos. Custo: variável.

4. **Flickr Creative Commons (flickr.com).** É um repositório de fotos gerado pelos usuários onde você seleciona o que precisa entre milhões de fotos, todas com direito de uso livre, para enriquecer seu material de marketing. Custo: gratuito.

5. **iContact.com.** Serviço de *e-mail* marketing que lhe permite gerenciar com facilidade, e intuitivamente, campanhas de marketing dirigidas aos assinantes que concordarem em receber suas comunicações. Custo: gratuito a até 240 dólares por mês.

6. **Câmeras de vídeo portáteis.** São capazes de gravar vídeos em alta definição, ou no formato padrão de resolução, que podem ser postados em seu site na web ou em suas páginas nas redes sociais. Custo: a partir de 100 dólares.

7. **Qik.com.** É um serviço de vídeo móvel, que permite gravar e compartilhar instantaneamente vídeos ao vivo ou pré-gravados a partir do seu telefone celular. Custo: gratuito a até 50 dólares por mês.

8. **JayCut.com.** Programa de edição de vídeo disponível na internet que lhe dá condições de editar suas mídias com qualidade profissional em qualquer lugar, a qualquer momento e em qualquer computador. Custo: variável.

9. **Involver.com.** Empresa especializada em aplicativos dinâmicos e profissionais, como *players* de vídeo, *feeds* em RSS, pesquisas, apresentações e módulos de cupons para as páginas do Facebook. Custo: variável.

10. **Picnik.com.** Programa de edição de fotos *on-line* que lhe permite importar arquivos do seu computador ou de suas páginas nas redes sociais e adicionar efeitos e textos. Custo: gratuito a até 25 dólares por ano.

11. **Google AdWords.** É uma das mais proeminentes plataformas de compra de anúncios da internet, permitindo fazer ofertas e comprar anúncios no mundo todo no Google, assim como em outras diversas mídias, incluindo a televisão. Custo: variável.

Incentive negócios recorrentes dando um toque especial. Mesmo após um cliente pagar por seus serviços, isso não significa que seu trabalho de marketing se esgotou aí. Nada representa um agradecimento mais sincero do que pequenos gestos inesperados. Para beneficiar seus negócios, uma oportunidade é aproveitar aquele momento em que seu cliente está mais satisfeito com seu serviço para solidificar sua parceria e lealdade de longo prazo, encorajar a propaganda boca a boca e agradá-lo com um incentivo, para que ele se estimule a contratar seus serviços novamente no futuro.

Por exemplo, a *Sizzle It!* oferece um ano de fornecimento de café grátis junto com a primeira compra do cliente. O brinde chega ao escritório do cliente acompanhado de uma nota personalizada, uma oferta de referências e uma caneca com o logotipo da *Sizzle It!*, uma mensagem de marketing e nossas informações de contato. Isto mantém nossa marca relevante ao nos posicionar em um lugar onde pode servir como um potencial estímulo para as conversas entre os funcionários.

Quem não ficaria curioso para saber por que um colega de trabalho recebeu café de graça por um ano, dado por uma empresa de vídeo? Você só tem uma bala na agulha para fazer as coisas direito, por isso não a desperdice. Entregar simplesmente a alguém materiais de marketing malfeitos deixará uma impressão ruim aos olhos de seu cliente, tornando aquele momento o pior possível. Seu toque final deve oferecer algo de valor real e tangível, e tanto fazer sentido para a sua marca quanto ser útil e atencioso para seu cliente. Se você vai oferecer alguma coisa de graça, garanta que seu brinde tenha duplo propósito: primeiro, como agradecimento a quem o contratou, e, ao mesmo tempo, como incentivo para que ele volte a fazer negócio com você. Dar canetas e blocos é legal e tudo o mais, porém, caso não consiga fazer que eles sirvam como ferramentas de venda eficazes, ao incluir apenas seu logotipo e informações de contato, você perde uma oportunidade valiosa.

Não deixe passar a oportunidade de enraizar sua marca na mente do cliente e transformá-lo em um gerador de potenciais novos contratos, ou em um freguês recorrente de seus serviços. Um cliente satisfeito pode lhe pagar dez vezes mais.

PENSE NA GUERRILHA, MAS NÃO COMO GODZILLA

Como já está bem ciente, você não tem um número ilimitado de folhas no talão de cheques para gastar em marketing e campanhas de publicidade, o que é mais uma razão para se certificar de que tudo o que faz ou produz tenha uma presença marcante e atenda às mais altas expectativas. Para se tornar um marqueteiro bem-sucedido de empresas recém-fundadas, você precisa produzir resultados a baixo preço e monopolizar a situação, causando impacto. Por isso, é importante transformar qualquer circunstância ou espaço em um efetivo momento de comercialização para a sua marca – que converta os olhares interessados das pessoas em dinheiro para você. Um trabalho ágil de *guerrilha*, mas não pesadão como um *Godzilla.*

Não se apoie em anúncios caros. Adoro ouvir os vendedores de anúncios me passarem estudos de mercado e estatísticas. Muitas vezes, esses fatos e números não são nada mais do que a norma, ou o que qualquer um esperaria que acontecesse. Mas também existem aqueles objetos de estudo de caso que, fugindo do padrão, colocaram seus anúncios na boca da imprensa, ou explodiram na internet, e automaticamente conseguiram avalanche de respostas. Para isso, é preciso encontrar uma maneira de maximizar o meio, inserindo o conteúdo correto da mensagem e criatividade. Se decidir que sua marca e suas mensagens de marketing serão mais eficazes nas igrejas do que nos bares, seu desafio será determinar não *o quanto* custará levar essa mensagem até lá, mas *como* fará para que cheguem até onde você quer com *o mínimo* de custo inicial – se existir algum.

Encontre as melhores maneiras de controlar e divulgar você mesmo suas mensagens comerciais e sua marca, aproveitando a audiência e os espectadores que os grandes anunciantes pagam fortunas para alcançar. Em vez de comprar um anúncio no jornal, você pode decidir distribuir folhetos customizados para uma vizinhança específica, enviando-lhes cartas com ofertas tentadoras e especiais. Se um patrocínio de eventos for algo muito pesado para você, avalie a possibilidade de comparecer como convidado, misturando-se às pessoas e, depois, entregando seus cartões de visita junto com material promocional aos participantes.

Um caixa limitado exige que você crie táticas inteligentes de marketing de guerrilha. Patrocine concursos, dê amostras de produtos como brindes, use camisetas com mensagens divertidas e chamativas, acrescentando ofertas especiais em sua assinatura de *e-mail*, produzindo e postando vídeos promocionais *on-line*, além de realizar ações charmosas de publicidade em locais determinados: todos estes são exemplos de táticas que podem render retornos elevados sobre o investimento, e com poucos custos adiantados.

Você é um especialista (apenas pergunte a si mesmo)! Como o criador do seu serviço, você sabe melhor do que qualquer um que lhe ofereça conselhos, como seu nicho de mercado é valioso. No entanto, ficar apenas proclamando-se um especialista em seu ramo não vai levá-lo a lugar nenhum. Não basta

206 *NUNCA PROCURE EMPREGO!*

anunciar despudoradamente seu serviço, você também precisa se tornar uma liderança e uma autoridade diante do seu público-alvo.

Crie um apelido pelo qual você quer ser conhecido, adotando-o em suas iniciativas de marketing e relações-públicas. Talvez alguém queira ser reconhecido como "o paizão verde", aquele que tem enorme experiência em atividades ao ar livre com a família, e usar este apelido como diferencial em sua empresa de passeios de aventura. Para colocar um rosto na frente do seu negócio, uma dona de empresa de produtos sem glúten poderia se apresentar como a "rainha dos pães sem glúten", destacando sua paixão em ensinar aos outros como preparar pães e bolos de qualidade – e sem glúten.

A autenticidade constrói credibilidade. Não fale baixo com seus clientes, mas relacione-se com eles, conte a história de como o serviço começou, sobre os problemas que encontrou e como conseguiu resolvê-los. Dê motivos para que as pessoas queiram ouvi-lo, agregue valor às vidas delas com informações dirigidas e relevantes, e ofereça uma nova perspectiva em seu mercado. Tome uma posição, seja controverso e escolha um lado em questões que são importantes para seu nicho comercial.

Depois de ter aperfeiçoado sua mensagem, abra caminho para o sucesso com a distribuição de conteúdo através de *blogs*, fóruns, comunicados para a imprensa, *newsletters*, vídeos na internet e *podcasts*. Junte-se a outros e dirija grupos ou associações ligadas ao seu meio. Procure oportunidades em *blogs* para ser um blogueiro convidado, aproximando-se de sites com interesses similares aos seus e oferecendo colaborações. Construa comunidades *on-line* centradas em sua especialidade. Lembre-se, ninguém conhece seu mercado melhor do que você.

Torne-se uma personalidade relevante nas mídias

Você não precisa ser um apresentador com programa numa grande rede de TV ou uma celebridade para atrair notoriedade, criar notícias e se estabelecer como um especialista. Enquanto estiver passando uma mensagem valiosa e com conteúdo para apoiá-la, poderá se transformar em um profissional gabaritado com grande relevância em pouco tempo.

Lembre-se: apenas as ferramentas não serão capazes de atrair multidões e chamar a atenção. Todo mundo, inclusive seus concorrentes, tem acesso aos mesmos recursos. Porém, os onze canais de distribuição listados a seguir, quando combinados com a mensagem certa e um conteúdo impulsionado por alguém de personalidade, que tenha ▶

consistência e uma abordagem de marketing desmembrada por multicanais, poderão se transformar em uma plataforma poderosa para construir o conhecimento de sua marca e maximizar seu SEO.

1. ***Justin.tv ou UStream.tv.*** Ambos permitem que você produza seu próprio programa de TV ou tutorial de vídeo. Esqueça grandes orçamentos, cinegrafistas, iluminadores e aqueles equipamentos caríssimos. Com esses serviços, tudo o que você precisa é de uma *webcam* ou qualquer câmera de vídeo compatível, para transmitir um vídeo ao vivo em questão de segundos. Custo: gratuito.

2. ***Blip.tv.*** Canal para você distribuir instantaneamente seus vídeos para diversos sites de compartilhamento de vídeo, como YouTube, AOL, Vimeo, iTunes e muitos mais. Custo: gratuito a até 8 dólares por mês.

3. ***Faça contato com o consumidor.*** Inscreva-se em contas gratuitas de usuários em todas as redes sociais de relevância, como Facebook, Ning e LinkedIn. Utilize os espaços destinados ao perfil para posicionar sua mensagem, oferecer seus serviços, distribuir informações para os fãs e fazer contato com potenciais clientes, consumidores e entusiastas. Custo: gratuito.

4. ***Comece um* blog.** Forneça dicas relevantes, truques e conselhos para leitores. Conecte seu *blog* com seu site e envie *links* para os *prospects* e clientes regularmente, mas não o use para vender agressivamente. Mantenha um caráter informativo e de utilidade, divulgando ofertas ocasionais de forma passiva. Seu *blog* deve ser utilizado como uma ferramenta, mas não um *hobby*, para se tornar eficaz. Um *blog* que fique dormente por longos períodos de tempo será prejudicial, sem chance de ajudá-lo comercialmente. Você mostrará a seus leitores que não tem muita coisa a dizer, ou não lhes dá importância a ponto de manter consistência de postagens. Monte um cronograma, divulgue-o e cumpra o que se propôs a fazer. Há várias opções, como Blogger, Wordpress, Tumblr e muitos outros que hospedam *blogs*. Custo: gratuito.

5. ***Ping.fm.*** É um serviço *on-line* que distribui instantaneamente seus vídeos, mensagens, fotos e conteúdo de mídia para quase todas as redes sociais, *blogs*, sites de compartilhamento de mídias e *microblogs* na internet. Custo: gratuito.

6. *BlogTalkRadio.com.* Plataforma capaz de torná-lo apresentador de *podcasts* e programas de rádio. Você não precisa alugar um tempo enorme de estúdio para fazer sua voz chegar às ondas do rádio. É só entrevistar pessoas e transmitir sua mensagem através da internet. Outros serviços gratuitos de distribuição, para levar sua mensagem a grandes audiências *on-line*, são iTunes, Podcast Alley.com e Podcast.com. Custo: gratuito a até 199 dólares por mês.

7. *TokBox.com.* Ferramenta da internet que lhe permite hospedar palestras ao vivo, seminários e videoconferências com até 200 pessoas, além de agendar e convidar as pessoas com antecedência, compartilhar apresentações e documentos. Custo: gratuito a até preços variados.

8. *PRWeb.com.* Poderoso canal de distribuição para a sua mensagem. Não é um serviço gratuito ou barato, mas é a autoridade absoluta na distribuição de *press releases* para o pessoal da imprensa e das agências de notícias *on-line*. Custo: variável.

9. *Hootsuite.com.* Faz *links* para suas contas de Twitter, agendando *tweets* e *feeds* RSS, além de encurtar URLs compridos. Você também pode avaliar a possibilidade de usar outros *microblogs*, como o Tumblr e o Posterous. Custo: gratuito.

10. *Seja distribuído.* Coloque seu conteúdo especializado em vários canais da internet. Quanto mais seu conteúdo aparecer, maiores serão as oportunidades de você atrair novos seguidores para suas páginas nas mídias sociais. Além de melhorar seu SEO, também terá mais clientes para quem vender seu produto ou serviço. Existem centenas de sites onde você pode *blogar* e postar suas mensagens, mas recomendo o Facebook Notes, EzineArticles.com, IdeaMarketers.com, EvanCarmichael.com, GoArticles.com e Scribd.com. Custo: gratuito.

11. *HelpAReporter.com.* É um serviço de comunicação social que conecta jornalistas com as fontes para suas novas histórias. Custo: gratuito.

Pague para quem lhe der referências. Pelo preço certo, você pode comprar o tempo e a energia de qualquer pessoa – mesmo que não seja alguém que possa se beneficiar diretamente do uso de seu produto ou serviços. Se criou seu marketing tendo em mente apenas os membros de seu nicho de mercado, você perde os milhões de outros que estão familiarizados ou conhecem pessoas que fazem parte do seu alvo. A pessoa que vê sua mensagem de marketing pode não precisar de seus produtos naquele momento, mas há uma chance muito boa de que ela conheça ou acabe encontrando pessoas para quem sua oferta seja perfeita.

Pague para quem levar sua mensagem de marca a novos clientes, e não apenas para os já felizes consumidores de seus produtos ou serviços. Em outras palavras: para todo mundo e em todos os lugares. É possível que se revele uma causa perdida você oferecer um vale-presente para usar seus serviços, mas talvez uma proposta mais genérica – como vale-presente para produtos de consumo mais populares – seja mais válida.

Em troca de qualquer referência que se converta em uma venda bem--sucedida, a *Sizzle It!* oferece um café da manhã para todas as pessoas do escritório de quem fez a ponte com o novo cliente. Isto capilariza ainda mais as notícias sobre a nossa empresa.

Procure encontrar brindes de marcas genéricas que possam se transformar em incentivos adequados e tornar qualquer pessoa vendedor ou embaixador da sua marca. Alimente seus impulsos para obter vantagens. Lembre-se de ter um contrato assinado, ou o dinheiro no banco, para conseguir pôr as mãos nesses brindes que você entregará antes de expressar sua gratidão.

Você é a pior pessoa do mundo para dizer que é a melhor. Como já mencionei, viver afirmando por aí que você é o melhor lhe dará um pouco mais de credibilidade do que um presidiário. Jogue esse discurso de autoelogio no lixo em prol de uma melhor abordagem e, principalmente, contrate os serviços da melhor equipe de vendas disponível para você, que lhe trará novos clientes. Após cada transação efetuada com sucesso, peça que seus felizes consumidores prestem depoimentos, detalhando a experiência e recomendando seu serviço para outras pessoas. Consiga esse testemunho em vídeo e em áudio sempre que possível, pois essa mídia terá papel vital em seus esforços de marketing, tanto *on* quanto *off-line*. Coloque esses depoimentos em todos os lugares em que puder publicá-los, incluindo em seu próprio site e em seus perfis nas redes sociais.

Transforme seus clientes em porta-vozes e use a imagem deles, além de seus títulos e palavras, para vender os valores da sua marca para mais gente.

Não é nada pessoal, apenas marketing. Saiba que uma ótima maneira de diferenciar seu negócio e apregoar seus pontos fortes é desafiar publicamente sua concorrência, expondo os pontos fracos dela.

Reaja aos erros do concorrente, a promessas não cumpridas ou a alguma insuficiência que ficou impune. Se um deles aumentar os preços, você pode disparar uma série de mensagens de marketing que mostrará aos clientes o quanto poderiam economizar optando por sua empresa em vez da rival. Se a concorrência tem um histórico de mau serviço ao cliente, você pode decidir criar uma série de mensagens de marketing girando em torno dos depoimentos de um dos antigos compradores. Para cada grande história que saia na imprensa trazendo algum equívoco de um concorrente, comemore e presenteie com uma oferta especial aqueles pobres clientes desprivilegiados.

Flexione seus músculos de mercado. Pegue e não solte o reconhecimento de falhas e erros de seu concorrente para elevar o conhecimento da sua própria marca.

Lembre-se, porém, de agir com prudência quando escolher seu saco de pancadas. Não basta decidir bater na concorrência, tomando atitudes sem pé nem cabeça. Assuma uma posição forte, mas faça isso tendo a certeza de que defende alguma coisa que seja válida. A intenção desse exercício não é fazê-lo parecer um bebê chorão, lamentando-se amargamente porque a sua empresa está em segundo lugar. Nada disso. Este é um movimento poderoso, com o propósito de apontar para a clientela em geral e dizer que o dinheiro dela seria mais bem gasto com seu produto ou serviço, em vez de continuar negociando com a outra empresa. Coloque seu foco em fatos, não em opiniões. Com um alto grau de profissionalismo, mantenha todos os seus esforços voltados para tomar participação de mercado dos concorrentes, baseado em suas ações e nas inações deles com respeito aos clientes. Explique por que você é uma opção melhor – não diga apenas que seus concorrentes são uma droga.

Sob nenhuma circunstância você deve ser difamatório ou fazer acusações falsas quando se referir aos concorrentes. Se agir assim, há consequências legais, como queixa-crime ou um processo por calúnia e difamação, e até risco de prisão. No entanto, sempre dê aos concorrentes a oportunidade de saberem quem é você, até poderá ser alvo de contra-ataques. Se seus concorrentes cometerem o erro de reconhecer a sua existência, estarão lhe prestando um grande favor, porque o colocarão no mapa para um mundo inteiro de novos consumidores – e assumindo abertamente sua empresa como igual a deles. Fazer isso acabará por fornecer legitimidade a seus negócios e lhe emprestar credibilidade, uma munição que você continuará usando em suas conquistas por mais participação no mercado.

O Facebook não é uma estratégia de marketing 211

Mais importante ainda, apoie tudo que você disser com ações e uma prestação de serviços imaculadamente perfeita. Se por acaso fracassar por falar demais e realizar de menos, seus concorrentes ficarão muito felizes e se esforçarão para não deixá-lo se esquecer disso, e tampouco seus clientes.

Saiba como reagir para que possa atrair. Se você é um marqueteiro proficiente em criar reações, será capaz de vincular sua marca e suas mensagens de marketing a qualquer evento ou tendência da atual cultura *pop* – não importando o quão absurda for essa ligação – e fazê-la funcionar. Muitos negócios e empresas vêm usando o temor de uma recessão, alterações no clima e até as grandes jogadas feitas pelos astros do esporte para divulgar ao mercado suas ofertas especiais e gerar receitas.

O marketing de reação também ajuda seu negócio a ser notado na imprensa, porque muitas publicações – sejam impressas ou *on-line* – diversas vezes procuram histórias peculiares para suas edições de férias e ocasiões especiais. Por exemplo, um de meus clientes – um bar e restaurante em Nova York – subiu na onda do estardalhaço criado durante as comemorações de 50 anos do lançamento da personagem Barbie patrocinando um concurso chamado "Miss Barbie 50º Aniversário". Vários fãs vieram de todos os lugares para a competição fantasiados como sua Barbie favorita. Esse evento não apenas aumentou o faturamento numa noite em que geralmente tinha pouco movimento, como também gerou outra coisa: semanas de cobertura positiva na impressa e na mídia em geral. Desde *blogs* e TVs locais, até uma cobertura nacional.

Coloque-se em uma posição na qual possa ligar sua marca e suas mensagens de marketing a grandes histórias. Tire proveito das mudanças de humor do mercado e daquilo que chama a atenção do público no momento em que tais eventos ocorrem. Não tente criar tendências – este é um esforço tremendamente caro –, mas embarque naquelas que já alcançaram fama ou estão chegando. Fique ligado em tudo o que acontece na atualidade e na cultura popular. Os maiores concorrentes podem ser lentos em sua reação por conta de seu estilo de decisões, tomadas por comitês e depois de reuniões demoradas – mas você pode reagir imediatamente aos acontecimentos do mundo exterior. Respeite sempre a mensagem da marca, mas certifique-se de que ela permaneça nova, criativa e divertida. Também aproveite a oportunidade de estar na onda para manter sua marca em relevância.

Como ser sua própria
empresa de relações-públicas
sem gastar 10 mil dólares por mês

As empresas de relações-públicas cobram preços incrivelmente altos, às vezes tão elevados quanto dezenas de milhares de dólares por mês. É óbvio que sua empresa em início de operação não pode se dar a este luxo, mas isto não pode impedi-lo de realizar a mesma coisa que elas fazem. As empresas de RP – dependendo do porte ou da importância do cliente – usam um gerente de contas júnior ou os funcionários de mais baixo escalão para cuidarem da divulgação na imprensa, e muitos deles não são mais qualificados do que você para lidar com a imagem de sua empresa em campanhas de relações-públicas!

Por isso, apresento doze dicas sobre como envolver a mídia, colocar sua história nas mãos dos jornalistas e trazer notoriedade para sua empresa.

1. *Nunca venda* apenas *a ideia de sua empresa.* Fale para um jornalista sobre o lançamento do seu sorvete caseiro, e você terá muita sorte se ao menos receber um *e-mail,* dizendo "não, obrigado". Agora, conte a ele sobre o lançamento do seu negócio casado com uma promoção da marca – por exemplo, o "dia do sorvete de graça", que oferece uma bola de sorvete para todo mundo na vizinhança da loja – e aí talvez consiga alguma coisa. As pessoas da mídia não darão atenção ao seu negócio a menos que enxerguem um ângulo que represente algum benefício para seus leitores ou espectadores. Faça a lição de casa e concentre a notícia sobre seu lançamento nas coisas incríveis e especiais com as quais os jornalistas se importam. E acrescente na história suas credenciais e sua experiência anterior.

2. *Inclua-se em grandes histórias.* A mídia só terá interesse em escrever uma nota exclusiva sobre sua empresa recém-criada se ela for comprada por bilhões, se atingir algum marco incrível que tenha relevância para o público, ou se for processada por um grande conglomerado. No entanto, você não precisa *ser* o personagem principal para encontrar maneiras de se inserir numa grande história como uma fonte especializada. Use o Google Trends para descobrir o que é popular e configure maneiras criativas de amarrar sua marca no Trending Topics.

3. **Se tiver sangue, o espaço pode ser maior.** Na maioria dos casos, a separação entre o editorial e a publicidade nos meios de comunicação é semelhante à que existe entre a Igreja e o Estado. Mas sem a publicidade não pode haver a independência da imprensa. A fim de conseguir publicidade gratuita, uma publicação precisa atrair o público, e frequentemente a mídia faz isso ao publicar histórias que chamam a atenção ao primeiro olhar – ou seja, estampando assassinatos brutais ou Lindsay Lohan na primeira página. Quer admitam ou não, os órgãos de imprensa primeiro cuidam da circulação, depois pensam no conteúdo sério. Por isso você deve atirar suas setas para gerar respostas emocionais genuínas. Se não criar uma história para ser publicada na página um, você provavelmente nem vai parar na página 40...

4. **Encontre os órgãos de mídia corretos.** Visite livrarias e bancas de jornal, além de pesquisar em sites na internet e agregadores de notícias *on-line* como Blogpulse.com, Technorati.com, MondoTimes.com, Alltop.com e World-Newspapers.com. Use sua linguagem de marca, palavras-chave e os nomes dos concorrentes para localizar os URLs dos estabelecimentos de mídia que estão cobrindo seu nicho de mercado.

5. **Construa uma lista de imprensa.** Muitos jornalistas e redatores incluem seus endereços de *e-mail* em seus perfis de mídia social ou nas assinaturas e rodapés de seus artigos ou *blogs*. A maioria das emissoras de notícias tem um endereço de contato, com e-mail de fácil acesso. Para aqueles que não fazem isso, pondere se não seria interessante usar os serviços citados a seguir, para encontrar as informações de contato dos repórteres e jornalistas que cobrem seu nicho de mercado: Mastheads.org (custo variável), EasyMediaList.org (custo variável) e MediaonTwitter.com (gratuito).

6. **Ajuste a notícia ao órgão de imprensa.** Se seu nicho de mercado lê uma certa revista com conteúdo que não combina perfeitamente com sua mensagem de marca, o melhor é buscar uma forma de fazer com que as coisas se encaixem. Um serviço de remoção de lixo pode se beneficiar de uma reportagem em uma revista feminina de moda se descobrir que suas principais clientes são mulheres. Talvez a empresa pudesse lançar uma história sobre como "transformar sucata em coisa chique". Obviamente, esse foi um exemplo extremo, mas você entendeu meu ponto de vista. A originalidade tem uma maneira engraçada de trans-

formar histórias aparentemente sem grande importância em material noticioso.

7. **Customize a notícia para a pessoa certa.** Enviar *e-mails* genéricos, com clichês em anexos, para a imprensa é a forma como os amadores que não entendem nada tentam contatar os repórteres. Esse método mostra total desrespeito pelo jornalista que você quer abordar. Se agir assim, vai mostrar-lhe que não refletiu nem por um instante sobre o material que acabou de enviar. Garanto que os profissionais vão "retribuir o favor" adicionando seu *e-mail* ao filtro de *spam* deles. Leia o que eles escrevem, acompanhe as colunas e envie seu material de forma que seja relevante para a publicação onde aquele repórter ou redator trabalha.

8. **Conheça os prazos da publicação.** Os diferentes meios de comunicação têm calendários diferentes. *Blogs* e televisão, em geral, são diários, enquanto certas revistas e jornais podem ser planejados com semanas ou meses de antecedência. Em muitos casos, você será capaz de fazer a pesquisa sobre os prazos de fechamento acessando seus sites. Se não, procure o departamento de publicidade da publicação que você quer contatar, e peça o cronograma de fechamentos editoriais. Isso irá ajudá-lo a determinar com quanto tempo de antecedência você precisa começar a manter contato com eles.

9. **No assunto do e-mail, escreva algo que impressione.** Seja o que for, não escreva algo genérico no campo do assunto, do tipo "oi" ou "história interessante sobre um negócio local". Compreenda que a maioria dos jornalistas e editores recebem centenas – às vezes milhares – de *e-mails* com dicas de pauta todos os dias. Para um jornal local, um assunto como "Bufê do Zé promove torneio de churrasco para levantar 100 mil dólares para pesquisa do câncer" terá muito mais chance de conseguir a atenção do que "empresa local faz ação para levantar fundos". Dedique tanto tempo, senão mais, para o título do assunto quanto levou para preparar sua dica de pauta.

10. **Noção de tempo é tudo.** Pela minha experiência, os melhores dias para enviar essas sugestões são terça, quarta ou quinta-feira, no período entre as 7 e 11 horas, ou das 14 às 16 horas. Descobri que a maioria do pessoal da imprensa usa a segunda-feira para se atualizar, e a sexta é o "dia antes do final de semana" – e, como sabemos, os finais de semana são... finais de semana!

11. **Vá atrás do retorno sem se tornar um cara chato.** Cada pessoa que atua em relações-públicas tem sua versão para lidar com a rotina dos contatos. No meu caso, tenho obtido sucesso seguindo minha própria agenda: depois de enviar a sugestão inicial, espero dois dias. Se não acontecer nada nesse prazo, reenvio meu *e-mail* anterior, com a palavra "reenviando" no começo da linha de assunto, e acrescento duas linhas curtas sobre isso no texto da mensagem. Se não tiver retorno depois de mais um dia, telefono uma vez e deixo um recado. Se ainda nada acontecer, chamo mais algumas vezes ao longo da semana seguinte, sem deixar mensagem, até que alguém atenda o telefone ou me diga que minha sugestão foi rejeitada. Quando você deixar recados, diga seu número de telefone duas vezes e também repita o endereço de *e-mail* – uma vez soletrado – para quem verificar a mensagem rapidamente não perder nada.

12. **Esteja pronto para rentabilizar suas menções na imprensa.** O nome da sua empresa saindo no jornal, ou aparecendo no noticiário da TV, não representará nada se não estiver associado a uma promoção, que leve à geração de potenciais consumidores e, em última instância, ao aumento de receitas em função das vendas. Garanta que sua dica de pauta inclua uma oferta customizada para o momento – o objetivo é passar mensagens que induzam o consumo e transformem as ações do público-alvo em dinheiro. Mantenha os *links* dessas notícias e os recortes em seu site, em seus perfis nas redes sociais e onde for possível colocar no material de vendas e de marketing, a fim de ampliar o potencial de faturamento gerado por sua menção na imprensa.

Apoie os moradores. Sua cidade tem alguma equipe esportiva? Existem eventos importantes no aspecto político ou econômico que afetem sua região? Entre em sintonia com sua comunidade, porque isso pode colocá-lo no mapa das pessoas influentes de sua área e ajudá-lo a construir uma base de clientes fiel entre os moradores locais.

Se você mora em uma cidade atingida pela crise econômica, talvez possa oferecer um "pacote especial antirrecessão". Se o time da cidade está indo bem no campeonato, poderia doar uma parte de suas receitas de vendas para comprar equipamentos, ajudar nas viagens ou nas despesas de alojamento.

Torne-se parte da rede da sua comunidade. Ligue de alguma forma seus esforços comerciais às atividades e eventos da sua região. Faça algo que os concorrentes maiores que você não conseguem: cuide dos pequenos, importe-se com eles. Dê, mas descubra maneiras de também receber de volta. Lembre-se de que seu objetivo não é apenas ser visto como um cara legal, você também deve se concentrar em converter seus companheiros de comunidade em clientes fiéis de seus produtos ou serviços. Sinta-se bem com o que fizer, sim, mas não deixe sua compaixão guiá-lo a ponto de detonar todo o tempo e os recursos disponíveis por ser um bom samaritano.

Coce as costas de um monte de pessoas. Os grupos do seu nicho de mercado são também consumidores de outras empresas com produtos e serviços complementares. Portanto, conectar-se com elas pode lhe oferecer linhas de comunicação direta com clientes em potencial sem a necessidade de gastar capital adiantado.

Encontre parceiros que possam se beneficiar de uma clientela semelhante ou melhorar os resultados financeiros oferecendo uma promoção em conjunto para uma mesma base de consumidores. Por exemplo, uma floricultura pode entrar em contato com bufês e empresas que organizam festas de casamentos para lhes oferecer uma porcentagem das vendas geradas a partir de referências e indicações. Uma firma de serviços de limpeza em casas e condomínios pode propor uma parceria – com pacote de benefícios mútuos – a uma lavanderia, cujo mercado também é composto por clientes que gostam de serviços de conveniência.

Quer você construa suas parcerias com base em participação na receita bruta ou em comissões pelo resultado das vendas, estabeleça conexões com fornecedores de serviços complementares – não competitivos – que tenham em carteira consumidores cujo perfil faz parte do seu nicho de mercado, para fazer deles seus clientes também.

Cai na real sobre o mercado de mídia social. Tenho notícias para você: não haverá visitas em massa à sua página no Facebook como num passe de mágica, e você jamais terá 5 milhões de seguidores no Twitter – nunca. E se acha que a mídia social fará com que seu negócio seja um sucesso da noite para o dia, descarte esta ideia, e pense melhor. Quando você abre uma lojinha no mundo da mídia social, nada sairá dela imediatamente nem existirão pessoas que se mostrem preocupadas com o seu perfil... Exceto você mesmo. A mídia social serve como um amplificador – não deve ser considerada a única base para seu marketing –, é suplementar e, sem dúvida, não tem condição de sustentar o plano todo.

Não dão certo as campanhas nas redes sociais que são intensamente focadas em conseguir hordas de seguidores. É melhor apelar para os entusiastas e embaixadores da marca, que se importam com seu produto e estão dispostos a espalhar sua mensagem. Por considerar que estratégias eficazes de mídias sociais garantem respaldo a amplos objetivos de marketing, evite tarefas que consumam excesso de tempo e recursos.

Procure construir e fomentar relacionamentos *on-line*, fornecendo conteúdo valioso e uma voz com os quais os usuários facilmente se identifiquem. Conheça seu público antes de bombardeá-lo com *posts* gigantes e atualizações de *status* constantes. Customize sua comunicação de marca para cada uma das redes, tomando conhecimento da linguagem, das frases e dos termos-chave da plataforma de mídia social em que você trabalha, antes de se envolver com sua comunidade. E não importa o que aconteça, jamais jogue *spam* em cima dos usuários ou mensagens que acumulem jargões de marketing.

As nove regras do marketing nas mídias sociais

Como toda estratégia de marketing ou outros canais de comunicação, suas iniciativas na rede social devem ter um foco e uma meta. Dedicar-se a isso por tempo demais, ou lhe dar pouco valor, ou manter expectativas irreais, pode transformar qualquer estratégia de mídia social em um poço sem fundo, que dará menos frutos do que um cacto no deserto. A seguir, listo nove maneiras de produzir resultados e evitar atividades de marketing inúteis no contexto da mídia social.

1. ***Crie um conteúdo que tenha valor.*** Esta é uma dica extremamente manjada e saturada, mas não por isso menos verdadeira. Ninguém ouvirá você se insistir em falar somente de si mesmo ou só fizer propaganda de seus produtos. Você tem de construir um público seguidor ao revelar informações importantes. Deixe seu conteúdo configurar uma ótima imagem, que você também precisa demonstrar com seus produtos, e o valor da sua marca terá o que oferecer aos outros.

2. ***Escolha mídia dinâmica em vez de texto.*** O melhor é optar pelo uso de conteúdo dinâmico, como imagens e vídeos, e colocar ▷

menos texto. Os vídeos e imagens têm uma grande possibilidade de se transformar em movimento viral e atrair a atenção de muito mais gente.

3. ***Seja sociável, mas profissional.*** Ninguém se preocupa com o que você vai comer ou quando está indo para a academia – a menos que seja um *chef* de cozinha ou um instrutor de educação física. Da mesma forma, não fale *para* seus fãs e seguidores; converse *com* eles. Não fique pregando do alto de uma montanha; faça parte da turma. Mantenha conversas curtas, em vez de palestras.

4. ***Seja relevante para seu nicho de mercado.*** Fique sempre um passo à frente dos seus fãs e seguidores em relação às necessidades e problemas deles. Conduza seu mercado ao oferecer soluções e conselhos que abordem as questões que eles enfrentam atualmente e vão enfrentar amanhã – e não *ontem*. Ajude os usuários a resolverem problemas, obtenha acesso a informações importantes e faça conexões com todos.

5. ***Exponha-se para colegas especialistas, fãs e criadores de conteúdo.*** Compartilhe com seus seguidores uma comunicação de qualidade que conseguiu de outros provedores de conteúdo. Entreviste pessoas ou colegas especialistas que possam proporcionar informações de valor para seus fãs. Faça com que os criadores de conteúdo saibam quando você falou deles nos comentários do seu *website*, ou por e-mail, para que todos fiquem sob o mesmo radar. Incentive todo usuário a participar de conversas e a comentar suas mensagens, integrando serviços como Disqus (Disqus.com) em seu site (gratuito).

6. ***Recrute uma nação de mídia social.*** Adicione um componente à sua mídia social incentivando o usuário a criar e compartilhar uma comunicação viral sobre seu produto ou serviço e seus resultados nas redes da web e com os amigos. Por exemplo, um serviço de organização de eventos pode promover um concurso de fotos por celular durante um lançamento de produto, ou uma empresa de *fitness* pode oferecer descontos para clientes que postam semanalmente mensagens de êxito na perda de peso e os resultados de tonificação no Facebook.

7. ***Sempre traga de volta ao* site *os fãs e seguidores.*** Não ajude o Facebook e o Twitter a ganharem mais dinheiro! Eles não estão nem aí para você, então não dê bola para eles. No fim das contas, pense bem, aquelas hordas de fãs e seguidores não significam nada

O Facebook não é uma estratégia de marketing 219

mais do que visitas em seu site; por isso, inclua informações de contato, tentando convertê-los em consumidores de seus produtos ou serviços para que gerem receitas imediatas.

8. **Acompanhe tudo e sistematize seu marketing nas mídias sociais.** Não fique tweetando só porque é bom, mas tuite para direcionar o tráfego na internet e engajar seu consumidor. Use ferramentas como o Google Analytics, o Bit.ly e o HootSuite. com para analisar exatamente o que leva as pessoas ao seu site. Sua agência de viagens pode descobrir que a segunda-feira é um ótimo dia para pesquisas que selecionem a "viagem da semana". Quarta-feira seria o dia para escolher o destino mais votado e postar um vídeo *on-line* com as atrações do lugar, enquanto a quinta-feira serviria para oferecer esse roteiro com um superdesconto de último minuto para os seus seguidores. Descubra o que funciona e jogue fora o que não deu certo. Use aquilo que aprendeu para criar um calendário de conteúdo de mídia social e construir uma agenda efetiva e compartilhada.

9. **Use a mídia social dos concorrentes contra eles.** Inscreva-se para receber todos os *feeds* de seus concorrentes nas redes sociais, assim ficará informado sobre os *posts* e promoções. Se eles postarem algo destacando novos produtos ou serviços, encontre maneiras de enfraquecê-los no seu nicho de mercado. Podem anunciar um "novo" serviço em um comunicado à imprensa, mas informe que você já oferece isso há meses. Embora se vangloriem de terem baixado os preços, seu produto ainda continua sendo mais barato. Tire proveito de qualquer fraqueza da concorrência e compartilhe essa notícia com o mundo da mídia social.

Reúna clientes potenciais em torno de uma causa. Ao se ligar a alguma instituição de caridade, ou a alguém num esforço filantrópico para levantar fundos, você poderá ganhar muitos seguidores ao mesmo tempo em que faz algo de bom. Seus esforços podem ir desde oferecer um percentual sobre suas vendas a uma organização sem fins lucrativos até ajudar os necessitados oferecendo seu tempo ou seus serviços.

Escolha uma causa que, além de fazê-lo se sentir bem, se ajuste à sua imagem de marca e corresponda ao perfil do seu nicho de mercado. Um serviço de passeios para cães de estimação tem afinidades para trabalhar em parceria com um hospital veterinário, que, por sua vez, não teria nada a ver com um serviço terceirizado para limpeza de piscinas e manutenção de trampolins. Qualquer que seja a causa que você apoie, certifique-se de seguir os objetivos estabelecidos de início. Fale com os membros de sua entidade beneficente e veja como pode se ligar a essa comunidade – e vice-versa. Declare de modo bastante claro suas contribuições à instituição de caridade em seu material de marketing e nas suas comunicações.

Mas preciso avisá-lo: usar esse tipo de marketing apenas para favorecer sua imagem pode ser uma atitude que, mais tarde, voltará para lhe morder o traseiro. Seus entusiastas e fãs mais leais derrubarão sua marca e tornarão sua vida miserável se descobrirem o que você está fazendo de errado na missão com a qual se comprometeu. Então, sinta-se bem enquanto estiver gerando lucros, e não piquetes na sua porta.

CONCLUSÃO

TENHA MEDO.
TENHA MUITO MEDO.

Então, como você se sente? Esgotado? Animado? Fortalecido? Acha que possui o que é preciso para fazer tudo isso com suas próprias forças? Por acaso, lhe dá água na boca a perspectiva de ter uma oportunidade de brigar com os titãs para conseguir sua participação no mercado? Ou já está contando os minutos até a hora de mandar seu chefe enfiar aquele relatório de resultados naquele lugar?

Bem, que ótimo, mas isso não é o suficiente.

Agora vem a parte difícil: *fazer* tudo isso.

Este é o momento da verdade – em que você decide se vai entrar no jogo ou ficar assistindo a tudo na arquibancada. A leitura que você fez deste livro, para desconstruir e reconstruir a si mesmo, já foi um grande primeiro passo, mas é apenas isto: um primeiro passo. O truque agora é ter certeza de que não foi seu *último* passo.

Não vou mentir para você. Será preciso muito trabalho duro para manter seu entusiasmo, toneladas de persistência e paixão por suas ambições de empreendedorismo. Será indispensável ainda muito mais trabalho e disciplina para manter essa persistência e entusiasmo por mais tempo do que poucos dias ou meses. Mas, no fim das contas, tudo o que realmente importa é sua resposta a esta pergunta: você quer ser um funcionário – ou alguém que procura um emprego "de verdade" – para favorecer os outros... ou quer trabalhar por conta própria para beneficiar a *si mesmo*?

Se achar que não está à altura do desafio, basta repetir o que a maioria dos leitores de livros sobre como abrir uma empresa faz: nada. Largue este livro, esqueça tudo aquilo que lhe ensinei e continue a levar sua vida do jeito que está hoje. Esconda-se atrás de desculpas, tais como "é muito difícil", "não tenho dinheiro suficiente para investir", ou "um dia eu começo...", e permaneça recebendo seu holerite no final do mês, ou tentando arranjar um emprego "de verdade".

Só haverá um começo se você decidir que assim será. Ninguém vai iniciar seu negócio para você nem forçá-lo a manter as promessas a si mesmo. Cada vez que postergar uma atitude imediata para concretizar seu objetivo de empreendedorismo será mais um dia em que você continuará a ser um escravo do emprego "de verdade", quer você tenha um ou não.

Conclusão: se você deseja ser um empreendedor, não fique só falando disso, faça alguma coisa. Se pretende tirar mais desta vida, lute para conseguir o que deseja. Se almeja liberdade e realização, persiga esta meta com todas as suas forças, unindo coração e mente. Se anseia esnobar a antiquada norma social, tire a bunda da cadeira e faça isto acontecer!

Estou torcendo contra? Não. Só *espero* que você construa o negócio dos seus sonhos e dê o devido crédito a este livro como um dos motivos para seu sucesso. No entanto, estaria lhe prestando um desserviço se, depois de tudo isso, desse um imerecido tapinha nas suas costas e os parabéns apenas porque sabe ler como um aluno da oitava série...

Então, o que você está esperando? Comece agora mesmo.

Não amanhã nem na próxima semana. Já!

Junte-se ao grupo seleto que vai, na verdade, fazer com que este momento mude suas vidas, caindo fora do sistema que estrangula seu futuro, antes que seja tarde demais.

Vou embora, deixando para você estas palavras de despedida tão inspiradoras que certa vez um companheiro empreendedor me disse: "Tenha medo. Tenha muito medo".

Tenha medo de nunca ter falhado.

Tenha medo de viver com arrependimento para o resto de sua vida.

Tenha medo de deixar que os outros ditem do que você deve ter medo.

Tenha medo de colocar as outras pessoas antes de si mesmo, sem jamais ganhar aquilo que merecia, ou com medo de perder todos os seus meios de subsistência em um instante, sem que lhe seja permitido dizer nada sobre o assunto.

Tenha medo de acordar aos 50 anos e perceber que sua carreira não foi nada mais do que uma colcha de retalhos de empregos "de verdade", becos sem saída e trabalhos feitos que não deixaram nada para ser mostrado.

Finalmente, tenha medo de viver o resto de sua vida como um mero sonhador, em vez de um construtor de sonhos realizado que sonha com o que virá a seguir.

Pronto, o tempo de leitura já acabou. Você tem muito que fazer – e já está atrasado.

Faça parte deste movimento
e ajude a espalhar esta notícia:
nunca procure emprego

Fique atualizado: siga-me no Twitter – @askgerber – e adicione-me como amigo no Facebook em facebook.com/scottgerber. Junte-se à comunidade *Nunca procure emprego* em NeverGetARealJob.com, onde você pode fazer a promessa de nunca mais conseguir um emprego "real"; assista ao meu programa na Internet, *Ask Gerber,* e ficará permanentemente atualizado com dicas e truques oferecidos por jovens empreendedores, e muito mais!

POSFÁCIO
À EDIÇÃO BRASILEIRA
por Rogério Chér

Em 1986 realizei um sonho: ingressei na mais prestigiosa faculdade de administração do Brasil. Sentia orgulho todas as vezes que percorria os estreitos corredores da GV.[1] Sentia-me "parte do mundo". Mas aquele orgulho também tinha a função de aplacar meu constrangimento por ter ingressado ali somente em "segunda lista". Ainda me lembro de que, quando assisti à primeira aula, já não era mais o primeiro dia para a maioria dos outros alunos – os da "primeira lista".

A sensação de "segunda lista" aumentava com o contexto ao meu redor: sobrenomes famosos, filhos de pais e avôs famosos, herdeiros de empresas famosas. No meu caso, o que havia em minha biografia de mais famoso era o clube de futebol pelo qual torço até hoje, o Corinthians. Mas, naquele ambiente, toda minha vida, origem e sobrenome provocavam um sonoro: *"Ahn? Como? Nunca ouvi falar!"*.

Tudo isso ampliava minha vergonha, meus sentimentos de culpa e meus medos mais infantis – e, lamentavelmente, mais inconscientes. Mas meu deslumbramento em estar lá, cheio de vontade de aprender e de conhecer gente nova, deixava-me na maior parte do tempo com uma sensação gostosa – e maravilhosamente ingênua – de felicidade e realização.

---

1 Fundação Getúlio Vargas.

226 *NUNCA PROCURE EMPREGO!*

Aprendi muita coisa na faculdade? Bem, o peso de ser "segunda lista" e o gosto pelo aprendizado me impunham razoável tempo de estudo, o que me proporcionou boas notas. Fiz toda minha graduação sem pegar nenhuma dependência.

Ops! Perguntei uma coisa e respondi outra...

Então, retomando a pergunta se aprendi muita coisa na faculdade, a resposta é sim, muita coisa. Muita coisa interessante. Rapidamente as disciplinas de sociologia, filosofia, ciências politicas, psicologia e macroeconomia me despertavam encantamento e inspiração. Curtia muito tudo aquilo.

Sim, aprendi muita coisa. Muita coisa profundamente inútil. Passávamos horas estudando *cases* japoneses e americanos. Aquilo não só me deixava uma estranha sensação de estar num filme *Ultraseven* ou *Jornada nas Estrelas*, mas também ampliava o sentimento de baixa autoestima e zero autoconfiança em todos que vivíamos no Brasil naqueles fins dos anos 1980. Era um país recém-saído do regime militar, com sonhos de se tornar uma democracia, castigado por uma inflação desgovernada, maltratado por uma mentalidade de curto prazo construída no *overnight*, por um mercado interno diminuto e cercado de miseráveis por todos os lados e com muita, muita corrupção. Nem tudo mudou nestes vinte e um anos desde que me formei, mas o Brasil é hoje um país diferente daquele dos anos 1980.

Aos *cases* japoneses e americanos das aulas semanais seguiam-se os encontros de família nos fins de semana. Em 1942, meu avô materno fundara uma fábrica de vidro em São Paulo. Meu pai e meu tio trabalhavam com ele. O almoço de domingo na casa dele parecia mais uma reunião da diretoria do que um almoço em família... e eu adorava tudo aquilo.

Mas o que eu escutava me intrigava: as dificuldades que aquela média indústria vivia não se correlacionavam em nada com o que eu aprendia na faculdade. Francamente, eu não tinha nada – nada! – a sugerir à minha família, a menos que eles quisessem ouvir sobre o sucesso dos japoneses com *kaizen*, *kanban*, CCQ e qualidade total ou, ainda, se estivessem interessados nas proezas de Lee Iacocca na Chrysler e na Ford... Não. Minha família tinha questões pontuais com que se preocupar, nada diferentes das preocupações que dominavam a maioria do empreendedores brasileiros daquela época. Só

Posfácio à edição brasileira 227

para se ter uma ideia, a inflação anual no Brasil era de 54,9% em média no início dos anos 1980. No final daquela década, esta média tinha subido para inacreditáveis 1.157,6%![2]

Um único pensamento me passava pela cabeça durante aqueles almoços de domingo com minha família: seria divertido trazer qualquer um daqueles japoneses ou americanos para se sentar na cadeira do meu avô, do pai ou do meu tio na Cristaleria Bandeirantes e enfrentar a nossa realidade.

Foi decepcionante sentir este deslocamento abissal entre o mundo real e o meu curso de graduação. Uma parte do encantamento já tinha virado "sapo". A missão da escola me era clara: preparar futuros profissionais para o mercado executivo a partir de ideias e conceitos "alienígenas" à nossa realidade. Os alvos admirados e cobiçados eram multinacionais (sobretudo de bens de consumo), bancos estrangeiros e grandes firmas internacionais de auditoria e consultoria, todas donas de "empregos de verdade". *"Sua escolha é trabalhar numa empresa nacional? Que estranho!". "Você quer abrir o próprio negócio? Que louco!"* Eram estes os diálogos mais comuns entre nós naquele período.

O verbo "empreender" e a palavra "empreendedorismo" ainda não eram empregadas na GV nem no restante do país. Sei que hoje é difícil acreditar. Felizmente, o empreendedorismo invadiu os cursos superiores no Brasil. E este país viverá uma explosão ainda maior de criatividade, inovação e prosperidade no momento em que a educação empreendedora invadir os ensinos secundário e fundamental.

Aquele contexto da GV dos anos 1980 me desapontou na mesma medida em que me estimulou. Juntamente com outros colegas – alguns "segunda lista", como eu – fundamos a primeira Empresa Júnior da América Latina, a Empresa Júnior da GV, em 1988. Tornei-me seu primeiro presidente e fiz dela minha maior e melhor professora. Nosso sonho era promover uma ponte entre a academia e a realidade, proporcionando complemento prático à formação teórica e mergulhando na realidade da pequena empresa brasileira, oferecendo-lhe consultoria com a orientação dos nossos professores. Nossa ação se inspirava na iniciativa dos alunos da ESSEC Business School de Paris, que, em 1967, criaram com estes mesmos propósitos uma associação

---

2 A Economia Brasileira na Década de 80: consequências da crise da dívida externa, inflação e crise do Estado (Universidade de Aveiro, Departamento de Economia)

denominada Junior-Entreprise. O que aconteceu a partir dali? O movimento EJ no Brasil cresceu muito além do que imagináramos e se tornou o maior movimento estudantil organizado em todo o mundo.

Toda esta lembrança me veio à mente e ao coração assim que finalizei a leitura divertida, irreverente e inteligente de Scott Gerber. Evidenciaram-se alguns dos meus aprendizados mais valiosos de vida e carreira. Primeiro, como é maravilhoso ter vinte e poucos anos e como nesta época da vida estamos libertos dos papéis e das crenças limitantes que assolam o universo "adulto". Segundo, como é fato que encontraremos cada vez menos *emprego* e mais *trabalho*, buscaremos cada vez mais *clientes* em vez de *empregadores* e teremos cada vez mais *sócios* e *parceiros* no lugar de *chefes*. Terceiro, como todos corremos o risco de viver a vida de outro alguém, de carregar um corpo sem alma, de simplesmente existir em vez de viver e de construir uma biografia esvaziada de sentido, significado e propósito.

O livro de Scott vai deixá-lo com medo de que tudo isso aconteça com você. Desfrute desta leitura! Desfrute desse medo!

Rogério Chér, *43 anos, sócio da*
Empreender Vida e Carreira.
Na DBM do Brasil atuou como Consultor de Carreira,
coordenou o Núcleo de Empreendedores e foi vice-presidente
de Operações para América Latina. Foi Diretor Corporativo
de RH da Natura e é professor da FAAP nas disciplinas
de Formação de Empreendedores e Comportamento
Organizacional. Também atua como professor nos cursos
da FGV-SP sobre Empreendedorismo e Criação de Novos
Negócios. É autor de livros sobre empreendedorismo e gestão;
seu último lançamento intitula-se Empreendedorismo
na veia – um aprendizado constante.